教研相长七书

在田野中发现历史

JIAO YAN XIANG ZHANG QI SHU

——学生田野调查报告（永济篇）

行龙◎主编　郭永平◎副主编

中国社会科学出版社

图书在版编目（CIP）数据

在田野中发现历史：学生田野调查报告．永济篇／行龙主编．
—北京：中国社会科学出版社，2018.3
ISBN 978 - 7 - 5203 - 2278 - 2

Ⅰ．①在…　Ⅱ．①行…　Ⅲ．①永济—地方史—调查报告
Ⅳ．①K29

中国版本图书馆 CIP 数据核字（2018）第 059053 号

出 版 人	赵剑英
责任编辑	安　芳
责任校对	张爱华
责任印制	李寡寡

出　　版	中国社会科学出版社
社　　址	北京鼓楼西大街甲 158 号
邮　　编	100720
网　　址	http://www.csspw.cn
发 行 部	010 - 84083685
门 市 部	010 - 84029450
经　　销	新华书店及其他书店

印　　刷	北京君升印刷有限公司
装　　订	廊坊市广阳区广增装订厂
版　　次	2018 年 3 月第 1 版
印　　次	2018 年 3 月第 1 次印刷

开　　本	710×1000　1/16
印　　张	20.5
插　　页	2
字　　数	334 千字
定　　价	89.00 元

"教研相长七书"总序

"教学相长",可谓耳熟能详。《礼记·学记》谓:"是故学然后知不足,教然后知困。知不足然后能自反也,知困然后能自强也。故曰:教学相长也。"这里所说的"教研相长",则是强调教学和研究的互相促进,互相提高。教学和研究,两者融为一体,相得益彰,那是一个大学教师应该感到很欣慰的事情。

山西大学中国社会史研究中心成立 20 多年来,秉持教研相长的优良传统,一直强调在做好科学研究的同时,做好本科和研究生的教学工作。既要把自己的研究成果融入教学实践中,又要把教学实践中的问题引入自己的科学研究中,由"知不足""知困",到"自反""自强",确实朝着"教研相长"的方向不断努力。

2008 年 5 月,在山西大学举行的建校 106 周年纪念活动中,我在大会上有一个发言,题目叫作"走向田野与社会的史学",初步总结了社会史研究中心成立以来立足前沿、学科融合、关注现实、培养人才、教研相长五个方面所谓的"经验之谈"。其中的"教研相长"如此谈道:

教师的天职是教书育人,传道、授业、解惑即为师之本。目前,高校普遍存在的一个令人担忧的现象是重科研而轻教学,它与不合理的各种考核和晋升条件有直接的关联,也与社会风气的影响直接相关。我记得,1985 年留校任教后,乔志强先生曾和我有过一次认真的谈话,主题就是讲教学是教师的第一要务,站不稳三尺讲台,就没有立身之本,青年教师要把过好教学关当作工作后的第一关去认真对待,不得丝毫马虎。三十年来,我一直把老师的忠告铭记心间,即使在最近这些年繁重的行政工作压力下,我也尽量给本科生上课，争取上好每一节课。对自己的学生我也如此要求，尽管可能会累一点，但我们作为一个教师，心里实在有一种良心上的满足感。目前，由我带头的《区域社会史研究导论》课程已成为国家优秀精品课程，团队也获得国家优秀教学团队的荣誉。我们还以精品课程为核心，开展了"校园历史文化节""鉴知精品课程青年教师培训班"两项活动，有关的教材也在积极的编写过程中。事实证明，通过高质量的教学活动，大大促进了科学研究的广度和深度。教研相长绝非空词。

"教研相长"是山西大学中国社会史研究中心成立以来的一个好传统。乔志强先生在世时，不仅开拓性地率先开展社会史的研究，而且带领众弟子编写《中国近代社会史》一书，以此获得了教育部优秀教学成果奖，成为至今许多高校本科生、研究生的必读书和教材。乔先生仙逝后，我们又继承和发扬这一传统，虽然将研究的重心由整体社会史转向区域社会史，但教研相长却一以贯之，努力以赴。围绕 10 多年前为本科生开设的《区域社会史研究导论》课程，我们组建了"区域社会史"教学团队，获得了国家精品课程、视频公开课、优秀教学团队等荣誉，山西大学历史学科以此成为国家级特色学科，并建立了国家级的校外大学生实践教学基地。2014 年，山西大学中国社会史研究中心被人力资源和社会保障部、教育部共同授予"全国教育系统先进单位"的荣誉称号。

毋庸讳言，目前中国高等教育仍然面临着许多挑战和问题，其中重科研轻教学的现象表现比较突出，许多高校的研究机构人员很少甚或没有为本科生上课的教学任务，导致科研与教学的严重脱节。重知识传授轻能力培养，重课堂学习轻研究训练，已经成为普遍诟病的问题。山西大学中国社会史研究中心不足 10 人，我们既作为研究团队，又作为教学团队，一肩双任，虽苦犹乐，这是因为我们首先是一个大学的老师。在科研和教学的长期实践过程中，我们确实有一份责任感，又有一份快乐感。

"教研相长七书"的一个小小意愿，就是把我们长期以来围绕中国社会史、区域社会史的教学实践公之于世，接受大学生、研究生和社会各界的意见和批评，以便继续深化这方面的工作。

以下就"教研相长七书"分别作以简要的介绍：

一、乔志强主编《中国近代社会史》（人民出版社 1992 年版）。该书为乔志强先生"和青年教师的集体尝试"，该书分社会构成、社会生活、社会功能三编建构中国近代社会史的知识体系，内容包括人口、家庭、宗族；社区与民族；社层变动；物质生活；精神生活；人际关系；教养功能；控制功能等。有学者称为"乔氏体系，三大板块"。正文之前有乔志强先生撰写的长达 35 页的"导论"，讨论社会史研究的对象、社会史的知识结构、研究社会史的意义、怎样研究社会史四个问题。这是国内第一本系统的社会史研究著作，有评论认为此书为社会史研究"从理论探讨到实际操作迈出的第一步"，"具有某种划时代的意义"。该书又有台北南天书局 1998 年 6 月中文繁体本，已经成为许多大学本科生、研究生的必读教材。

二、行龙主编《区域社会史研究导论》。2004 年开始，由我牵头在山西大学历史系开设《区域社会史研究导论》课程，期间，或历史专业选修课，或全校公开课，连续十余年未曾间断。该课程以"集体授课"的形式进行，中国社会史研究中心的 8 位教师共同担当本课程的授课任务。2007 年，该课程被评为国家级精品课程，次年区域社会史教学团队被评为国家级优秀教学团队；2013 年，该课程作为教育部精品视频公开课向社会开放。授课的同时，我们就在进行着相关教材的编写，结合授课实际和学生的反映，大家一起讨论，反复修订，课程讲授—田野考察—修订教材，不断地循环往复，终于完成了这本经过 10 余年努力而成的教材。该书共七章一个绪论，讲授区域社会史研究的趋向、学科定位、区域特性、小地方与大历史、区域社会史研究的理论、方法、资料等内容，意在提供给学生一个怎样研究区域社会史的入门教材。

三、行龙主编《近代山西社会研究——走向田野与社会》（中国社会科学出版社 2002 年版）。本书为"山西大学百年校庆学术丛书"之一种，"是我和近几届硕士研究生共同完成的"。"本书除前面两篇有关社会史及区域社会史的理论问题（行龙：《中国社会史研究中的几个问题》；乔志强、行龙：《近代华北农村社会变迁论——兼论地域社会史研究的理论与方法》）外，对近代以来山西人口、水资源及水案、灾荒、集市、民教冲突、祁太秧歌等分专题进行了研究。应当说这些问题都是之前很少涉猎或没有研究过的问题，我们试图从社会史的角度对此进行探讨。"时间过得真快，一晃该书已面世 14 个年头，昔日的硕士生已成长为大学的教授，我感到很是欣慰。又，正是本书当年的责任编辑郭沂纹先生的肯定和支持，才催生了"教研相长七书"，对此要对她道一声感谢！

四、行龙主编《集体化时代的山西农村社会研究》。此书可以看作前书的姊妹篇，也是社会史研究中心硕士生毕业论文修改而成。集体化时代的农村社会研究，是近年来中心的一个主要研究方向，多篇硕士、博士论文围绕此方向展开。该书所涉内容包括两大类：一类为集体化时代的某个村庄问题的研究，典型农村如西沟、张庄，一般农村如赤桥、剪子湾、道备等；另一类为专题研究，如新区土改、医疗卫生、水土保持、农田水利、文化生活等。需要说明的是，正如前书的副标题一样，各篇论文的形成，都实践和体现了"走向田野与社会"的理念。论文"或以资料翔实见长，或以立题新颖取胜，各位都注意到充分利用田野调查和地方文献，下过一番苦功夫"。现经中心诸位教师讨论，从数十篇中选取十篇结集出版，接受读者的指正与批评。

五、行龙主编、郭永平副主编《在田野中发现历史——学生田野调查报告（永济篇）》。走向田野与社会，是我们多年来从事社会史和区域社会史教研工作中的追求与实践。"这里的田野包含两层意思：一是相对于校园和图书馆的田地与原野，也就是基层社会和农村；二是人类学意义上的田野工作，也就是参与观察实地考察的方法；这里的社会也有两层含义：一是现实的社会，我们必须关注现实社会，懂得从现在推延到过去或者由过去推延到现在；二是社会史意义上的社会，这是一个整体的社会，一个'自下而上'的社会。"① 田野工作是中心和历史学专业每一届学生的必修课，多年来，我们一直坚持这一做法，学生收获良多。

位于山西省南部的永济，是我们与永济市人民政府共同建立的国家大学生校外实践教学基地，近年来，山西大学社会史研究中心的教师结合《区域社会史研究导论》课程讲授，带领学生在永济进行了多次田野考察，该书收录的学生作品含学术论文、调查报告、田野日记三部分。

---

① 行龙：《走向田野与社会》（修订版），生活·读书·新知三联书店 2015 年版，第 19 页。

虽显稚嫩，但对我们而言却十分重要，因为这是多年来学生田野工作的一次集中展现。

六、行龙著《山西区域社会史十五讲》。该书从我近年来发表的数十篇有关山西区域社会史的论文中辑出。书分六部分内容，涉及山西区域社会史研究的主要脉络、新的研究领域、田野考察、资料发掘、人物研究及山西大学校史的相关问题。这些论文都是在教学过程中"初次亮相"，进而吸收各方意见成稿，也可以说是本人"教研相长"的成果。

七、胡英泽、张俊峰主编《区域社会史研究读本》。这个"读本"，或可叫做"选本"，也就是一个教学参考书。记得我们读大学的时候，有一门课程是"历史要籍介绍及选读"，很受学生欢迎。区域社会史是一个新兴的研究领域，30年来却有那么多的成果出现，既要选的精当，又要使学生爱读，既要有理论方法的引导意义，又要兼顾具体的实践操作，实在也是一件很难的事情。又，这个读本只收录了部分中国学者的作品，限于篇幅未能收录海外学者的作品（有机会可再编一本《海外读本》），意在使读者减少隔膜感而增进亲近感，这样的初衷或许更符合读者的口味。"学识有限，难免挂一漏万，留遗珠之憾"，并非一句客套话。

"教研相长七书"编订之际，既有一分欣慰，又有一分忐忑。我们在长期从事历史研究的过程中，认真地从事了相关的教学工作，从大家的谈论中，从学生的反映中，我们能够感受到做教师的快乐。另外，"教研相长"又是一个需要长期坚持和努力的过程，在目前这样的环境中也是需要比别人付出更多心血的过程。过程之漫长并不可怕，好在这个过程是快乐的。

时值2016年教师节即将来临，新的学期也将开始，愿以"教研相长七书"以为纪念，期望读者诸位多加指教。

"教研相长七书"整理、编排过程中，马维强同志付出了辛勤的劳动，特以致谢。

行 龙

2016年8月29日

于山西大学中国社会史研究中心

目　　录

田野日记篇

前　言

一

　　"山西之形势，最为完固。关中而外，吾必首及夫山西。盖语其东则太行为之屏障，其西则大河为之襟带。于北则大漠、阴山为之外蔽，而勾注、雁门为之内险。于南则首阳、底柱、析城、王屋诸山，滨河而错峙，又南则孟津、潼关皆吾门户也。汾、浍萦流于右，漳、沁包络于左，则原隰可以灌注，漕粟可以转输矣。且夫越临晋，溯龙门，则泾、渭之间，可折而下也。出天井，下壶关、邯郸、井陉而东，不可以惟吾所向乎？是故天下之形势，必有取于山西也。"

　　以上是清代地理学家顾祖禹在《读史方舆纪要》[①]中对于山西"山川形胜"的描述。[②]山西东立千里太行巍峨屏障，西伏吕梁缠绕汹涌九曲黄河天堑，北临内蒙古苍茫塞外大漠，南踞汾河两岸富饶原野沃土，历来被认为是"表里山河"[③]。这一方夹峙于黄河峡谷和太行丛山之间呈桑叶形的黄土地，不仅地理位置重要，而且是华夏文明的重要发祥地，相传中华民族的始祖炎帝和黄帝就曾经生活在这里。继炎、黄二帝之后，黄河流域又先后出现了三位得才兼备的部落联盟首领尧、舜、禹。据《史记》记载，"尧都平阳""舜都蒲坂""禹都安邑"，平阳是现在的临

---

　　① 顾祖禹：《山西方舆纪要·序》，见《读史方舆纪要》。
　　② 不过我们也要注意到，今天山西省省界的形成经历了一个漫长的历史演变的过程。关于"山西"这一地域概念的历史演变过程，可参见安介生《山西源流新探——兼考辽金时期的山西路》，《晋阳学刊》1977 年第 2 期。
　　③ 据《左传·僖公二十八年》记载："子犯曰：战也。战而捷，必得诸侯。若其不捷，表里山河，必无害也。"

汾，蒲坂在运城永济，安邑在夏县，因此尧舜禹的统治中心都在今天的晋南。显然，最早的中国就在晋南。继尧舜禹之后，历史进入了夏代。根据文献记载，夏人的主要活动区域包括晋南的汾、浍、涑水流域，豫西的伊、洛、颍水流域，乃至关中平原。襄汾陶寺遗址的发现与发掘，有助于早期夏文化的确认和突破。从陶寺遗址年代、墓葬所反映的社会发展阶段以及彩绘龙盘所属的族属等诸多方面，均可以看出，当时的中原大地已经萌生或正在形成象征着国家形态的礼乐制度和阶级差别，陶寺遗址有可能是夏文化的遗存。[①] 书中最早出现的"中国"一词，应该指的就是上古虞舜时代的山西南部。不论是从史籍记载，还是考古发掘，以及历史地理、民间传说，都印证了"中国"一词最初就是指山西"晋南"一带，而舜继位要"之（到）中国"，汉末学者刘熙就说："帝王所都为中，故曰中国。"经历了夏、商、周三代，到秦汉，此时的中国早已非五帝时代和舜"之中国"所说的中国。但是一统中国从理想到现实是距今四千年到两千年的事情，陶寺文化遗址所处的晋南地区由于其特殊的地理位置——地处中原黄河流域、黄土高原腹地，易于耕作，且气候湿润，这为远古农业的发展创造了良好的条件。正如考古学家苏秉琦所说，"小小的晋南一块地方曾保留远自七千年前到距今两千余年前的文化传统。可见这个'直根'在中华民族总根系中的重要地位，晋南也就成为了'中华民族总根系'中的'直根'"。[②] 新石器时代，山西南部属于"中原古文化"的重要组成部分，而山西北部又属于"北方古文化"的一个组成部分，他们有着各自的文化特色，但也有相互交融的迹象，从整体来看，山西是"中原古文化"与"北方古文化"两大文化区系的重要纽带。[③] 因此，山西是黄土文明的重要组成部分，是中华文明的摇篮。因此就晋南展开区域社会的研究，对于我们理解山西区域历史、透视中华民族的"多元一体格局"[④]，认识黄土文明的内在发展规律都具有重要

①　高炜、高天麟、张岱海：《关于陶寺墓地的几个问题》，《考古》1983 年第 6 期。

②　苏秉琦：《华人·龙的传人·中国人》，辽宁大学出版社 1994 年版，第 89—91 页。

③　苏秉琦：《谈"晋文化"考古》，载《文物与考古论集》，文物出版社 1986 年版，第 44—45 页。

④　费孝通：《中华民族的多元一体格局》，载《费孝通全集》（第十三卷），内蒙古人民出版社 2009 年版，第 109—147 页。

价值。

二

正是在上述学术考量下,山西大学中国社会史研究中心的师生多年来将目光聚集于晋南这个具有厚重历史的区域,本着"服务地方、服务社会"的理念,在召开国际会议、走向田野与社会的基础上,撰写了丰富的成果。[①] 2010 年 8 月 10—13 日,由山西大学中国社会史研究中心、中国人民大学清史研究所共同发起的"首届中国水利社会史国际学术研讨会"在山西省临汾市召开。会议收到来自美国哈佛大学、耶鲁大学、日本早稻田大学、爱知大学、大阪教育大学、长崎大学、台湾"中研院"历史语言研究所、暨南大学和大陆多所高校 20 余名学者提交的 27 篇论文。与会专家多为近年来在中国水利社会史研究领域做出突出贡献的中青年学者,学科背景多元,包括了历史学、人类学、水利学、历史地理学等多个学科。与会代表围绕"山西水利社会史专场之水环境""山西水利社会史专场之水社会""中国北方水利社会史""中国南方水利社会史""多学科视野下的中国水利社会史"五个专题进行了广泛、深入的研讨和争鸣。2011 年 8 月 8—10 日,由山西大学中国社会史研究中心主办的"第二届山西区域社会史国际学术研讨会"在山西省永济市召开,会议议题主要有五个,分别为"区域社会史研究的理论与方法""明清以来山西人口资源环境史""山西革命根据地社会变迁""集体化时代的山西农村社会""蒲州历史文化与社会"。

在召开学术会议的同时,山西大学还在晋南的永济建立了教学实践基地。永济地处山西省西南端,运城盆地西南角,位于晋、秦、豫"黄河金三角"区域中心,是山西省的南大门。永济西临黄河与陕西省大荔县、合阳县隔河相望;南依中条山与芮城县接壤;东邻运城市;北接临

---

① 例如,胡英泽:《流动的土地——明清以来黄河小北干流区域社会研究》,北京大学出版社 2012 年版;张俊峰:《水利社会的类型——明清以来洪洞水利与乡村社会变迁》,北京大学出版社 2012 年版;周亚:《集体化时期的乡村水利与社会变迁——以晋南龙子祠泉域为例》,山西大学博士学位论文 2009 年。

猗县。永济古称蒲坂，上古唐虞时代为虞舜建都之地。商属缶邦，春秋属晋，战国属魏，秦属河东郡。西汉高祖二年（前205年），建蒲反县，属河东郡。新莽改为蒲城县，属兆阳郡。东汉建武元年（25）改蒲城为蒲坂县，属河东郡。永济在南北朝时期隶属于泰州、蒲州，唐朝两建中都，蒲州成为六大雄城之一。金天会六年（1128）降河中府为蒲州，河东县属蒲州。天德元年（1149）升蒲州为河中府。明洪武二年（1369）改河中府为蒲州，省河东县，直隶于州，属平阳府。清雍正六年（1728）升州为府，置永济县，属蒲州府。民国三十六年（1947）四月二十五日解放，九月同虞乡县合并，称永虞县。先后属太岳区第三专署，晋绥区临汾工委第十一分区，陕甘宁边区晋南行署运城分区，山西省晋南专区。民国三十八年（1949）九月属山西省运城专区。1950年4月25日，永虞分治，复设永济县，属运城专区；1954年属晋南专区。1970年属运城专区。1994年1月12日，经国务院批准，永济撤县设市，属运城地区。

永济人文荟萃，唐多文士，宋多画家，明多官员，清多艺人。境内有五老峰之奇，王官谷之幽，唐开元铁牛，鹳雀楼等。2016年人口为45.6万，面积1208平方公里，现辖3个街道办事处、7个镇，分别为城西街道、城北街道、城东街道，虞乡镇、卿头镇、开张镇、栲栳镇、蒲州镇、韩阳镇、张营镇。

永济市历史文化遗产丰富，近年来，在区域历史文化研究、历史文献保护、蒲州故城开发保护等方面进行了诸多的探索。2013年"山西大学历史学实践教育基地"被教育部评为国家级大学生校外实践教育基地，共建方为永济市委。2014年5月26日下午，山西大学历史学校外实践教育基地（以下简称基地）挂牌仪式在永济市隆重举行。基地的建立具有多重意义：一方面会促进永济市丰富历史文化资源的进一步的开发与利用；另一方面也可以为在校学生提供校外实践的机会，将课堂知识和课外实践结合起来，提高资料搜集、学术研究、认识社会等方面的能力。仪式活动结束后，以永济市（县）域为单位的田野调查和民间史料的搜集、整理正式启动，现将两次集体调查情况记录如下：

第一次永济集体调查是在2014年5月26日—6月1日，共有师生20人，分为五个组：第一组带队老师是胡英泽教授，学生为郭佩祥、冯玲、马红玉，调查地点为张营镇、城西街道；第二组带队老师是张俊峰教授，学生为武丽伟、高婧、郭心钢，调查地点为蒲州镇、城东街道；第三组带队老师是李嘎副教授，学生为边疆、李佩俊、王堃，调查地点为韩阳镇、卿头镇；第四组带队老师是赵中亚博士，学生为张力、张爱明、董秋伶，调查地点为开张镇、城北街道；第五组带队老师是郭永平博士，学生为陈霞、李晨阳、侯峰峰，调查地点为虞乡镇。

　　第二次集体调查是在 2014 年 8 月 10—14 日，由胡英泽、郭永平两位老师带队，参与学生为梁锐、李晨阳、张爱明、张熙、陈慧琴、任耀星、贾佩、彭玥、武学茹。在此期间，师生们奔赴永济市虞乡镇，重点对东源头村、南梯村、洗马村等村落展开了深入调查。本次调查是在五月份调查基础上的一次深度回访，通过回到历史现场，观察研究对象的日常生活，感受历史现场的氛围，使时间的历史与空间的历史连接起来。研究者对"地方性知识"获取真正的认同，在体会到"同情之理解"的可能的同时，也对区域社会的历史脉络有了更为深刻的把握。

　　调查期间，广大师生不避酷暑，行走于永济的村落与社区，实践着走向田野与社会的理念。调查结束后，带队老师亲自指导学生进行田野报告的写作。因此，《永济篇》实际上也凝聚了中国社会史研究中心各位老师的心血。为了不至于使得印书太厚，影响阅读，呈现在读者面前的只是选取了调查报告中的一小部分。如果按照文本的形成过程来讲，正文编排次序应该是田野日记、调查报告、学术论文，但是为了遵循阅读习惯，编者将顺序进行了调整，现在读者看到的是田野日记——调查报告——学术论文这样的顺序。

三

　　法国年鉴学派第三代代表人物雅克·勒高夫认为，史学应"优先与人类学对话"①。正是在一定程度上借鉴了人类学理念与方法的基础上，社会史的研究提出了"走向田野与社会"的理念，在这里"田野""包含两层意思：一是相对于校园和图书馆的田地与原野，也就是基层社会和农村；二是人类学意义上的田野工作，也就是参与观察实地考察的方

---

① ［法］勒高夫等主编：《新史学》，姚蒙编译，上海译文出版社 1989 年版，第 36、40 页。

法"。这里的社会也有两层含义：一是现实的社会，我们必须关注现实社会，懂得从现在推延到过去或者由过去推延到现在；二是社会史意义上的社会，这是一个整体的社会，也是一个"自下而上"视角下的社会。① 在此过程中实现了两个转变：第一，从书斋到田野的转变，从家乡资料的收集开始做起；第二，跨越了"文野之别"进行口述史访谈，以此实现了对"他者"的了解与理解。

山西大学中国社会史研究中心所秉持的"走向田野与社会"理念不是一时兴起，而是具有较长的历史渊源与深厚的学术思考。早在 20 世纪 50 年代，历史系教授乔志强先生就倡导走出校园，走向田野。并且他自己也践行着这一理念。他的资料收集包括两个方面：第一，注重对档案资料的收集，抄录第一历史档案馆有关上谕、奏折、审讯的记录稿本；第二，走向田野与社会，采访当事人后人，"访问其他当地老群众"，同时也注重对民间传说文献的搜集。1991 年，著名人类学家乔健先生被山西大学聘为荣誉教授，同年山西大学华北文化研究中心成立；1992 年山西大学中国社会史研究中心成立（以下简称中心）；1996 年，乔志强和乔健联名申请国家社科基金重点项目——华北贱民阶层研究获准；2001 年，乔健先生又申请到欧盟课题，赤桥村被定为全国七个点之一。这些都是"走向田野与社会"的实践印记。

1997 年，行龙教授就任山西大学中国社会史研究中心主任，在他的带领下，"走向田野与社会"向常规化发展，也成为了中心的基本理念；2002 年，为庆祝山西大学建校 100 周年，行龙教授主编的《近代山西社会研究——走向田野与社会》② 出版；2006 年下半年，中心又请乔健先生为研究生开设了文化人类学的课程，还亲自带领学生走向田野与社会；2007 年，行龙教授的另一本书《走向田野与社会》③ 出版。在此情况下，走向田野与社会也被认为是区域社会史研究的追求与实践。④

---

① 行龙：《走向田野与社会：区域社会史研究的追求与实践》，《山西大学学报》（哲社版）2012 年第 3 期。

② 行龙主编：《近代山西社会研究——走向田野与社会》，中国社会科学出版社 2002 年版。

③ 行龙：《走向田野与社会》，生活·读书·新知三联书店 2007 年版。

④ 行龙：《走向田野与社会：区域社会史研究的追求与实践》，《山西大学学报》（哲社版）2012 年第 3 期。

历史学本质上就是一种资料学，区域社会史的研究也不例外，而研究的前提是占有资料，这就需要"上穷碧落下黄泉，动手动脚找资料"。在走向田野与社会理念的指导下，挖掘乡土社会资源，大量收集第一手的、独具个性的原始资料成为中心老师到学生的基本功。每年的寒假和暑假，中心老师带领学生走向田野与社会，亲身实践着这样的理念。从20世纪80年代开始到今天，在这30年的时间里，中心一直践行着社会史研究资料的收集，形成了水利、晋商、灾荒、秧歌、贱民等专题特色。到目前为止我们已经收集了大量的渠册、碑刻、秧歌剧本、契约文书和民事诉状、晋商商号账册及生意经、村史、家史等山西民间资料。中心许多学生的硕士论文、博士论文就是依靠这些资料完成的。这数千万件的基层资料来之不易，这是中心三代师生心情积累的结果。而"走向田野，深入乡野，身临其境，在特定的环境中，文献知识中有关历史场景的信息被激活，作为研究者，我们也仿佛回到过去，感受到具体研究的历史氛围，在叙述历史，解释历史时才可能接近历史的真实。走向田野与社会，可以说是史料、研究内容、理论方法"三位一体"，相互依赖，相互包含，紧密关联。有时先确定研究内容，然后在田野中有意识地搜集资料；有时是无预设地搜集资料，在田野搜集资料的过程中启发了思路，然后确定研究内容；有时仅仅是身临其境的现场感，就激发了新的灵感与问题意识，有时甚至就是三者的结合"①。

实际上，档案资料也是一种信息。在全球化的今天，要得到巨量的信息除了坚持不懈地走向田野与社会之外，如何去呈现、使用和传播这些信息无疑更是一种智慧。在收集到这些档案资料后，进行分类、整理，入档本就是一件相当费时、费苦的事情，但是这样的信息共享毕竟只局限在小范围之内。这些年来，中心一直在探讨怎样将这些资料以数字化的形式呈现，让更多的学者了解山西、了解基层社会，了解集体化时代千千万万老百姓的真实生活，为更好地为有志于这方面研究的学者提供便利。正是在此种考量下，中心开始了"集体化时代基层档案数据库"的建设，计划利用五年乃至更长的时间将这数百万件档案资料扫描，上网，实现共享，这无疑是一件功德无量的事情。由此可见，在对"走向

① 行龙：《走向田野与社会》，三联书店2007年版，第7—8页。

田野与社会"的过程中，中心经历了一个从自发到自觉的转变过程。如今，这样的理念已经成为了中心三代学人从事社会史研究过程中的一种学术追求与实践。在此过程中，山西成为区域社会史研究的重镇。①

在调查与书写过程中，我们得到了永济市委、市政府，各乡镇领导、相关单位和同志的认可与支持。没有他们的切实帮助和引导，我们不可能在短时间内对永济有了较为全面、深入的认识与了解，谢谢他们给予我们的照顾与关怀！

最后，谨以永济调查组全体成员的共同名义，向所有曾经帮助过我们的永济各位领导、各相关单位，以及老师、同仁、朋友，特别是各位德高望重的前辈学者们，表示真诚感谢！同时，还要感谢永济市的普通民众，我们的调查与访谈经常打乱他们正常的生活，没有他们的帮助与支持，调查不可能如期完成。他们是文化的持有者与历史的创造者，也是最应该被铭记的群体！

总之，社会史的研究只有走进"他者"、关怀"他者"、体贴"他者"、倾听"他者"、欣赏"他者"，秉持"我者"和"他者"平等的理念，尽量为"他者"服务，才能实现学科的终极关怀！《永济篇》是中心学生实践篇，也是中心发展、壮大的成长篇，同时也是一个阶段性小结，而这样阶段性小结体现的是社会史中心师生一段学术实践，一份人文关怀。面对三晋大地这样一个学术"富矿"，还需要我们迈开坚定的步伐不断走向田野与社会，以此来回报勤劳、朴素的山西人民，而这不正是人文学科的终极关怀吗?!

编者

2015 年 11 月于山西大学鉴知楼

---

① 李金铮：《社会史重镇何以炼成?》，载山西大学中国社会史研究中心编《风华正茂：中国社会史研究中心成立 20 年》，山西人民出版社 2014 年版，第 97—99 页。

学术论文篇

"乡土中国"在永济

张 力*

　　摘　要：费孝通先生曾将中国社会的特征总结为乡土性的，那么经历了几十年的变迁，从基层上看去中国社会的乡土性发生了怎样的变化？2014年5月末，山西大学永济市校外实践教育基地正式挂牌成立。借此机会，我们对永济市开张镇和城北街道进行了田野考察。此次考察可以帮助我们从一个具体区域去理解"乡土中国"及其发生的变迁。

　　关键词：永济；乡土；变迁

　　费孝通先生在《乡土中国》一书中，开篇便提到"从基层上看去，中国社会是乡土性的"。20世纪后半叶的中国历史经历了一个走向现代化、工业化的历程。尤其是在80年代以后，中国社会发生了翻天覆地的变化。那么，在经过几十年的变化之后，乡土社会发生了怎样的变化？2014年5月末，山西大学永济市校外实践基地正式挂牌成立。借此机会，我与赵中亚老师和研究生董秋伶、张爱明两位同学为一个小组，对永济市开张镇和城北街道进行了为期6天的田野考察。在此过程中，一些感悟与思考正可以帮助我们理解经过几十年变迁之后的"乡土中国"。本文便是根据此次团队田野考察撰写而成，其中包括文化、移民与记忆、教育和基础工程建设等几个方面，以此来总结本次考察的思考与感悟。笔

　　* 张力，山西芮城县人，2009—2013年就读于山西大学初民学院，获学士学位；2013—2016年就读于山西大学中国社会史研究中心，获硕士学位；2016年至今为复旦大学历史地理研究中的在读博士。

者深知开篇提到的问题实为宏大，短暂的 6 天考察不可能将所有的问题都找到答案，但在点滴之间仍然让我们看到了当下中国社会的某些面貌。

一　初到永济

"走向田野与社会"是山西大学中国社会史研究中心在三代学人的努力下形成的一种学术追求与实践。行龙教授经常跟我们讲，走向田野与社会是将史料、研究内容和理论方法"三位一体"的研究路径，通过田野调查我们能够在历史的现场接触到最原始的资料，能够通过亲身感受获得历史现场感，能够在不断的思考中产生问题意识和写作灵感。此次田野考察中，我们的主要任务便是对永济市整个市域范围内各个村庄的历史文献资料进行普查，使隐没在民间历史文献资料不致进一步的遗失与毁坏。同时，在田野调查的过程中，实地体验和解读文献发现的基础上寻找学术灵感也是我们的目的之一。书斋中的理论学习总是充满新奇与困惑，真正要走进"历史现场"则多了一份兴奋与期待。

从太原到永济 452 公里，坐大巴全程需要 5 个多小时，8 月 25 日下午两点从山西大学出发奔赴永济，由于限速，我们抵达永济已是傍晚。带着几分兴奋与几分倦意，晚饭后就休息了，期待着第二天的调查。

我的家乡在运城市芮城县，与永济仅一山之隔。从永济市向南看去，中条山赫然矗立，再往南便是生我养我的故乡。由于距离很近，生活习惯、饮食方式、方言风俗等几乎一样，加上之前也来过永济，所以感到很亲切。在这里，我能够用方言毫无障碍地与当地人交流，并且能够利用家乡的地缘优势很快与访谈对象及联络人搭上关系，这成为我在此次田野调查中的最大优势。即便如此，一山之隔仍然造成了山南山北的差异。历史时期，永济位于秦晋交通大道之上，扼蒲津关口，是河东地区重要的政治、经济与文化中心。由于交通区位的优势，永济市至今仍是整个运城市发展最好的地区之一，而历史文化遗产也成为永济市开发旅游和文化产业的资本。不同于永济便利的交通条件，芮城北依中条、被大山阻隔，且南临黄河，造成了该县交通不便，即使现在依然落后闭塞。对比可见，交通位置的优越地位造就了永济历史时期的繁荣和今天的发展。这种地理位置上的特征在一定程度上塑造了该区域的历史。从初步案头工作来看，由于"三十年河西三十年河东"以及位处交通大道，这一地区的移民特征明显。另一方面，与东部运城盐池的关系也是该地社会变迁不可忽略的一个因素。而永济市区东部的伍姓湖的开发与利用也是应该关注的重点。总之，这些是到达田野点之前的一些简单印象。

8月26日早，我们一行20人参观了普救寺、铁牛和鹳雀楼三个旅游景点。关于普救寺以及其中的故事，爱情和寺庙的结合很有意思，从中古郡望的角度来看，博陵崔氏和寒族张氏的坎坷爱情也表现出门第的重要性。同时，张氏在永济市的起源说和庞大的张姓群体也似乎让寒族张氏的故事有了更深层的意涵。这三个旅游景点所利用的资源都是在唐朝遗留下来的。而蒲州在唐朝的辉煌，大胆的爱情、规模宏大的铁牛和高耸入云的鹳雀楼无不彰显着盛唐的气象。在鹳雀楼有一个河东物产的展厅，里面分别展览了古河东地区的四大产业，盐、铁、桑落酒和纺织。桑落为桑葚所作，这又与当地桑树的种植有关。此外，纺织也与桑树有密切关系。因为桑叶用来喂蚕，桑葚用来酿酒，这也是对资源充分利用的一种表现。关于永济的物产，很值得一提的是柿子。曾在《晋绥土货一览》中看到有关永济柿霜的记载，其中讲到由于永济柿霜有名，销路也好，便有柿霜中掺糖假冒销售的情形，可见永济柿霜生产的历史较长。这些都是很有意思的话题，若从历史地理的角度考察这些物产的空间分布及原因也是很有价值的。

当天下午，在永济市教育局参加了山西大学永济市校外实践教育基地的挂牌仪式。当地政府十分重视，双方领导分别作了讲话。活动结束后，提前分好的各个小组便开始与对应的乡镇负责人进行接洽。我们小组四人本该要先去开张镇，但由于派车方面出现问题，遂决定先挑一个较近的村子，自己去看一看。我们选择了位于伍姓湖北面的东伍姓村。进村后，我们首先对村子的大体情况进行了了解，然后奔赴伍姓湖。从村子往南走，穿过运（城）风（陵渡）高速路，一眼望去便是伍姓湖。湖体面积看上去不大，但周围长满了芦苇和荒草，荒地面积不小。下午五点多，恰好有老人在此地放羊，我们便对他进行了访谈。从他的表述中我们了解到，伍姓湖周边土地盐碱化严重，前几年，这里经过改造还能够种些庄稼，这些年全部荒废了。老人在这里养了一些羊，离村子很近，也便于赶出来在荒地上吃草，卖羊的收入是他经济的重要来源。问及盐碱地的改造，老人说之前有排水治碱沟，也听说过有人熬盐，现在没有了。如今伍姓湖周边的荒地已经被伍姓湖监狱和农场征去。这个监狱是省管监狱，成立有三四十年，农场提供了犯人劳动的场所。

由于地势低洼平坦，极目望去一片开阔风光，伍姓湖夹在中间，使南边的中条山显得山体高大，气势磅礴，不时有水鸟从天空飞过，习习吹来的凉风让人倍感清新。听说，伍姓湖正在洽谈旅游开发事宜，历史时期的伍姓湖由于地处交通要道，不少文人士子也曾留下不少唯美的诗文雅作。如果将这些文化资源利用起来，永济市必会再增一处美景佳胜。

结束伍姓湖的考察，我们重回村庄，在村口随即进行访谈。伍姓村是革命老区，现在的村委会有一个抗战爱国纪念碑。从碑文上的记载可以看出当时村中有人在太原参加了政府组织的军事训练，在此期间接受了中国共产党的爱国抗日动员，并且加入党组织，回来后在村中组建了党支部，形成了抗日组织。正当参观之时，一个村干部模样的人走近，给我们当起"导游"，所言与碑文无异，后来得知这是镇上的武装部长，下来开会正好碰到我们。他又将我们引荐给村委会主任，简单访谈后，主任送给我们一本《伍姓村志》。村志主要以口述访谈和一些个人收集保存的资料作为支撑，内容较为丰富，基本介绍了村庄的历史情况和一些家族情况，我们较为感兴趣的是村名的由来，伍姓村是因伍姓湖而命名还是伍姓湖因伍姓村得名？按照村志叙述，伍姓村曾经确为五个家族，可见伍姓村名字来源于五个家族姓氏，那么按照这一逻辑伍姓湖也是因村中五个姓氏而命名的。更有意思的是伍姓村究竟是哪五个姓氏也存在不同的说法，其中可能是历史发展变迁的结果，也可能是不同家族之间资源争夺的结果。不论怎样，从五姓入手，可以进一步了解伍姓湖及其周边地域开发的历史。

二 "送戏下乡"——文化站里的国家与社会

8月27日是正式考察的第一天，按照之前的安排，我们前往位于永济市区东北18公里的开张镇。开张镇共26个行政村，人口约4.2万人，村民的主要生计方式为农业。由于时间紧凑，我们的调查需要地方政府的配合，这也是我第一次在向导的带领下进行田野考察，而与当地政府的协作过程给我留下了深刻的印象。能否与向导——文化站长形成良好的合作将决定我们的工作能否顺利完成。从早上八点镇里派车接我们开始，我们和当地乡镇政府的工作人员度过一整天的时间。在这一过程中，行程的安排、村庄联络人的联系、村庄的基本情况以及饮食等方面都离不开文化站长。因此我们也最先和文化站长熟悉起来。

引起我注意的是，文化站这个乡镇机构在基层社会中的作用，以及这一机构设置的历史延续性。在同热心的文化站长交谈中，我大致了解了他的工作范围和他对农村文化工作的认识。文化站的工作包括闭路电视的安装、网线的安装、村庄图书室的管理、村庄"送戏下乡"及一些文娱活动的组织等。从制度层面上看，文化站是向广大人民群众进行宣传教育，研究文化活动规律，创作文艺作品，组织、辅导群众开展文体活动，普及科学文化知识，并提供活动场所，公益性的文化传播与管理的文化事业机构。通过几天的接触，更加直观地让我了解到文化站的工作内容和方式。

前述 5 月 26 日下午的校外实践基地揭牌仪式以后，我们小组和开张镇的文化站张站长进行了第一次接触。匆匆见了一面后，他便要离开，因为最近正在举行一次文化节活动，开张镇要出两个节目，所以他要进行安排。第二天接我们的时候，他向我们介绍了当时文化节的活动。开张镇的节目之一是广场舞。张站长向我们神采飞扬地讲述某一乡镇的节目只有两个演员，但是全镇却去了 40 多个"亲友团"，表演完后大家大吃一顿才回的家。张站长的描述让人感觉到"文化节"的活动确实能带给很多人一个放松和娱乐的机会。张站长还给我们介绍了最近举办过的一些其他文化娱乐活动，"送戏下乡"活动便是其中最为重要的一个。当时从平陆（运城市南部一个县）请来蒲剧团，在全镇各个村庄进行轮流演出。花销出自国家下拨的文化经费，村庄只管接送剧团人马。这种活动每年都有，而且相当受欢迎。这不禁让人想到，在传统时期，举行庙会、请戏班唱戏也是民众文化娱乐活动的一个重要形式。现在，这种文化活动以新的方式重新兴起，但是从组织方面来看这一活动实则发生了巨大的变化。抛开戏剧内容不谈，经费问题从传统时代的乡绅富户筹钱到改革开放后乡村自筹，在此过程中国家与社会的关系发生了重大变化。

按照杜赞奇"权力的文化网络"① 的概念来看，请戏班这样看似轻松娱乐的文化活动其实也是乡村权力寻求合法性和权威性的一个途径。但是新的方式为乡村文化活动提供了更多的支持，这样的结果是戏曲成为"送""下"来的东西，进一步将文化活动整合到大的国家精神文明建设当中。后来走访的某村便是一个突出的例子。该村人口 3000—4000 人，是一个较大的村子，姓氏结构也比较多元。由于复杂的村庄内部关系使该村成为一个备受关注的村庄。一个村中文化人向我们介绍，每到换届选举的时候，村庄总有一股风波。各大势力都想在选举中获胜，所以贿选之风盛行。被选举人通常采用分组负责的方式，选取信任之人负责分区域的拉票。香烟针对男性选举人，洗衣粉针对女性选举人。但是被选举人权威的建立并非仅仅是物质利益的结果，家族势力、工作经验、个人品行以及是否经常在村都是重要的影响因素。比如有一个商人近年赚了一些钱，在上次的换届选举中利用强大的资金支持和各种力量的斗争妥协成功当选，但是由于个人能力和业务关系，并不能为村庄带来实际利益。他将村庄事务交给另一个干部负责，自己则忙于生意上的事情，但是村民并不服从这位代理人的管理，觉得他没有权威。村民说，下次选举不再选不在村的干部。

让人深思的是，在传统的"权力的文化网络"被国家的力量摧毁以后，村庄树立的权威受到了威胁，"送戏下乡"和"送书下乡"等一系列的文化建设表面上是国家为地方社会提供了文化建设的巨大支持，但是也是国家权力从各个方面深入地方社会的一种方式。这种渗入的结果使村庄的权力结构发生变化，村庄里的各势力不能运用这些传统的方式生成和稳固自己的权威，所以村庄民主化的过程中不可避免地造成了一定的混乱局面。

从现代民族国家的形成与发展的历程来看，乡镇一级地方正式机构的设立是现代化过程中，国家加强对地方控制的一个重要表现。虽然早在秦末，中国在县以下已经有了亭乡制，但是直到宋代以前，国家在广大农村的控制仍然处于非常薄弱的状态。到宋代王安石变法时期，保甲

---

① ［美］杜赞奇：《文化、权力与国家：1900—1942 年的华北农村》，王福明译，江苏人民出版社 2010 年版。

制的大力推行加强了国家对地方社会的控制，但其实际成效如何却需要打个大大的问号。国家向乡村社会的深入在清末民国以后进一步加强。国家现代化的要求使其对农村社会的控制大大加强，这一方面是对税收的控制，另一方面也是完成各项现代化任务的需要。在现代民族国家的形成过程中，县以下国家政权建设是其中的重要一环。无论是从吉登斯①的理论还是杜赞奇关于国家政权建设的考察，都说明现代民族国家的产生过程中，如何使国家和社会逐渐形成一个同一的实体是必须面对的难题。事实表明，清末至民国时期的国家政权下延的努力在一定程度上面临着"内卷化"困境。杜赞奇用"文化网络"这一概念来解释农村社会的权力生成与运行方式。按照杜赞奇的解释，20 世纪国家政权在进入农村社会的时候抛开甚至毁坏"文化网络"，所以必定面临失败。杜赞奇认为中国共产党的政治方式是从基层开始建立了与国家政权相联结的各级组织，所以中国共产党基本上终结了"内卷化"的扩张，完成了"国家政权建设"的任务。从这个角度看，清末民国便开始的农民文化宣讲与教育工作，都是通过摧毁旧的"文化网络"来建立国家权威的过程。然而真正取得成功的是中华人民共和国成立后的人民文化站等形式的文化组织，建立起与国家组织一致的文化形式，对乡村社会进行了根本上整合。

改革开放之后，"七站八所"之一的文化站仍是国家政权建设中的重要一环。② 但是，我们的观察发现，现在的文化站工作主要集中在一些诸如安装网线、组织一些国家精神文明建设等活动上。与此同时，改革开放以后的情况似乎表明，传统文化只是在某一时段蛰伏起来，一旦有机会，传统文化会以新的方式重新出现，这也表明了传统文化的社会需求。"送戏下乡"和村庄选举是其中一例，各种祠堂的修建，家谱的重修都可以看作"文化网络"的复兴。

在国家政权深入乡村社会的过程中，如何解决国家政权内卷化的问

---

① ［英］安东尼·吉登斯：《民族——国家与暴力》，胡宗泽译，三联书店 1998 年版。

② "七站八所"是指县市区及上级部门在乡村的派出机构，"七""八"皆是概数，实际达 20 个以上，包括房管所、农机站、农技站、水利站、城建站、计生站、文化站、广播站、经管站、客运站、土管所、财政所、派出所、司法所、林业站、法庭、卫生院、国税分局（所）、邮政（电信）所、供电所、工商所、信用社。

题，我想面对诸如"送戏下乡""送书下乡"之类的文化建设活动应该更多地去培养文化自觉，而非仅仅是在经费支持上的"上下关系"。

三　村庄的迁移——记忆与集体认同

在永济市第一天的考察虽然经验还不丰富，存在诸多技术上的问题，但是一些发现仍让我们感到收获很大。热心的向导张站长根据自己对开张镇的了解，在第一时间就把我们带到能够代表开张镇整体特征的村庄。第一天我们一共去了三个行政村，分别是古城村、杜村和王店村。通过访谈老人和资料搜集，我们发现三个村庄给人的整体印象是均经历过一个迁移的过程。"三十年河东三十年河西"这个成语表现了古代黄河河道的变迁对永济一带的影响，其中"变动"是一个重要的特征。除此，位于永济市境的伍姓湖的变迁也是形成永济地区变动特征的一个关键因素。这三个村庄从更直观的角度加深了我们对传统时期以及中华人民共和国成立以后的一段时间内的"变动"特质的印象。古城村是解梁古城所在地，如今由村中向南北望去，夯土城墙残迹依然默默耸立。据老人讲述，由于这里地势低洼，水患常发，所以解梁古城向东迁往今运城市盐湖区的解州镇；杜村曾经因为瘟疫从原来村南迁至现所在地；王店村更为特殊，在 20 世纪 50 年代由于原村所在地（今韩阳镇双店村）位于三门峡库区，全村约 700 人整体迁移至此，这一迁移的记忆至今对村庄仍然影响巨大。

我们首先到达了位于解梁古城所在地的开张镇最西端的古城村。进村以后我们发现村里正在修下水道，站长说这是全镇正在进行的一个工程，现在推进到古城村。从与我们同车的两位开张镇政府办事员的访谈中得知，许多没有进行下水道修建的村庄正在等待或者关注这一工程的进展，他们作为政府职员经常会碰到村民询问何时能够修到自己所在村庄的问题。我们没有详细询问关于下水道修建的各种细节，但是走过的很多村庄都在进行这项工程，有时候会碰到修下水道的工人围在一起吃饭或休息的情景。这些工人每天收入有 200 多元，不过晚上不能回家，过着集体饮食起居的生活，这便是我们进入古城村的第一印象。之后，我们走进了乔会计家中，精干但话少的乔会计很信任我们，将他收藏的一些老账册交给我们，愿意让我们保管。根据我们的进一步了解，得知该村有户姓智的人家对解梁古城的历史比较清楚。乔会计带我们走了进去，当时仅一个妇女在家，她说老伴很小的时候就从另一个镇子搬过来，真正的智家在现在智家宝村，那里的村民全部姓智。关于解梁古城，据村中老人介绍，南面伍姓湖和周边河流的影响是古城迁移的重要原因。

接下来，我们去了东面的杜村。在这个村里，我们遇到了对村庄历史较为熟悉的一个人，他有 50 多岁，是一家肉店的老板。他为我们讲述了父辈流传下来的关于瘟疫的事情。也正是因为这次瘟疫，村民从现在村庄的南边迁到现在杜村所在的地方，而这里曾经就是解梁古城所在地。由于没有进行更加详细的访谈，我们无法确认这次瘟疫发生的确切年代，但是通过这个"老板"和他年轻的儿子的回忆，我们还是大致了解了这里发生的重大事情。

我们去的第三个村庄与上述两个村庄在地理位置上并不相连，因为站长向我们介绍该村有一名非常热爱历史文化的老人申元山，他保留了许多我们或许感兴趣的东西。我们首先在镇上的文化站见到了王店村村民申强强。他是开张镇农机站的站长，他很熟练地在电脑上为我们展现了放在网上的几张地契的照片，并且向我们介绍了他为宣传申元山老人所做的一些事情。申强强衣着朴素，但是对于电脑的熟悉程度却出乎我们的意料。后来才了解到，他在 80 年代曾就读重庆某大学计算机专业，到 1989 年才回到开张镇从事农机站的工作，说起计算机方面的知识，他很熟悉地跟我们讲起 DOS 系统之前的操作系统和汉字输入法应用的过程。乡村社会隐藏着这样的"高人"让我们很吃惊。大概是由于受过高等教育，申强强对于王店村保存的资料很关注，并且将一部分资料上传到网上，以引起更多人的关注。本来打算吃完午饭后再去王店村，但是由于我们对这些资料相当感兴趣，所以我们决定午饭前就去看一看。

开车不到 20 分钟，我们到达了王店村。申元山老先生住在三儿子家中，家里条件不错，房屋建造得相当气派。我们见到老先生的时候，他正在巷口照看着在建的二儿子的新房。他说，这样的新房兴建需要大概30 万元。老人一开始好像并不健谈，由于正在施工现场照看，衣服上满是泥土。在申强强的热情招呼下，老人把他收藏的契约拿给了我们看。这些契约被捆作一团，置于一个纸箱里，保存状况很差，有些已经破损不堪，字迹模糊。老人介绍说，这些东西是他从垃圾堆上捡来的。王店村曾经有个人在蒲州县城（应为永济旧县城）做过文书的工作，所以家里就保存了这些资料。前几年，他儿子收拾家的时候就把这些资料扔在了垃圾堆上。幸好有人知道申老先生平时爱收集这些老东西，就告诉了申老，申老才从垃圾堆上捡回来。后来扔掉这批资料的主人听说申老把他扔的东西捡回家了，就上门来要这些东西，可是申老认为这些东西是他捡来的，不应该再归还。所以现在这些资料仍在申老家里保存着。当聊起这些事情的时候，申老显得十分健谈。他告诉我们他曾经有一百幅轴画，在"文化大革命"时候全部烧掉了，唏嘘不已。当我们问到这些画是从哪里来的时候，老人告诉我们，这些画原来置于韩阳的祠堂里，村庄迁到王店的时候，祠堂拆掉，把这些画就携带过来了。接着，老人给我们讲述了这些画背后更加生动的关于村庄迁移的历史故事。老人拿出他写的《王店村志》（以下简称《村志》）①，他说十几年来，一直在书写《村志》。老人详细地给我们讲述了王店村历史上三次迁移的过程。最后一次大约在 20 世纪 50 年代末期，这次搬迁直至今天对村庄仍然有影响。当时王店村位于三门峡库区，为响应国家号召，全村 700 余户全部搬迁到现在村址。据老人回忆，当时国家在现在的村址建了一些房子。村民们先坐火车，然后转步行到达这里的时候，这里还是一片荒地，房子还在建造当中，所以村民就分散到周边附近的村子先租房子住下，直到1963 年房子建好了才搬到自己的新家。此后我们去了开张镇东北方的三义村，意外地碰到了申元山老人的妹妹，她回忆当时粮食紧缺，有时只能偷吃一点当地人种的苜蓿裹腹。

关于迁入后土地分配的问题，我们从调查中得知，当时主要采取了传递土地的方式。远处的村庄向周边的村庄分地，然后再向更靠近王店的村庄传递，这样周边的村庄都会均等地分给王店村地。这些都给经历过村庄迁移的老人们留下了深刻的印象。申元山告诉我们他背着干粮，追寻村庄历史的目的就是让村民们认识到村庄王店村曾经的苦难经历，现在人们的生活好了，村庄也富裕起来了，但是越来越多的年轻人并不知晓富足生活是怎样来的。而他十几年的努力追寻就是为了让人们对过

---

① 手写本，未出版。

去有一个认识，不至于那段历史随着一代人的逝去而被遗忘。申元山告诉我们，曾经有人花钱要买他收集的这些地契，虽然这些地契曾经不属于他，而属于整个村落，但是他说多少钱他都不会卖掉的。谈到这些，他又跟我们讲，旧的村委会搬迁的时候，村中的档案资料没处保存，有人要卖掉，有人要烧掉，但是他执意要保存下这些东西。在我们的请求下，在一间堆放杂物的小房间里，我们看到了保存这些资料的大木柜子。翻开柜盖，里面好多东西已经变成了一堆碎屑，我们在里面甚至发现了老鼠的干尸。老人说曾经有人也要买这些档案资料，但是他再一次强调，这是村庄的历史，不论出多少钱他都不卖。

康纳顿在《社会如何记忆》① 一书中说："所有开头都包含回忆因素。当一个社会群体齐心协力地开始另起炉灶时，尤其如此。"我的想法是，在对这些黄河岸边的村民进行国家政策性移民的时候，他们经历了各种艰辛，从一个熟悉的环境到另一个陌生的环境，这对于安土重迁的中国农民来说无论是个体生命意义上还是村庄整体上都是重要的转变。国家为了安置这部分移民，在迁入地给他们提供了良好的政策支持，包括土地划分、房屋建设和国家的贷款等。这些同时又造成了移民和本地人的差异。尤其是在开拓的初始阶段，寄人篱下的经历让王店村的村民记忆尤深。根据老人编撰的《王店村志》记载，直到1963年分散在各村的村民才搬到新建成的村庄中，期间经历了更加让人难忘的三年困难时期，难怪有老人依然能够记起当时偷吃当地人自留地上的苜蓿菜来生存的经历。从申元山老人的讲述中得知，几十年来他不仅记录着村庄的历史，一个更为庞大的计划是建立起自己家族的历史。他为了搜集申姓家族资料，走遍了运城地区的多个县份。他给我们讲述了散布在晋南大地不同地方的申姓分支以及不同分支之间相互交往的情况。

我们可以发现，对过去规模宏大的祠堂、"文化大革命"时期被烧毁的画卷、移民专列、家族分支间的交往以及寄居在他人家中的情景等一系列记忆中，老人将自身家族的历史和国家叙述下的大历史结合起来，形成了对于整个村庄的整体记忆。根据现在掌握的资料，我无法判断出

① ［美］保罗·康纳顿：《社会如何记忆》，纳日碧力戈译，上海人民出版社2000年版，第1页。

王店村的村民在移民之初艰苦环境的压力下形成集体认同的情况，尤其是在国家进行合作化运动的进程中，这种共同开创的历史记忆是否对集体化起到推动的作用。但是从我们走访其他村庄的时候，王店村似乎是一个特殊村庄的代名词，老人们普遍记得当时王店村从他们手上分走土地的事情，并且多数村民认为这些地都是好地。从"他者"的眼光来看，王店迁入的村庄是一个整体，那么在这种环境下散居在好几个村庄的村民怎样建立起自己的身份认同，当这些散居各处的村民重新组成一个村庄的时候，这村庄又是靠什么力量重新维系起来的？这些问题都值得我们思考。从开张镇其他的村庄来看，移民可分为像王店村那样的库区移民村和从山东河南逃荒落户形成的移民村两类。这些移民对历史都有着较为深刻的记忆。可以说移民的历史就是开张镇历史的重要组成部分。

四 "长草"的小学

城北街道位于永济市区的北边。由于紧靠着市区，所以这里相对开张镇来说经济状况要好很多。此外，城市建设对村庄影响也较大。两天下来，我们一共走了19个村庄，就档案资料来说我们几乎没有收获。除了在赵伊村所见的完整档案资料外，大多数村庄都经过多次的搬迁，档案资料大多毁于搬迁当中。我站在不断崛起的楼房之间，听着白发苍苍的老者讲述着历史遗迹的遗失，让我不禁产生历史被不断遗忘的伤感。伤感似乎不是一个历史研究者应有的研究情感，但是有些现象确实值得我们深思。

城北街道文化站苏站长40多岁，非常热心，而且对于我们的工作非常感兴趣。在我们对有用的资料进行拍照的时候，他也用自己的相机进行拍摄记录，还不时向我们了解资料的相关情况。他能以最快的速度帮我们找到村庄联络人，而且能帮我们找到我们最想见到的人。这些联络人大多是村中的干部，都非常乐意帮助我们去发掘村中的历史。在席村，村干部不仅为我们找来了村中最大的姓氏寇姓家族族谱的保存人，而且为我们找来了几乎走不动的老人，以帮助我们了解情况。在西信昌，为了让我们看清碑文，村干部费了很大力气帮我们把一块巨大石碑上的砖石移走。在下麻坡村，村长带领着我们走进了荒草丛生的废弃院子，打开了荒废房屋的大门,当时还淅淅沥沥地下着雨。在另一个叫作下高市的村子,曾经参过军的村长为我们讲述了村庄的历史,还邀请我们到他经营的核桃园参观,这些都给我留下了深刻的印象。他们让我感受到了熟悉的农村淳朴的一面。由于我们是历史访谈,所以接触的不是村干部就是老人,这可能是我们不太常见到年轻人的原因。但是,行走在村庄的巷道,我们也常常不见年轻人的身影。这让我很好奇,村庄中的年轻人都去哪里了?文化站长告诉我,多数年轻人都出去打工了,而且百分之八九十都是出去开饭店,赚钱后在家盖房买车。大多数的打工者也都努力在城里买房定居,现在永济市的房价就是这样被炒起来的。

说起打工的人和房子,另一个相关的现象让我产生了更大的兴趣。按照我们的经验,农村集体化时期的档案大多无人管理,如果今天存在,一定会堆放于村集体库房的某个角落,或者置于一个老式的木箱子中。这是我们从开张镇一直到这两天积累的关于农村基层档案保存的最重要的经验。凭借这个经验我们曾经好几次在村庄中发现了档案资料。就村庄的库房来说,一般情况下是在村委会里,但是也有很多时候档案资料是在离村委会不远的属于集体的房子里面堆放着。而符合这样条件的库房经常就是废弃的小学。所以,废弃的小学也自然地成为我们必去的一个地方。在下麻坡村,我们从断墙的一角进入崭新的村委会后面的一个小院里,院子里的杂草有一人多高。村长告诉我们这里曾经是学校,后来承包给私人做工厂后来也倒闭了,现在就这样荒废着。我们试图能从里面找到之前堆放村中杂物的房间。许多房间的门都开着,玻璃破碎,进去一看,讲台和黑板明显地告诉我们这里以前是教室。黑板上写着一些不堪入目的话,地上能看到排泄物的痕迹。在一个窗口,我们看不清昏暗的房间里放着的是柜子还是桌子。当我们费了好大力气进去以后才发现那是一架脚风琴。

在下高市村,我们的车直接停在了一所小学的门口。学校简陋的大门上写着很有时代感的校名,但是已经没有了门。一眼望去,里面荒草丛生。这里荒废得更加彻底,所有的房间都无门无窗,有些屋顶甚至已经趋于坍塌。里面丝毫没有存放东西的迹象。我们见到了热心的村长。他带我们看了据称曾经有石羊、石马的墓址,虽然只剩下几块方形石基,但是通过他的描述,我们知道这里曾经是一个规模宏大的古遗址。他跟我们讲，村里很复杂，尤其是涉及解决问题的时候，很多事情就更难协调。比如村中的学校问题，当小学荒废以后他曾经多次想在村中建立幼儿园，这可以方便孩子上学。幼儿园只需要对原来的小学进行改造，并不需要花费多少钱，即便如此，村里仍然没有人愿意出钱。

其实除了以上两处直接废弃的学校外，还有更多的村庄将学校挪作他用，比如用来堆放杂物。有一些学校建筑很新，像是 2000 年以后的建筑，但有很多也被改为仓库或住人之所。孩子们都去哪了？站长告诉我们：其一，多年的计划生育，导致村中孩子越来越少；其二，年轻人出去打工把孩子们都带到城市里上学；其三，即使是村子里的学生也越来越多地走向集中化，在镇子上或者某个大的村子里有一所小学便可以辐射周边的很多村子。

自清末新政以来，国家的教育制度也发生了翻天覆地的变化，在基础教育方面逐渐从私塾制度走向学堂制度。而如何在乡村社会建立起这样一种现代化的教育制度是一个巨大的问题。民国政府曾经在废除封建迷信的运动中，把村中的寺庙祠堂等被认为是封建迷信的场所改造成学校。这样不仅能够很大程度上解决学校建设的经费问题，而且能够把传统中国村庄的信仰基础从儒释道转变到现代学校制度，使教育成为个人和国家相联系的纽带。按照《剑桥中华人民共和国史》①的说法，这样的方式为乡村精英提供了新的不同于传统时期的晋升方式，以与国家进行结合。在具体实施中，为了更好地将教育和地方社会联系起来，国民政府曾经进行中心小学制的试验。在 20 世纪 50 年代，毛泽东曾经提出"一村一校"的口号，各个村子纷纷建立起自己的学校，并且用中心学校的方式将资源进行优化配置。这些基层教育的实践的目的相同，那就是让广大乡村地区的学生更为方便地接受到优质的教育。但是随着改革开放的到来，商业化需求下更多的是资源的集中，在教育上表现为师资向城镇地区流动的趋势，包括各种教育设施。这种情况下，造成了农村基础教育的颓败景象。

学校通常被比喻为花园，教师被比喻为辛勤的园丁，学生被喻为可

---

① 可参见 ［美］R. 麦克法夸尔、费正清编《剑桥中华人民共和国史》（上卷），谢亮生等译，中国社会科学出版社 1990 年版，第 198 页。

爱的花朵。但是现在很多的农村学校确实杂草丛生，不禁让人深思，城镇化背景下的农村教育事业将如何发展？

五 "集体的力量大"

这次考察，我们一共 20 位师生，分成 5 组，每个小组负责两个乡镇（街道），对整个永济市的历史档案文献进行拉网式的普查。这也是中心多年经验积累总结出的一种集体式的田野调查方法。通过集体的力量，加之地方政府的支持，这为我们的工作提供了很大的方便。就各个小组来说，在进入村庄后能够很快投入工作，各司其职，不至于顾此失彼。总之，我们相信，在这样一个工作量较大、工作任务较为艰巨的工程面前，集体的力量能够使我们更好更快地完成任务。

说到集体化时代，当时的永济引黄渠这个巨大工程让我印象深刻。此工程修建于 20 世纪 70 年代，从永济市区北部穿过。我们在去开张镇和城北街道一些村庄总要经过引黄渠，沿着引黄渠走上好一段。两个镇的向导都向我们介绍了这个伟大的工程，并且言谈中带有自豪感。这样一个从永济往东贯穿四个县市的工程之浩大，足以让人感到震惊。记得一次在车上，临时担任司机的开张镇纪检委上官书记对赵老师说，他有一个观点不知道正确不正确，看能不能帮他分析分析。他说："我每次经过引黄渠都感觉到，这样宏大的工程也就是在毛泽东时代集体生产才能做成功，要是现在各个村之间哪里能够进行分工合作，肯定是各据一方不能合作。"他又举出例子，比如古埃及的金字塔，中国的秦长城等，进一步认为，人类文明的结晶往往产生在高度集权的时期。权力的集中能够更有效地调动各种资源，有利于成就规模宏大的工程。车声嘈杂，当时的讨论我已忘记。但是问题的解答似乎不重要，重要的是他为我们提出一个问题，传统时代大型的社会工程是如何组织动员的？而这与集体化时代的中国社会组织动员有何联系？当下中国乡村社会又是怎样的一种组织状态？上官书记作为一个基层行政人员，长年与乡民打交道。从他的讲述和提问中似乎表明当下乡村社会的这样一种状况，即想要让大家齐心协力办一件事情很难。

关于引黄渠的故事我们听到了不止一次。5 月 30 日的考察中，我们在赵杏村碰到了退休的曹老师，曹老师是《永济市志》的撰写人之一，所以对永济市的历史了解颇多。我们最初是在村委会见到了曹老师，他衣着朴素大方，非常精神。大致了解到我们的来意以后，他为我们讲起了"文化大革命"时期的一些事情。曹老师非常健谈，也非常善于讲故事。在中午吃饭间，他给我们讲起了当时修建引黄渠的故事。他说当时是村里派工去工地，冬天吃不上热饭，男女一同劳动，有的地方要深挖16米，冬天哈的热气在头发上结成了冰。他还讲了一个公社干部因为不识字在劳动的动员大会上闹笑话的故事。这些记忆夹杂在一起构成了他对那段非凡岁月的回忆，可以看出虽然很辛苦，但讲述中也能感受到那份集体劳动的快乐与成就感。曹老师介绍他当时是做宣传工作，具体来说就是负责工地的简报工作。上面经常会写一些先进的事迹或者有趣的新闻，他现在还保存着这些简报。他说下一步他的主要任务就是撰写一部关于引黄渠的书，来反映当时永济市人民不怕苦难的精神，书名就叫《铁铸的历史》。在任家庄，我们拜访了村中80多岁的老会计，他给我们讲述了开挖引黄渠过程中许多村庄不愿意投入劳力，但是在修成后却要求使用引黄渠的故事。

我所在的山西大学中国社会史研究中心有一个重要的方向是集体化时代研究。这是一个距离我们并不遥远，但是又难以说清的年代。我们身边的老人从那个时代走过来，对那段过去有着深刻的印象。但是那段过去却慢慢离我们远去，慢慢地被年轻人遗忘。当然，我们无法否认期间的一些过激的行为。但同样不能否认的是，集体化时代不论是农业科技、医疗卫生，还是基础建设都取得了举世公认的成绩。因此，我们不能用二元对立的简单评价来涵盖这段历史。在调查中，我们发现普通人的观念，往往不同于大的国家叙述，在他们的视野中，并不存在简单的好与坏、正确与否的问题。他们生活在一段历史环境中，无论国家政治怎样变化，人们的生活还在继续，个体生命酸甜苦辣的各种体验被融入那个时代。集体化时代已经结束30多年，如何正确地认识这段历史是我们必须面临的一个时代问题。我们行走在乡村社会往往能够深刻地体会到那个时代在当下社会若隐若现，也能够体会到那个时代具有丰富的历史面貌。如何能够真正地深入乡村社会，从底层的视角重新理解集体化时代，并将集体化时代置于近代中国社会变迁的历史脉络研究，这是值得我们思考的问题。

工作结束，回来的路上，汽车沿着引黄渠飞奔，树影飞动，渠水清澈。"集体的力量大"和"事情没有那么简单"两句话一直在我耳边萦绕。

经历过近代变革、共产主义革命以及市场经济大潮的"乡土中国"发生了怎样的变化，中国将来往何处去，这是一个很大且很有价值的问题。永济一行，让我切身体会到乡间历史的延续性，包括能够创造经济价值的历史古迹和广为流传的故事传说这些显性的历史遗产，还包括迁移与开发形成的移民群体、以新形式出现的传统文娱活动等这样隐性的历史传统。但是我们更多看到的是变迁，每一个村庄就像一个层累的叠加，在同一个村庄里我们能够找到明清的戏台，也可以看到革命纪念碑；我们能够看到历史久远的家谱，也可以发现很多主人外出打工的荒废院落。在这样一个层累的混合体中，观察"乡土中国"如何发展以及走向何处，这是此次永济之行引发我的最大思考。长期以来，我们不断地进行民间文献资料、集体化农村基层档案资料的搜集与整理工作，同时走向田野与社会，以人类学式的观察与体验走进历史现场，寻找遗失在乡村社会的历史痕迹。我相信，随着更多真实可信而又丰富多彩的资料的发现和扎实的田野调查工作的开展，我们对于中国社会及其变迁历史的理解与认识将会不断地深化。

20世纪后半叶鹿峪村的人口、家庭与婚姻

郭心钢[*]

摘 要：本文主要利用田野调查所得山西省永济市蒲州镇鹿峪村的常住人口登记卡和已婚育龄妇女登记卡等基层档案资料，采用数据分析的方法，试图描绘一个普通村庄在人口、家庭、婚姻等方面的面貌。同时，结合国家的人口政策和婚姻政策，简要探讨国家与地方、传统与现代的关系。

关键词：鹿峪村；人口；家庭；婚姻；计划生育

一 问题缘由与资料介绍

马尔萨斯在1798年出版的《人口原理》一书中指出，人口的增长受到物质资源的制约，如果人口数量的增长超过资源的可利用限度，便会自发或者被迫产生一些称为"预防性抑制"和"现实性抑制"的行为来控制人口数量。"预防性抑制"措施有晚婚、避孕等方式，"现实性抑制"措施有饥荒、战争、溺婴等方式。马尔萨斯进而认为，前者在西方国家比较普遍，后者则在中国比较典型。[1]李中清、王丰针对马尔萨斯"神话"提出了质疑。他们认为：（1）选择溺婴意愿对死亡率具有重要的影

---

* 郭心钢，山西曲沃县人，2009—2013年就读于山西大学初民学院，获学士学位；2013—2015年就读于山西大学中国社会史研究中心；2015年至今为山西大学中国社会史研究中心在读博士。

① ［英］马尔萨斯：《人口原理》，朱泱、胡企林、朱和中译，商务印书馆1992年版。

响。中国人不只溺死女婴，也在必要的时候溺死男婴。因此这其中存在人们选择性意愿的行为，并受到社会和经济状况的影响。而且，死亡率不只与溺婴和饥荒相关，且与公共卫生和政府的组织能力密切相关。（2）中国女性普遍结婚早，但是存在传统健康文化和生殖技术的婚后抑制，生育开始时间晚、结束时间早，加之生育间隔大，导致生育率低。（3）非亲属关系的收养行为在中国很常见，这也在客观上降低了人口的数量。这也就是中国人口体系所体现的女性高结婚率、女性低婚后生育率、溺婴导致的儿童死亡率高、高收养率方面的特征。① 那么，中国的普通农村是不是真如作者所言的那种样子？

2014 年 5 月 26 日至 6 月 1 日，我随山西大学中国社会史研究中心 30 余名师生前往山西省永济市进行了田野考察。5 个小组分头行动，对永济市 6 个乡镇，3 个街道办事处共计 200 余个村庄实行了较为全面的实地考察走访，了解了永济市各档案的遗存情况，同时搜集到大量集体化时代的农村基层档案资料。我们组在张俊峰老师带领下，主要对永济市蒲州镇和城东街道办事处下辖的 47 个村庄进行了摸底调查，走访实践。在获得观察和访谈资料的同时，也搜集到部分村庄的农村基层档案资料。本文所使用的主要材料便来自鹿峪村所存 6 个生产小组的常住人口登记卡和已婚育龄妇女登记卡资料，以及鹿峪村党支部档案。此外，本学期以来，香港科技大学的李中清科研团队为中国社会史研究中心师生开设有关"大数据"的课程，讲授其研究成果和研究方法，受益良多。结合笔者 2013 年暑假在上海交通大学所掌握的对数据分析的初步理解，笔者试图利用鹿峪村的这些农村基层档案资料进行尝试性的数据库建立和数据分析。

鹿峪村常住人口登记卡的有效信息主要包含各户的人口姓名、与户主的关系、出生年月日、户口属性、户籍所在地、户主夫妇职业等。而已婚育龄妇女登记卡的有效信息则主要包含已婚育龄妇女的婚姻状况、初婚年月、家庭子女数量及其生养情况、避孕情况等。这两类资料是按户配套，以队为单位进行登记的。其登记年份虽然在卡片封皮上显示为 2000 年度，但是据其内容可以发现，偶尔存在 2001 年、2002 年的信息。

① 李中清、王丰：《人类的四分之一：马尔萨斯的神话与中国的现实（1700—2000）》，生活·读书·新知三联书店 2000 年版。

因此，我认为这两种卡片资料内容，应该是数次累计登记的结果，但仍以 2000 年的登记信息为主。在本文中，如未作具体说明，均以 2000 年来做处理。

本文拟以鹿峪村为中心，探讨 20 世纪中国农村的家庭与婚姻，论证或质疑学界对其中相关主题的讨论。经过信息录入与反复校对，数据显示，截至最后登记，鹿峪村共有 200 户，847 人（含死亡、迁出等情况）。

二 村庄概况

鹿峪村位于山西省永济市西南，蒲州镇中条山脚下。东靠中条山，南与宝泉村为邻，西与堡则村、古辛庄村接壤，北与西姚温村相连。村名以沟状地貌"峪"命名。著名的万固寺便位于该村。1962 年 1 月，王庄管理区解散，同年鹿峪大队党支部成立，下辖 7 个党小组。与党组织的设立相对应，鹿峪大队包含 7 个自然村，分别是古辛庄（1 队）、胜利庄（2 队）、鹿峪村（3、4 队）、宝泉村（5 队）、小宝泉村（6 队）、西庄村（7 队）。1976 年，因各种原因和需要，宝泉村、古辛庄从鹿峪大队分出，成立鹿峪、宝泉、古辛庄 3 个大队。其中鹿峪大队由鹿峪村和胜利庄两个自然村组成，包含 3 个生产队。1978 年，鹿峪大队 3 个生产队分为 7 个生产队，开始实行家庭联产承包责任制。① 现今，鹿峪行政村（含鹿峪村和胜利庄两个自然村）有 6 个居民小组，共计 203 户，795 人，总耕地面积为 1300 余亩。

表1　　　　　　鹿峪村相关年份人口数和户数变化情况

年份	人数（人）	人口增长率（%）	户数（户）	户增长率（%）
1978	595		130	
1980	600	0.84	130	0
1981	620	3.33	135	3.85
1982	625	0.81	138	2.22
1983	664	6.24	145	5.07

---

① 蒲州镇鹿峪村党支部档案，吴天才藏，张俊峰等人搜集。

年份	人数（人）	人口增长率（%）	户数（户）	户增长率（%）
1984	667	0.45	147	1.38
1985	671	0.60	149	1.36
1986	690	2.83	151	1.34
1987	695	0.72	155	2.65
1988	710	2.16	170	9.68
1989	718	1.13	171	0.59
1990	719	0.14	174	1.75

说明：表内空白处无数据。

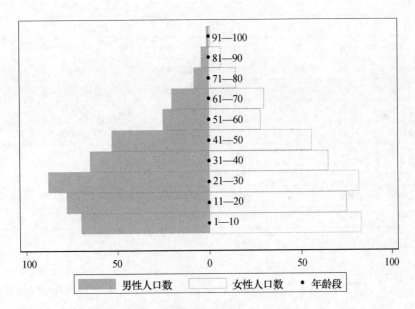

图1 鹿峪村 2000 年人口金字塔

2000 年前后，鹿峪村全村共有 200 户，847 人（含死亡、迁出等情况）。除 1 人因刚刚出生，性别未做登记外，其中女性 437 人，占总人数的 51.65%；男性 409 人，占总人数的 48.35%。总人口性别比为 94：100，低于公认的正常性别比范围 102—107（如图 1 所示）。如果考虑到鹿峪村个别男性并未登记的情况，全村人口数还可能高些，男女性别比也会出现适量的变化。假若排除死亡、迁出等情况（女 52 人，男 14 人），则鹿峪村计有

781 人，其中男性 395 人，女性 385 人。人口性别比为 103∶100，此值正处在合理范围之内。由此可见，一个村庄人口性别比正常范围的维持是基于人口死亡和出生、迁出与迁入这种动态的平衡机制。

表2　　　　　　　　　　　　鹿峪村相关数值变化表

年度	土地（亩）	总收入（元）	人均收入（元）	粮食总产（斤）	亩产（斤）	棉花总产（斤）	亩产（斤）
1957	3316						
1966	3316						
1978	1363	48790	82	277570	202	8218	27
1980	1363	51000	85	224310	184.5	6168	26
1981	1363	57660	93	193310	142	1935	8
1982	1363	62500	100	314720	230	12000	48
1983	1363	81008	122	388500	288	9685	33
1984	1363	91379	137	493100	361	9800	34
1985	1363	184525	275	500000	366	6000	60
1986	1363	193200	280	540000	396	8000	80
1987	1363	161240	232	540000	396	8600	80
1988	1363	164720	232	540000	403	10000	98
1989	1363	139240	180	541700	397	10200	100
1990	1363	174717	243	495000	363	4080	40

说明：表内空白处无数据。部分数据有所出入。

从户口属性上看，鹿峪村 69.19% 的人从事农业生产，是个典型的农业村。人们主要种植小麦、棉花、玉米等粮食作物。杏、柿、枣、苹果等经济作物也占有一定的比例（如表2所示）。在这次考察过程中，随处可见成片果实累累的果林。虽然，十一届三中全会后，鹿峪村农业生产的积极性得到刺激，科学技术的应用也得到推广，粮棉产量稳步提高。但是，靠天吃饭的情况在这个村子仍然存在。正是因为天灾的原因，1990 年鹿峪村粮棉减产。从受教育情况来看，学生人口比例仅次于农业人口比例，达到 20.65%。"近十年来，学龄儿童的入学率达到 100%，彻底杜绝了文盲在社会的出现。"① 但是从这些受教育学生的年龄分布来看，主要集中在7—18 岁之间，这意味着鹿峪村新生代的受教育水平主要以初等和中等教育为主，而在外接受高等教育的学生仅有 6 人。这也从侧面反映出，鹿峪村仍然是个以农业生产为主的村庄。

从人口姓氏分布来看，鹿峪村是一个杂姓村，包括任、郭、孟、王、吕等 60 余种姓氏。其中，尤以"任"姓居多，占到总人数的 15.99%，其次为"郭"姓，占总人数的 10.09%。而这些主要的姓氏，又具有以生产小组集中居住的现象。例如，第四生产小组以郭姓为多，达 81 人，占郭姓总人数的 91%。第三生产小组以孟姓居多，达 53 人，占孟姓总人数的 87%。任姓在第五（33%）、第二（30%）、第六（21%）、第三（14%）生产小组分布较多，合占任姓总人数的 99%。而于姓 30 人有97% 居住在第一生产小组，解姓 34 人则全部居住在第三生产小组。这种同一姓氏的人口以生产小组集中居住的现象，或许是 1947 年解放前乡村中庶民家族的遗留现象，或许也与乡村社会的"差序格局"密切相关。

三　家庭

从家庭规模来看，鹿峪村 200 户家庭中，4 口人的家庭占到34%；5 口人的家庭占到 21%；平均家庭人口规模为 4.4。每户家庭平均只有 1.6 个孩子（如图 2 所示）。由此可见，鹿峪村的家庭人口偏于中小规模。从每个人的姓名构成方式和 36 个重复出现的户口情况来看，"分家"传统无疑是导致这种家庭规模的重要原因之一。

在鹿峪村所有已婚育龄妇女所生的 315 个孩子当中，女孩有 155 个，占总孩数的 49.2%；男孩 160 个，占总孩数的 50.8%，男女孩比例几乎各占一半。另外，生一胎的情况占总户数的 81.5%；生二胎的情况占总户数的 67%；生三胎的情况占总户数的 9%。生育意愿呈现逐步下降的趋势。但是从生孩性别愿望（包含收养情况）的角度来思考，则存在有趣的现象。对于多数家庭来说，生儿育女是幸福也是责任，因此，都会有

---

① 鹿峪村精神文明建设概述，蒲州镇鹿峪村党支部档案，第 19 号，吴天才藏，张俊峰等人搜集。

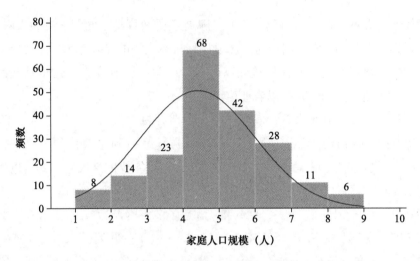

图2 鹿峪村家庭人口规模条形图

生孩子的愿望。但是生育愿望也会随着孩子数量的增加而逐渐降低。具体来说，第一胎是男孩的占第一胎总数的 54%，第一胎是女孩的占第一胎总数的 46%；男孩占比超过女孩。第二胎是男孩的占第二胎总数的 45%，第二胎是女孩的占第二胎总数的 55%；男孩占比不及女孩。相较于第一胎男女孩比例，第二胎时男女孩比例发生了微妙的转变。大致可以估计，如果第一胎是男孩，第二胎倾向于生女孩；如果第一胎是女孩，第二胎倾向于生男孩。这反映出农村家庭对于儿女双全的渴望。一旦男女双全，父母再生育孩子的意愿就会明显降低（如表 3 所示）。

表3　　　　　　　　　　　　鹿峪村育龄妇女生孩情况表

胎次	男孩	女孩	孩数	百分比（%）
1	88	75	163	51.75
2	60	74	134	42.54
3	7	11	18	5.71
小计	155	160	315	100.00

但值得注意的是，每出生百名女婴对应的男婴数在第一胎时为 117，第二胎时为 81，第三胎时为 64。随着胎次的增加，男女性别比逐渐降低，且降幅较大，表现异常。从男女性别比的变化可以看出，农村家庭对第

一胎生育男孩的热情和期待较高，而在满足了生男愿望后对第二、三胎的性别要求就不再那么高。当然，第一胎时男女性别比过高也可能是由于溺女婴现象并未完全根除。

抱养的情况在鹿峪村出现了 8 次，但有趣的是，这 8 个抱养的孩子中有 7 个是女孩，也有 7 个孩子属于第一胎。在这 8 个家庭中，有 6 个家庭在抱养了孩子之后又有了亲生的孩子。可见，抱养并非只是无孩家庭的选择，它也是父母寄希望于通过抱养孩子来祈祷亲生孩子或满足有男有女实现"完满"的愿望。8 个家庭中便有 5 个通过抱养达到了这种完满。农村家庭对于只生一个孩子有着自身的看法，譬如，一个孩子的家庭太过寂寞，对于孩子的成长不太好。另外，两个孩子才能在未来成长中实现"双保险"。

四　婚姻

在 130 个有效的户主初婚月观察值中，户主在冬半年（10 月至次年 3 月）选择结婚的比例高达 94.62%。其中以 2 月最高，比例为 48.46%；其次为 1 月 22.31%，10 月 9.23%（如图 3）。若考察其原因，农民则言，其一，冬半年处于农闲时期，筹办结婚并不会影响农活，远亲近邻也有时间参加这种热闹。其二，操办婚事往往剩菜剩饭，冬半年结婚可以避免食物的大量浪费，且有利于储存。

鹿峪村女性初婚年龄情况如图 4 所示。数据分析显示，在 128 个有效的分析对象中，鹿峪村 80.48% 的已婚妇女的初婚年龄集中在 19—21 周岁，其中 20 周岁的占 60.94%；21 周岁的占 10.16%；19 周岁的占 9.38%（如图 4）。而在 1980 年以后（不含 1980 年）结婚的 88 个观察值中，有 84.09% 的女性在 20 周岁（含 20 周岁）以后结婚。根据 1980 年《婚姻法》"结婚年龄，女不得早于二十周岁"的规定来看，鹿峪村较好地实现了《婚姻法》的普及。最早的在 17 周岁结婚（1 个），可见，早婚现象在鹿峪村并未根除。虽然已经有晚婚的情况，但显然，并不是鹿峪村结婚年龄选择的主流。

而在 1950—1980 年间结婚的 40 个有效观察值中，18 周岁（含 18 周岁）以后结婚的比例高达 95%。最早结婚的为 12 周岁（1 个），最迟结

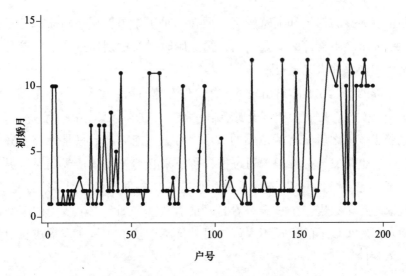

图3　鹿峪村户主初婚月份分布图

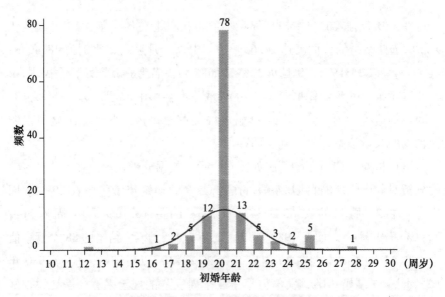

图4　鹿峪村女性初婚年龄分布图

婚的为25周岁（1个）。根据1950年婚姻法第四条"男二十岁，女十八岁，始得结婚"的规定，鹿峪村可以说是非常出色地执行了该规定。应该注意的是，鹿峪村在1991年结婚的女性达到11个，远高于平时的五六个，不知是何原因。此外，共有 11 个离婚或再婚的观察值出现在鹿峪村。招婿入赘的情况也时有发生（3 个观察值）。

已婚妇女生第一个孩子时的年龄。在 160 个有效观察值中，鹿峪村已婚妇女生育第一个孩子时的年龄，主要集中在 20—24 周岁之间，所占比例高达 73.13%。其中，尤其集中于 22 周岁，占到总数的 22.50%。这一现象主要是鹿峪村女性结婚年龄集中在 20 周岁左右这一原因导致的（如图 5 所示）。

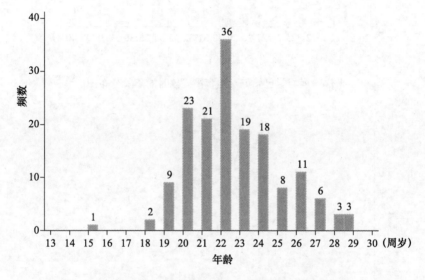

图 5   鹿峪村已婚妇女生育第一孩时的年龄分布图

同样的方法，我计算出了 129 个有效观察值中生第二个孩子时女性的年龄，主要集中在 23—28 周岁之间，比生育第一个孩子时的年龄推后了 3 岁，占总数的比例高达 74.42%。其中，又相对主要集中在 25 周岁，所占比例为 17.05%（如图 6 所示）。

最后，我计算出了 18 个有效观察值中生第三个孩子（也是鹿峪村已婚妇女生孩的最大数量）时女性的年龄，虽然并没有十分集中的情形，但也趋向于 27 周岁，占总数的 33.33%（如图 7 所示）。鹿峪村没有拥有 4 个孩子的家庭。

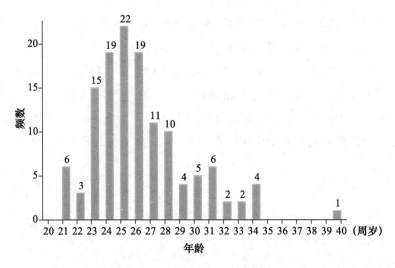

图 6 鹿峪村已婚妇女生育第二孩时的年龄分布图

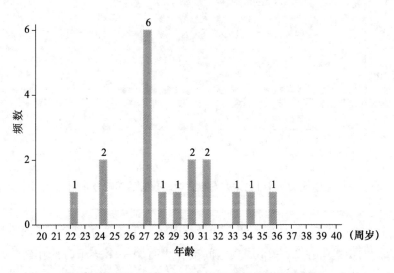

图 7 鹿峪村已婚妇女生育第三孩时的年龄分布图

综合来看，鹿峪村女性偏向于 20 周岁前后结婚，并在 20 周岁时初婚率达到最高值。[①] 已婚妇女生育第一个孩子的时间较早，约在 22 周岁。

---

① 1900—1925 年间，"对女性而言，15 岁以后的初婚率稳步上升，并在 20 岁左右达到最高值"。李中清、王丰：《人类的四分之一：马尔萨斯的神话与中国的现实（1700—2000）》，生活·读书·新知三联书店 2000 年版，第 103 页。

相邻两胎孩子生育的时间间隔约 2—3 年，这比《人类的四分之一：马尔萨斯的神话与中国的现实（1700—2000）》（下文简称《人类的四分之一》）中所说的生育间隔稍短。[①] 已婚妇女结束生育的年龄一般在 30 周岁前，最迟不会超过 36 周岁，这与《人类的四分之一》一书中所言，则基本吻合。[②]

五　计划生育

在生育属性中，191 个标注计划内外情况的孩子中，有 166 人在计划内生育，而 25 人则在计划外生育。计划内生育比例占到 86.91%，计划外生育比例占到 13.09%。

避孕措施方面，主要采取结扎、上环等措施，只有一例采取了"女性输卵管栓堵术"。在初次避孕的 158 人中，55.70% 的妇女采取结扎，43.67% 的女性则采取上环。有趣的是，17 位均采取两次避孕的已婚妇女，除一个前后时间疑似登记有误外，其他 16 位已婚妇女均是第一次采取上环，第二次采取结扎。这一方面是因为这 17 位育龄妇女在第一次通过上环避孕后，在此后又出现了生育孩子的情况，因此，她们在生育的当年或第二年便再次主动或被动地采取了较为彻底的避孕。另一方面，从这一现象中也看得出上环这种避孕措施并没有结扎的效果好，或是结扎的技术在此后得到改进和推广。这些避孕措施的实施通常在蒲州镇计生办进行，偶尔也会在市卫生医院进行。

在进行过两次避孕措施的 17 个有效观察值中，孩子数量均为 2 个。其中 8 个观察值第二胎均为计划外生育，7 个观察值的 2 个孩子则均在计划内，2 个观察值无登记。这样的结果，并不能反映已婚妇女进行二次避孕是因计划外生育而导致的。鉴于上环这种避孕措施存在很大的失效性，

---

① "直到 20 世纪 70 年代以前，中国的生育间隔要比欧洲长得多——平均 3 年或更长。"李中清、王丰：《人类的四分之一：马尔萨斯的神话与中国的现实（1700—2000）》，生活·读书·新知三联书店 2000 年版，第 128 页。照理说，70 年代以后生育间隔应该更长。

② "农民妻子停止生育的年龄为 33.5 岁。"李中清、王丰：《人类的四分之一：马尔萨斯的神话与中国的现实（1700—2000）》，生活·读书·新知三联书店 2000 年版，第 127 页。当然这是清朝时期的情况。

进行二次避孕的情况很可能是在进一步巩固计划生育成果的基础上进行的。但同时，计划内或计划外的确定可能与孩子性别和孩子性别顺序有一定的关系。在 8 个计划外生育的观察值中，4 个观察值的两个孩子均为男孩，3 个观察值为先女后男，1 个观察值为先男后女。而在 7 个计划内生育的观察值中，4 个观察值的两个孩子均为女孩，3 个观察值为先女后男。综合来看，计划内生育属性的确定偏向于两个孩子均为女孩或先女后男的家庭，而计划外生育属性的确定则偏向于两个孩子均为男孩的家庭。虽然可供观察的案例并不多，但是这种情况值得注意，并应该在更大范围内去验证。

因为计划外生育而遭到罚款的案例只有两个，一个家庭在 2001 年因在计划外生育了一个女孩（此前已经生育了一个男孩）而被罚款 400 元。另一个家庭则是在 1998 年因在计划外生育了一个男孩（此前已经生育一个男孩，而在此后又生育一个孩子）而被罚款 1800 元。两个案例似乎并不能说明什么大的问题，但是，应当注意的是，后一个家庭户主的丈夫是一个老共产党员且担任过党小组组长。而各地政府在计划生育政策的执行过程中，尤其注意党员干部的模范带头作用。

六 结语

（一）遇上"现代"的传统农村

我们发现，上文根据数据分析所描述的情况，在一定程度上与《人类的四分之一》略有差异，这或许是因为区域环境的不同，抑或是社会组织和结构的差异。但不可否认的是，也有相似性的存在，在这相似性的背后，隐藏着的是农村传统的历史延续性。虽然，本文缺乏宏大的理论框架，所利用的档案资料也存在一些客观局限，但是，我们仍能从鹿峪村的基层档案和基于这些档案数据的分析结果中，看到在 20 世纪后半叶的国家人口政策和婚姻政策之下，一个普通村庄中人口、家庭、婚姻等方面的变化。

在鹿峪这样一个典型的农业村，人们依靠种植粮食作物和经济作物谋取生产生活的基本收入。但是，不可抗拒的自然灾害还是时常打破村庄正常的生产生活，带来歉收和抱怨。然而，人的智慧通常无法估量，村民通过改进生产技术、改善自然条件来提高生产效率和增加产出。并且，随着近年来万固寺旅游路线的开发，第三产业的收入也开始占据村庄收入的一定比例。在钱包开始鼓起来的时候，人们并没有忘记延续"重教"的地方传统，初等和中等教育在这里得到了很好的普及。但是，很显然，高等教育还需要进一步提倡和鼓励。

多种姓氏的人群在这里聚集，几个稍大姓氏的居民在居住位置上呈现分组聚居的情况，但这似乎并未影响整个村庄的和谐。村中成立了红白喜事理事会，制定相关规定，有效地遏制了铺张浪费、大摆筵席的摆阔气、讲排场的不良风气。村庄人口在几十年里缓慢增长，而在人口政策紧缩的年份尤其明显。"村支部为了使村民懂得计划生育，执行计划生育，将有关计划生育法规条例，写在墙壁上，进行宣传，广大村民自觉执行，使计划生育工作受到上级表彰，一举夺得'无多胎村'锦旗一面。"① 负责紧抓计划生育工作的吴天才副书记还在 1994 年 3 月获中共永济市委市政府颁发的"计划生育先进工作者"的荣誉称号。妇女们在生了孩子后，通常会在短时间内被要求去镇计生办采取避孕措施，以防止计划外生育。但是，因为技术手段或者传统生育思想的限制，计划外生育的现象仍然存在。虽然干部被要求在计划生育工作中起模范带头作用，但仍然有个别的党员干部"顶风作案"，并因此遭到严重罚款。

鹿峪村女性结婚的年龄通常在 20 周岁，也刚刚满足 1980 年婚姻法的规定。在早婚现象并未根除的同时，晚婚的情况已经开始出现在这个村里。父母喜欢选择在冬半年给儿女操办婚事，这样既可以避开农忙时节，也能够避免食物浪费。再婚的情况在村内也时有发生。已婚妇女通常在婚后第二年生育第一个孩子，如果愿意生第二个孩子的话，也会间隔两三年，在 30 岁左右的时候她们便考虑不再生育。但无论如何，她们都期待生育一个儿子和一个女儿。在父母看来，这样能更让他们对孩子的未来放心，也更有利于孩子的成长。有的家庭也通过抱养的方式，来满足他们对于孩子的渴望。鹿峪村的家庭一般是四五口的规模，偏向于中小家庭，这或许是分家传统和革命洗礼的结果。

随着现代化进程的逐步深入和中国社会现实的发展变化，传统农

---

① 鹿峪村精神文明建设概况，蒲州镇鹿峪村党支部档案，第 19 号，1990 年。

村所面临的问题一点也不比几十年前轻松多少。国家虽然开始放开生育二胎，但是思想转变的农民已经着重考虑生育所带来的各种压力，"多子"并非意味着"多福"。结婚所面临的压力也越来越让现代的青年男女四处逃避。人口流动愈发频仍，原来靠种地为生的农民转而成了城市里的"农民工"。安土重迁不再那么根深蒂固，好多人都梦想着住进闪耀着霓虹灯光的高楼大厦。遇上"现代"的传统农村尚不知何去何从。

（二）来去匆匆的"革命"动员

有人把计划生育说成是一场"革命"，而良好的动员通常是革命成功的法宝。在计划生育这一个革命的动员过程中，创造出了各种各样的方法，譬如创办人口学校、设立计划生育服务站、组织宣讲团、张贴标语、派驻工作队，甚至采取连坐的办法惩治超生家庭。但无论如何，党员干部被摆在了计划生育工作阵地的前沿，他们也是国家得以实现计划生育伟大目标的中坚力量。

运城地区在 20 世纪 80 年代人口增长较快，计划生育工作并没有得到很好的贯彻落实，且受到省计生办的点名批评。但在 80 年代末，蒲州镇开展"宣传资料袋进村入户"活动，取得了良好效果。"截止1989 年底，运城地区历年计划生育遗留问题基本得到解决，其中对超计划生育党员、干部的处理较为突出，全区共处理 500 余人，征收罚款90 多万元。"① 1990 年 1 月 1 日，《山西省计划生育条例》正式实施。2 月 22 日，永济县计生委给《山西人口报》写信，夸奖当时的永济县委书记孙秉晨和县长黄喜元对于计划生育工作的坚决贯彻落实的事迹。② 同时，该报的评论员文章以此事迹，号召"118 个县的县委书记、县长，都要像孙秉晨、黄喜元一样重视计划生育工作"③。3 月 1 日《山西人口报》第二版全文刊载了蒲州镇用计划生育资料袋开展宣传教育的方式，表扬

---

① 孙继军：《运城地区处理超生党员干部五百余人》，《山西人口报》1990 年 1 月 4 日第 2版。

② 邢志强：《永济县计生委主任给本报写信：夸县委书记孙秉晨县长黄喜元》，《山西人口报》1990 年 2 月 22 日第 1 版。

③ 鸣呼：《永济来信说明了什么》，《山西人口报》1990 年 2 月 22 日第 1 版。

并推广此种做法。① 1990 年 10 月，永济县出席了全国计划生育表彰会，并被授予"全国计划生育先进集体"。② 也就是在这一年，鹿峪村被评为"无多胎村"。

2007 年 1 月 3 日《运城日报》首版刊发了一篇名为《蒲州镇计生工作被黄牌警告》的文章，该文指出"日前，市人口计生领导组办公室采取不打招呼、进村入户、查阅资料、走访群众等方式，对永济市蒲州镇西文学、北阎、上吕芝、下吕芝 4 个村 2005 年 10 月 1 日—2006 年 11 月 30 日之间的人口和计划生育工作进行了抽查"。"从检查情况看，蒲州镇党政领导对人口和计生工作不重视，'一把手'亲自抓、负总责的意识不强，整体工作落后；技术服务设备差，经常性服务开展不力；计生宣传氛围不浓；政策外生育问题严重。仅从 2006 年的报表看，该镇政策外二孩生育率高达 67.14%。瞒报、漏报问题严重，抽查的 4 个村都有瞒报、漏报问题，西文学村 2006 年的瞒报率高达 66.67%。社会抚养费征收兑现率低且存在很大水分。长效节育措施的落实率极低，2006 年全镇没有落实一例结扎手术。基层计生服务阵地不健全，所抽查的 4 个村或无村级服务室或有服务室但未真正开展工作。"③ 在 2014 年 5 月底的田野考察过程中，我们也发现很多村庄的计划生育办公室并未进行良好的运作。

永济市的计划生育工作，从当年被点名批评，到被评为模范，到此后再次被批评，反映出通过外力进行革命动员以期达到某种成效的客观局限，这也注定这场运动来去匆匆的命运。当大风停止吹拂，湖水也将停止波动。计划生育作为一次被发动起来的轰轰烈烈的运动，并不能一劳永逸地解决中国所面临的人口问题，增强软实力，提高国民素质，使其从内心自觉地调整自身婚育状况才是良策。

---

① 雪萍：《进村入户的好形式——蒲州镇用计划生育资料袋开展宣传教育》，《山西人口报》1990 年 3 月 1 日第 2 版。

② 永济县志编委会：《永济县志》，山西人民出版社 1991 年版，第 67 页。

③ 刘菊红：《蒲州镇计生工作被黄牌警告》，《运城日报》2007 年 1 月 3 日第 1 版。

生计多样与职业分化

——晋西南农民的生存策略

张爱明[*]

摘　要：近代中国乡村，随着人口的大量繁殖，人地矛盾不断凸显，饥饿与贫穷问题丛生。为了生存，农民不断调适生存策略。首先，生态环境与农民的生存策略选择息息相关。晋南虞乡村民除了从事农业种植外，因紧邻中条山区，果树种植也较为普遍。再加上政府的鼓励措施，使得本区农民可以在农闲时脱离土地，转而经营副业，这一方面增加了农民收入；另一方面繁荣了基层市场，有效解决了近代中国农村的基本问题——饥饿与贫穷。其次，移民群体的进入拓宽了本区农民的生存渠道，起初这个边缘群体在生产资料短缺的情况下，只能从事手工技艺与商贩贸易等更为艰辛的职业。可以说，生态与移民是本区农民生计多样的重要影响因素。

关键词：生态环境；山区副业；移民；生计方式

农村问题一直受到学界的关注。早在 20 世纪二三十年代，伴随着农村危机、农村崩溃和农村复兴的呼声，中国社会各界就掀起了一股农村调查热潮。20 世纪五六十年代，在革命史观的影响下，农民战争是农村史研究的热点。20 世纪六七十年代，随着西方史学界"中国中心观"的

---

* 张爱明，山西省柳林县人，2010—2014 年就读于山西大学历史文化学院，获学士学位；2014—2017 年就读于山西大学中国社会史研究中心，获硕士学位；2017 年至今，为华中师范大学在读博士。

兴起和环境史的复兴，中、美出现了一大批环境史视野下的农村社会史研究著作。① 这批研究成果突破了以往在政治话语下的社会史研究，以生态为切入点，展现出了中国乡村复杂的社会面相。特别是黄宗智在研究华北农村社会经济变迁中所强调的："要写农村社会史，就得注意环境与社会政治经济的相互关系。"② 裴宜理则揭示了地方环境在引发和形成农村动乱的传统方面的重要性。③ 生态环境对农民生存策略的选择同样影响巨大，山区和平原、内陆与沿海、华北与淮南，地理区位不同，生态环境各异，面对不同的生态环境，农民会有不同的生存策略。

一般认为，传统中国乡村的农民生计方式较为单一，以耕织为主的"小农"群体占据主流，费孝通的《江村经济》打破了这种传统认识，他认为中国的乡村大多为农工混合的乡土经济。现在学术界普遍认可了这种多样化的生计方式，然而对造成这种多样化的原因除了政治、区位、经济、文化等因素外，似乎尚有研究空间。本文旨在探讨从清末至中华人民共和国成立前晋南乡村生计方式多样化的原因，④ 说明独特的生态环境对生计方式的影响，并以人文条件为背景，着重对移民与生计多样化的关系进行论述。

晋南虞乡地处宽阔平坦的运城盆地，水、热、气协调，适宜小麦、谷子等农作物的种植，农业是虞乡农民主要的生计方式和收入来源。同时中条山区林木、山石等山区资源较为丰富，因此邻近中条山区的村庄

---

① 主要著作有黄宗智《华北的小农经济与社会变迁》，中华书局 2000 年版；黄宗智《长江三角洲小农家庭与乡村发展》，中华书局 2000 年版；裴宜理《华北的叛乱者与革命者：1845—1945》，商务印书馆 2007 年版；马若孟《中国农民经济：河北和山东的农业发展：1890—1949》，江苏人民出版社 1990 年版；［美］杜赞奇《文化、权力与国家：1900—1942 年的华北农村》，王福明译，江苏人民出版社 2003 年版。

② 黄宗智：《华北的小农经济与社会变迁》，中华书局 2000 年版，第 51 页。

③ 裴宜理：《华北的叛乱者与革命者：1845—1945》，商务印书馆 2007 年版，第 255—271 页。

④ 山西大学中国社会史研究中心的张磊曾对本文的研究对象——西坦朝村进行过专门研究。在其硕士毕业论文《土改后至高级社前家庭经济分配研究——以山西永济西坦朝为例》中指出果树在本区家庭经济分配中占有重要地位。而且提出在土改研究中，除了关注以土地为中心的财产分配外，同时应当综合考量房屋、果树、牲口等生产要素，只有这样才能全面考察历史时期财富分配的整体面貌，还原经济历史的真实面。其研究对本文观点——果树业对生计方式多样化的促进作用有重要启示。参见张磊《土改后至高级社前家庭经济分配研究——以山西永济西坦朝为例》，山西大学硕士学位论文，2014 年。

更多地发展起了果木业与工匠业等山区副业，生计方式呈现多元化。值得注意的是，近代虞乡由于受"丁戊奇荒"的影响，大批外来户迁居此地，形成了大量的移民村落。外来户缺乏土地等生产资料，遂将目光投入到副业生产上，在寻求生存途径的时候，也客观上丰富了当地农民的生计方式。

一　生存策略：村庄的生态环境

（一）地理环境

本文选取的源头、西坦朝村地处山西省永济市虞乡镇，分别位于虞乡镇东南、西南方位，南倚绵延起伏的中条山、北向地势平坦的运城盆地。从村庄高处向北俯瞰可见伍姓湖，翻中条山、经芮城县，过黄河则进入河南灵宝市、陕县，向西渡河则通陕西大荔、潼关县，区位条件较为优越。土改前源头村有 108 户，673 人，可耕地面积 2519 亩，人均耕地比例 3.74 亩；西坦朝为 77 户，394 人，可耕种土地面积 998 亩，人均耕地比例 2.53 亩。[①] 两村均主要以种植小麦、谷子、大豆为生。关于维持一个人最低生活所需的地亩数，即"温饱线"，学界已有论争。一般认为 4 亩是全国的标准，有的则以 5 亩、9 亩、10 亩等；地方的估计，南方农村有 2 亩之说，华北农村有 5 亩、6 亩之说。[②] 很显然，源头、西坦朝两村的人地比例低于华北甚至全国的温饱线，即仅以土地难以维持生计，因此寻求新的生计方式是本区农民的生存策略之一。

中条山对本地农民的生存策略影响较大。中条山区相对于平坦的冲击平原更适宜种品种多样的林木，因此本区果树种植特别是柿树种植的历史久远。乾隆时蒲州知府周景柱曾写《柿树红叶》一篇："故教青女夜相催，万树千林锦作堆，见说绛河无路到，分明身入嶲霞来。尽把珊瑚映夕曛，瑶仙齐着石榴裙，无边红树多情思，遮断青山锁白云。"清代文人德胜在《重阳日游石佛寺》中也写道："寺僻登临远，楼高望眼宽，秘

---

① 资料来源：虞乡源头村、坦朝村《阶级成分登记表》，胡英泽、张磊搜集。山西大学社会史研究中心藏。

② 参见李金铮《中国近代乡村经济史研究的十大论争》，《历史研究》2012 年第 1 期。

深山谷瘦，霜满柿林丹……"① 这些诗篇无一不是对中条山区果树广泛种植的见证。《虞乡县志》还记载此地"石灰，出南、柏梯，东、西源头等村；枣出姚暹渠北者多；杏出东、西坦朝村；桃出牛褥岭；梨出南郭、柏梯二村，有青、红、黄三色；柿出山下诸村，有镜面、牛心、朱柿数种，可做饼，亦可作醋、酿酒"②，虞乡的主要物产亦可说明山区经济的兴盛。另据西坦朝《阶级成分登记表》统计，土改前西坦朝村有果树1300 余株，人均占有量约 4 株，源头村有各类果树 1800 余株，户均占树 3 株。而且果树在土改中作为重要的财富被纳入到分配体系中。③ 不同于以往以土地、房屋为唯一分配标准的认识，果树作为重要的财富指数印证了此区域林木经济的发达。在田野访谈中得知，源头、西坦朝村一直有种果树的传统，据村民回忆，小时候村中大树、古树众多，后来随着社会的发展，各地建设的需要，开始大规模开发村子里优质的石灰石资源和沙资源，导致地下水位下降，果树大量枯死。④ 本区的主要自然灾害也与中条山息息相关，"枣刺（就是枣树枝干上的刺）、石头（就是村南靠近中条山的砂石）、东南风这是源头村的三大危害"⑤。由此可见，以中条山为核心的山区副业是本区农民拓宽生计方式的重要渠道。

林木的种植离不开适宜的水文条件。较之于晋北干旱、贫瘠、脆弱的生态系统，此区域相对丰富的水源、温湿的气候、肥沃的土地构成了比较稳定的生态结构。降水、泉水、峪水是源头、西坦朝的主要水源。两村的平均年降水量在 550 毫米以上，年平均气温 13.5℃，实际无霜期 216 天，属于暖温带半湿润气候。降水、泉水、峪水、井水是此区域主要的灌溉水源。乾隆《虞乡县志》记载："东、西二源头，在城东南一里，水泉数十，流衍两村左右，四时不涸，余沥由县城东桥下，过申、刘二

---

① 民国《虞乡县新志》卷十《丛考》，《中国地方志集成·华北地方》第83号，台湾成文出版社 1968 年版，第 1107—1108 页。

② 乾隆《虞乡县志》卷一《地舆》，第 42—43 页。

③ 资料来源：虞乡东、西源头村《阶级成分登记表》。胡英泽、张磊搜集。山西大学社会史研究中心藏。

④ 西坦朝村田野访谈资料，访谈对象：张宽恩。时间：2014 年 8 月 11 日。访谈人：胡英泽、张爱明。

⑤ 源头村田野访谈资料，访谈对象：牛普琦。时间：2014 年 8 月 11 日。访谈人：胡英泽、张爱明。

营，入鸭子池。""张家窑水在城西南，灌窑左右地，由坦朝、阳朝入伍姓湖。"①《永济县志》记载，中条山前平原井水灌溉自古而有，说明源头、西坦朝村泉水、井水灌溉的历史较长。此外，村民回忆，以前源头村泉水众多，浅井遍布，几乎家家户户都有水井，村民们洗碗、洗菜、洗衣服、浇地十分便利，特别是雨量充沛的季节，各个井口之水犹如泉水往外喷涌。而西坦朝村则号称过去有 80 余口浅井，井深 4—5米，水源充沛而且水质好，还有诸如郭家泉、李家泉等泉水，但现在这些泉水、井水都已消失殆尽。②峪水方面，源头、西坦朝村位于中条山峪口冲击平原地带。《虞乡县志》载条山诸峪水"风伯峪、庙儿峪、黄家峪、清水峪虽灌溉无多，尤为有利"③。一方面，峪口带来大量的山水提供了丰富的灌溉水源；另一方面，大量泥沙随峪水而下，为东、西源头的土地增添了肥力。水地的多寡亦可充分说明此区域水源的丰富，西坦朝村土改前将近 1000 亩土地中水地有 294 亩，占总耕地的三分之一，源头村中的冲击平原也分布着大量的水地。④适宜的水文环境为中条山区林木的生长提供了条件，特别是果树种植较为发达，因此催生了一部分专门以果树业为生的农户和大量在农闲时期进行担柴卖草、贩卖果木的群体。

（二）人文环境

山西尤其是晋南在中国移民史上地位突出，秦汉至明清，山西一直作为重要的移民输出地而存在，明洪武、永乐年间的"洪洞大槐树"移民及其清代以来的"走西口"在中国移民史上具有重要影响。虽然历史时期曾有大量的少数民族内迁，但总体而言，山西一直是重要的移民输出地，这一状况直至清末时才开始发生变化。

---

① 民国《虞乡县新志》卷二《沟洫略》，《中国地方志集成·华北地方》第 83 号，台湾成文出版社 1968 年版，第 166—168 页。

② 西坦朝村田野访谈资料，访谈对象：张宽恩。时间：2014 年 8 月 11 日。访谈人：胡英泽、张爱明。

③ 民国《虞乡县新志》卷二《沟洫略》，《中国地方志集成·华北地方》第 83 号，台湾成文出版社 1968 年版，第 171 页。

④ 资料来源：虞乡源头村、坦朝村《阶级成分登记表》。胡英泽、张磊搜集。山西大学社会史研究中心藏。

　　光绪初年，山西境内发生了历史上极其罕见的亢旱，旱魃为虐，延续数年，史称"丁戊奇荒"。"丁戊奇荒"导致山西各地人口大量亡失。光绪《山西通志》载："晋省人口，素称蕃盛，逮乎丁戊大祲，顿至耗减"，[①] 将近一半人口在这次大灾中死亡，安介生认为在此次灾荒中山西受灾人口应在八九百万以上[②]，郝平也认为此次大灾山西人口平均亡失率均在50%—60%，亡失数均在800万—1000万之间。[③] 时任山西巡抚的曾国荃感慨其为"二百年未有之灾"[④]。人口密集的晋南地区受灾尤为严重，虞乡在此次大灾中同样未能幸免。据光绪《虞乡县志》记载："光绪三年春疫、夏赤、星昏，见东南旦行，正西无麦，七月多蝇，八月不雨，大祲。斗米数金，田亩鬻钱百余文，民屋拆毁殆尽，食树皮草根，饥民乘夜肆掠，邑侯捕治，始敛迹，时饿殍枕藉，人相食。"[⑤]西方传教士李提摩太在南行赈灾途中也亲历了丁戊之惨案："在蒲州的很多地方，留下来的不超过二三十人。我还听见有人说，在三天之内，在路边上他们亲眼见到二百七十具尸体。在每一个城市，都有马车进进出出，车行往往装着三四十个死人，拉到坑里埋葬。"[⑥] 源头村牛姓老人讲述，"光绪三年大祲后，源头村死了很多人，大量的土地被荒废，特别是靠近山的地根本没人耕种"[⑦]。西坦朝村张德亮在灾荒前住在村外茶房中，光绪三年（1877）大荒后进入村中，靠辛勤劳动买下18亩山坡地。[⑧]

　　灾荒发生后，为挽救时局、平抑民情，山西巡抚曾国荃向全省官员下达《与牧令书》，提出善后工作方案，其中相当重要的一条就是招荒，

---

　　① 光绪《山西通志》卷66《田赋略八》，第22页。
　　② 安介生：《山西移民史》，山西人民出版社1999年版，第402页。
　　③ 郝平：《山西"丁戊奇荒"的人口亡失情况》，《山西大学学报》2001年第6期。
　　④ 曾国荃：《请饬拨西征军饷疏》，《曾忠襄公奏议》卷五，台北文海出版社1969年版，第32页。
　　⑤ 光绪《虞乡县志》卷一《地舆》，第9页。
　　⑥ ［英］李提摩太：《亲历晚清四十五年——李提摩太在华回忆录》，李宪堂译，人民出版社2011年版，第114页。
　　⑦ 源头村田野访谈资料，访谈对象：牛普琦。时间：2014年8月11日。访谈人：胡英泽、张爱明。
　　⑧ 资料来源：虞乡西坦朝村《阶级成分登记表》。胡英泽、张磊搜集。山西大学社会史研究中心藏。

即招致外省平民前来垦荒,① 虞乡当局则"发帑截漕赈之,诏免地丁银"②。此令颁布后,河南、山东、陕西等地人口开始大量涌入山西,掀起了"填晋"高潮,进入山西的客民达百万人之多。损失最为严重的晋南地区由于人口大量死亡,大面积耕地荒置,再加上诏免田赋以及本身较好的生产条件,吸引了大批"客民"前来,这种状况持续到土改前夕。移民迁移的过程本身就是一段生动的历史,资料记载青州府昌邑县李文焕的父辈,家中5口人,仅有2亩地,无房居住,1914年因遭遇水灾,举家逃荒至陕西,靠做豆腐、扛长工为生。1928年又遭遇旱灾,再次踏上了迁移之路,期间拉洋车、做铁匠、纺纱线,受尽苦难,最后经潼关、富平等地迁移至源头村落户。昌邑县的刘华玉,由于遭土匪抢掠,无法生存,1901年逃荒至山西蒲州,靠扛活为生。1909年因兵荒马乱,再次踏上了迁移的道路,最终在1927年落户源头村。昌邑县王述奎的祖父辈,无地无房,饥寒交迫,无依无靠,一路乞讨来到陕西朝邑黄河滩,因滩地变动、水旱频发,遂迁至源头村。③ 据源头村河南济源藉李姓移民讲述:"1938年左右济源遭蝗虫灾害,家中本来就地少,加上收成不足,饿得不行,就随父亲、姐姐、哥哥四人一路要饭来到山西闻喜,并将大女儿卖给闻喜房东,以此来换取居住场所,后来迁移至东源头村,就是因为源头水源比较充足,又是粮棉产地。"④ 黎姓老人则回忆:"老家在河南淅川县黎家洼,常年干旱、无法生活。1920年祖父领着叔、伯、父亲三人迁到了芮城县漫坡村,花5块银元买50余亩地。父亲靠在芮城、虞乡两地翻山越岭肩挑贩卖为生,在来往过程中发现东源头村有大量沿山土地无人耕种,便迁往东源头村。由于芮城土地、居住条件较差,1943年大伯家也迁来了东源头村。"⑤ 诸如此类的访谈与记录还有很多,这里不再赘述。

---

① 安介生:《清代山西境内"客民"刍议》,《晋阳学刊》1998年第6期。
② 光绪《虞乡县志》卷一《地舆》,第9页。
③ 资料来源:虞乡东、西源头村《阶级成分登记表》。胡英泽、张磊搜集。山西大学社会史研究中心藏。
④ 源头村田野访谈资料,访谈对象:李生明。时间:2014年8月13日。访谈人:胡英泽、张爱明。
⑤ 源头村田野访谈资料,访谈对象:黎明杰。时间:2014年8月12日。访谈人:胡英泽、张爱明。

大批"客民"的进入改写了山西人口大量输出的历史，也改变了广大地区尤其是晋南的人口结构，他们对本区域人口、生产的恢复做出了巨大的贡献，同时"客民"在迁徙途中也养成了吃苦耐劳的精神并掌握了赖以生存的手工技艺。然而在定居后的初期，由于缺乏土地等生产资料，他们往往会选择乞讨、商贩、工匠、担柴卖草等不同于农业的生计方式，这使得本区域村庄农户的生计方式更加多样化。

二 生计多样：山区副业的发展

中条山区盛产林木、石灰等物产，有着适宜林木生长的水文环境，而且当地政府为发展经济实施了一系列鼓励措施使得本区域山区经济的发展较为突出，农民的生计方式不再局限于土地耕种，转而寻求更为多样化的生存方式，农民围绕山区资源，或担柴卖草、贩卖果木，或编制筐篓、熬制石灰，特别是在农闲时节，几乎所有农户都会从事山区副业以增加收入，因此本区的乡村副业极为兴盛，形成了独特的农副混合的乡土经济。

西坦朝村向以柿树而闻名，有"三晋柿树第一村"的美誉。该村有种柿树的传统。过去村中郭家和谢家都有自己的柿园，柿子成熟后一部分用来出卖以增加收入，一部分用来交换粮食以及生活、生产用品，卖不掉的柿子酿酒酿醋，1947 年解放初期村里面有十多家酒坊。此外柿子还能被做成柿饼供人们食用。20 世纪 50 年代，西坦朝村从河南引进了新苗木品种，促进了本村果树的大发展。① 源头村在解放前种有大面积的梨树、杏树、桃树、柿树，不仅产量高，而且销量大，号称"万亩果园"。黎明杰回忆道："这村自古以来，小沙果是头一家，最多，再就是杏，再就是柿子。"解放前这些果子一般卖到黄营、枣疙塔村，因为当时日本人占领虞乡城，农民进不了虞乡城而国民党撤到枣疙塔，因此果子就卖不到城里，只能卖到黄营、枣疙塔这些较远的地方。当时村民大清早起来就担上杏、苹果去卖，卖完赶紧回来挑上一担再去卖。黎明杰的爷爷

① 西坦朝村田野访谈资料，访谈对象：张宽恩。时间：2014 年 8 月 11 日。访谈人：胡英泽、张爱明。

"早起把场一摊，担到枣疙塔一卖，晌午回来还得将小麦碾场、翻场，一天连饭都顾不得吃"。果树收入高，能占到总收入的 20%。此外，源头村"用柿打柿酒的也很多，沿山一代都有烧酒习惯，收入也占很大比重。这方面，富农牛家最为典型，五六个柿树园，一园两三亩，烧酒论瓮。他家就是拿瓮烧酒，三瓮酒，烧酒卖钱，然后卖钱了换粮食"①。西坦朝、源头村农户利用中条山区盛产果木的天然优势，积极发展副业，不仅增加了收入，也繁荣了基层市场。

源头村《阶级成分统计表》记录了大量在农闲之余进行山区副业的家户个案。据统计，土改前西坦朝 77 户居民中仅以种地谋生的家户寥寥无几，由于靠近中条山，且果树业较发达，更多的家户选择在农闲时进行担柴卖草、肩挑贸易，此类农副复合的家户达到 50 户。西坦朝王贵保家由于果树较多，农闲时出卖果实、果木，所得之钱用来购买水地；张天命家在 1936 年柿树收成好的年份，大量出卖果实、果木，不仅还清债务，而且置办水地；张德亮家则将果树收入用来购置轧花机，拓展新的生计方式；马兔生家人多地少，果树经济更多地用来换取粮食。土改前源头村 108 户家户中，在农闲时进行山区副业的有将近一半，源头村罗世芳家由于土地贫瘠，无法维持生活，只能出外贩卖果木蔬菜，所挣之钱弥补家中困难；有些家户利用中条山盛产石灰的有利条件，在农闲时熬制石灰；有的则利用林木制作风箱、编制筐篓等以换取粮食。② 可以说山区副业极大地拓展了农民的生计方式。

地方志记载了当地政府为了发展山区林业和乡村副业而推行的一系列措施，最终形成了农副多样化的生计方式。本区"统计人口五万四千四百七十有一……农人四万六千一百有二。现在各村均按百户培植苗圃一亩，每年清明，人各树一株，是以林业已有萌芽。民国九年（1920）知事周振声创办女子蚕桑传习所一处，节令各村选送妇女一人入所练习并发各村桑苗，人各一株，是以蚕桑颇有普及之望。工业则木匠三百五

---

① 源头村田野访谈资料，访谈对象：黎明杰。时间：2014 年 8 月 12 日。访谈人：胡英泽、张爱明。

② 资料来源：虞乡东、西源头村《阶级成分登记表》。胡英泽、张磊搜集。山西大学社会史研究中心藏。

十人，瓦匠、油匠二百四十人，书匠百二十人。商业则全县商户三百八十二家，一千零二十五人，内除外省外县商人四百四十六名，本县商人仅有五百七十九人，尚有在秦二百八十人，在豫百二十人，在运解三百余人。其在城镇乡间营商开店、屠兽、烧酒以及肩挑果蔬、贩卖食物，农时则农，隙则商，未能确定其数也"①。这其中，政府的作用尤为突出，政府不仅鼓励种植果木、发展桑蚕业，而且推动了当地山区工业的发展。1925年的《中外经济周刊》记录了当地工业的发展，特别是永济县利用林木创立柳条加工厂的过程："晋省农民所用盛粮食器具如筐箱、簸箕、栲栳、水斗等物品皆以杞柳条为之。此项柳条器具每年需用甚多，其材料皆产于河东道各县，农民有专植杞柳编物以度日者，有作为副产物于农隙时由妇孺编制以出售者。种植杞柳之地均须水地，其种法系根刈式，树本仅留尺许或仅六七寸高，使每年嫩条从旁业生，至秋割取用以编物，大约每株最繁茂者，每年能割取二十条上下，少者也在十条以上。所编之物皆物求坚固耐用而不尚美观，以故仅能为农家及居民粗笨用具（如簸箕、水斗、栲子等类），其实是柳条若精良编制箱笼等器，仿照手提样式改制其品，绝不下于日本产品。现有永济县绅士以该县地滨黄河，所产杞柳特多，若能改良制成手提箱等销行外省，利权当不再少，特集股三千元创办一编物工厂改良编织各种柳条器具，以推广销路，今日已经成立云。"② 山区工业的创立吸引了一大批无业者，围绕着山区资源，副业，手工业、工业、商业都有了一定程度的发展，丰富了本区农民生计方式的选择。

按照以往认识，无论西坦朝还是源头村人地比例都要低于华北甚至全国的温饱线，即仅以土地难以维持生计，或者说仅以土地根本无法解决传统中国的基本问题——饥饿与贫穷。但通过访谈得知西坦朝、源头村农民未像学者所言生活在饥饿与贫穷之中，相反两村的经济处于相对富庶的地位，农民生活水平较高，这与山区副业的发展不无关系。上述所言，山区副业在解放前有了较大的发展，广大农民在农闲之余通过担

① 民国《虞乡县新志》卷四《生业略》，《中国地方志集成·华北地方》第83号，台湾成文出版社1968年版，第293—295页。
② 民国《中外经济周刊》1925年总第137期。

柴卖草、贩卖果木、肩挑贸易等山区副业来弥补农业收入的不足，这极大缓解了人地比例的紧张关系。一些农民甚至通过山区副业发家致富、买房置田，改变其社会地位，进入社会上层。因此，山区副业的发展拓宽了这里农民的生计方式，形成了农副混合的乡土经济。

三　职业分化：移民与乡村社会

1947 年 4 月，解放前的西坦朝是一个相对封闭的村落共同体，77 户家庭中，仅有一户移民，户主是 1942 年随母亲改嫁而来，剩下的皆为有血缘、亲缘关系的原住民。即使是解放后相对宽松的户籍制度，也仅有来自附近南窑村因无法生活而投亲靠友的两户移民。占据村中话语权的是张、王两大家族，两大家族不仅人数众多，而且占有村中约 1000 亩土地中的 700 亩，300 亩水地中的 200 亩，1300 余株果树中的 900 株。因此，当时的西坦朝是一个以血缘为基础，以人情为纽带的相对封闭的村落共同体。与西坦朝不同，源头村为虞乡典型的移民村落，是一个相对开放的村庄共同体。1947 年前 108 户家庭中，移民有 30 户，"四清"时期 148 户家庭中移民有 48 户，其中以山东、河南移民为主。占据村庄话语权的是罗、牛两大姓，但从"丁戊奇荒"至解放前其优势地位不断丧失，特别是随着运动的介入、土改的进行，传统依靠财富、血缘关系建构起来的村庄权力结构和政治秩序被彻底打破，外来户伴随着"阶级优势"而彻底翻身。因此源头村是一个以三大地缘——山西、河南、山东为基础，以契约来维持的村落居民群体，人情在不同群体间难以发挥作用。两大截然不同的村落共同体在生计方式的选择上差异明显，尤其表现在职业分化、职业群体的不同。

众所周知，中国传统社会是所谓的熟人社会，外来户作为村庄的"陌生人"，由于来历不明、形迹可疑，很难被原住民认可。他们往往因为方言、信仰、习俗等的差异，被排斥在乡村的边缘，特别是在中国宗族势力强大的区域，社会排斥现象更是突出，外来移民是不可能僭越于原住民之上的。以血缘关系为基础的熟人社会往往伴随着人情世故的发生，随着社会的发展，交往的频繁，单靠人情特别是纠葛着经济利益，很难维持相互间权利和义务的平衡。费孝通说过在亲密的血缘社会中商业是不能存在的，熟人的交易更多是以人情维持的馈赠方式，因此无社会关系牵涉的"陌生人"往往有着特殊的方便。特别是当街集贸易发展到店面贸易时，寄居在血缘性社区边缘上的外来户自然而然成为商业的媒介，村里人可以和他讲价钱，可以当场清算，不必讲人情，没有情感上的顾虑。费孝通所观察的村庄中开店面的，除了穷苦的老年人摆个摊子，等于是乞丐性质外，大多是外边来的"新客"。商业是在血缘之外发展的。① 除了商业，费老对江苏开弦弓村的职业分化论述到：从事某种特殊职业的大部分都为外来人……村子里的土地不足以提供额外人口谋生，因此外来人很难获得土地，而且土地也很少在市场出售。所以，正如上面已提到的，目前，所有外来人都没有地，其谋生的唯一手段是从事某种新手艺。② 按照费老的说法，新手艺即工匠技艺与商贩贸易大部分被缺地少房的外来人所从事。换句话说，外来人口的大量进入对生计方式的多样化、职业分布的细化作用明显。

相对封闭的西坦朝与相对开放的源头村在生计方式的选择上差异明显。西坦朝农户在农闲之余，绝大部分从事与中条山山区资源相关的副业以增加收入。主要生计方式有担柴卖草、种地卖菜、果木交易以及用柿子酿酒酿醋，生计渠道呈现多样化。源头村作为移民烙印突出的村落，其职业分布更为细化，生计方式更为多元化。除了从事与中条山林木相关的诸如担柴卖草、酿酒酿醋等山区副业，移民群体往往会选择从事某种新手艺或者商贩贸易，抑或是更为艰辛的职业。

源头村的外来移民最初无地可耕、无房可住，自然会想尽各种办法来维持生计。他们维持生计的方式有以下几类：第一，沿门乞讨。作为灾荒性移民，在逃难的过程中由于长途跋涉，乞讨是最常见也是最简单的求生方式，源头村大部分外来移民都是靠沿街、沿路乞讨来到本地，在来源头村过程中"沿街乞讨""一路要饭"的有 12 户之多。有的移民甚至在落脚后仍然靠乞讨为生。源头村移民刘发胜在 1947 年前一直靠沿门乞讨生活。邱姓移民靠父亲扛活、兄弟俩沿门乞讨、母亲纺线织布多种方式维持生计。其乞讨的过程中难免会遭到原住民的排斥与歧视；第二，担柴卖草。这也

---

① 参见费孝通《乡土中国》，人民出版社 2008 年版，第 86—94 页。
② 费孝通：《江村经济》，内蒙古人民出版社 2010 年版，第 114—115 页。

是源头村外来移民最常见的生计方式。由于源头村背靠中条山，山上有大量的林木、杂草可供采伐，外来移民往返于山间和村庄，以此来换取钱物或粮食。源头村刘金铭最初就是靠担柴卖草为生，在此过程中自盖草房三间。朱昌胜的父亲也是上山打柴。黎明杰和父亲、哥哥、弟弟逃到源头村，全家生活靠上山打柴卖草为生；第三，各项手艺。原籍绛县的范自令除种庄稼外，还有做风箱的手艺，家中常有学徒。张道荣有打席的手艺，成为重要的收入来源。邱二章会轧花，家中光景也有所改观。李文焕掌握了木匠、石匠等手艺，凭借石匠手艺来生活，还买了五亩土地；第四，给别人扛活。靠这种方式维持生计的基本条件就是必须有男丁、有劳动力。朱昌胜给富户家扛活前后共 17 年，张自法给地主家扛活十几年，刘福喜扛长工9 年。有些移民家庭男姓成员还打短工。李彦发靠给别人打短工为生，张树庭靠给别人扛长工、打短工度日。据统计，移民家庭有扛活、扛长工、打短工记载的共 16 户；第五，妇女纺线、做针线活、做饭等。例如，邱士芳的母亲给人纺花织布，李彦发的妻子给人家纺线、做饭；第六，经营小商贩。魏连喜依靠做小商度日，宁创家父亲做卖青菜的小生意，邱二章有时靠贩卖果木挣钱。应该说，移民家庭的生计方式不完全是单一的，常常是男女分工，多种方式同时存在。当然，对于村庄的老户而言，同样存在多种生活方式。但移民家户缺乏土地，多数家户的男女靠出卖劳动力为生的现象较为普遍；第七，当兵支差。有的外来者因生活贫困或被迫当兵，或是替人当兵、替村庄支差，村中老户允以划分土地、钱物等条件。[①]

由此我们可以看出，移民群体的生计方式更为边缘化且多元化，可以说移民群体的存在进一步丰富了本区农村多样化的生计方式，使职业分布更为细化。

四 余论

长期以来，我们习惯了从政治话语认识中国社会。换言之，研究乡村社会脱离不了阶级结构、政治制度。但这样的思维惯习忽视了村庄内

---

① 资料来源：虞乡东、西源头村《阶级成分登记表》。胡英泽、张磊搜集。山西大学社会史研究中心藏。

部的复杂面相，造成了"千村一面"的状况。事实上，中国广大乡村内部千差万别，社会结构、社会组织、社会变迁、社会生活等各不相同，这就需要我们审视政治话语、革命史观，以自上而下的视角重新审视中国乡村社会。裴宜理、黄宗智、马若孟等中外学者对中国乡村社会的研究给了我们很大启示，他们从生态环境的视角，给我们展示了生动的中国乡村社会。然而，本区农民生存策略的选择除了经济、文化、政策等要素之外，与中条山区的生态背景密切相关。换句话说，中条山丰富的山区资源是本区农民生计方式多样化以及形成农副混合的乡土经济的直接原因。

传统乡村给我们的一般印象就是男耕女织。在以农为主的传统社会，土地既是主要的生产资料，也是大多数农民维持生存和积累的基础。所以说土地在传统社会之于农民的地位是不言而喻的，它的意义除了能耕种收获，维持生存外，还在于潜在的合法化的社会认同。但如何解决千百年来中国农村的基本问题——饥饿与贫穷，这对于人多地寡的中国社会来说一直是个难题。近代以来随着马尔萨斯人口论的广泛传播，关于人地矛盾的争论更加热烈，普遍认为人均耕地不足已经到了非常严重的地步。费孝通曾断言："中国农民的贫穷，基本原因是现有耕地太少，有没有耕地权还是次要问题。"[①] 然而，广大的农民是如何生存的，农民是如何应对饥饿与贫穷的？答案就在于农民生计方式的多样化，农民通过经营副业以及手工业来弥补粮食收入的不足，有效缓解了饥饿与贫穷。如果说费孝通眼中的江苏开弦弓村是通过农业与手工业混合的乡土经济来解决土地问题，增加农民收入的，那么晋南中条山区域则是通过农业与山区副业相结合的方式解决了农村的基本问题。

说到山西移民，名声最大的无疑是"洪洞大槐树"移民，这次移民对明清乃至当下的中国社会、生态、人口结构产生重大影响。然而，近代以来，受灾荒、战乱等因素影响，华北地区的人口流动更为频繁，大量移民进入山西境内，极大地改变了一些村庄的生态、边界、权力等结构，农民的生存策略也发生了变化，这次移民对山西乃至华北的影响延

① 费孝通：《内地的农村》，载《费孝通文集》（第4卷），群言出版社1999年版，第184、264页。

续至今。晋南中条山由于果木、石灰等山区资源较为丰富，围绕山区资源的山区经济较为发达。农民的生存策略有了很大灵活性，农时种地，闲时则脱离土地，将大量时间、精力投往山区副业，以此来增加收入、规避风险，展示出本区农民的生计方式多样化的特点。移民群体的进入进一步丰富了本区农民的生计方式，这些移民游离于人情之外，不易被"熟人社会"所认可，在生产资料短缺的情况下，只能从事手工技艺与商贩贸易等更为边缘、艰辛的职业，由此呈现出职业分布更为细化，农民的生计方式更加多样化的特点。

清末以降虞乡东、西源头村的社会经济变迁

张爱明

摘　要：社会变迁与环境变迁息息相关，社会关系一定程度上就是人与生态环境的关系。人口、资源、环境三者的互动反映了社会整体的变迁。清末光绪年间的"丁戊奇荒"改变了虞乡东、西源头村的自然环境，从而引发了移民潮，人口结构由单一的、以原住民为主导的村庄变成了原住民与移民复合的融入型移民村落。人口结构的变化直接导致建国后村庄政治权力分配的再建构，而政治的重构又一定程度上影响着环境的变迁。

关键词：水源；移民；结构；变迁

近年来环境史的研究越来越受到学界的关注。何为环境史？美国著名环境史学家唐纳德·休斯这样解释：环境史是一门历史，通过研究作为自然一部分的人类如何随着时间的变迁，在与自然其余部分互动的过程中生活、劳作与思考，从而推进对人类的理解。① 社会史复兴之后，极力推崇跨学科研究方法，行龙主张从生态环境的角度开展社会史研究，把人口、资源、环境纳入社会整体变迁的历史进程中去考察，研究三者之间的相互关系，协调的运行机理和可持续发展的社会、生态效益，揭示人口增长、经济增长、资源开发利用、生态环境平衡之间可持续发展

---

① ［美］J. 唐纳德·休斯：《什么是环境史》，梅雪芹译，北京大学出版社 2008 年版，第 4 页。

的规律性，总结经验和教训。① 胡英泽从环境史的视角对明清以来黄河小北干流区域社会进行研究，他认为在环境史视角下，水、土地、草原、森林等资源是人的生存和发展的物质基础，在开发和利用资源的过程中，人与生态的关系就会反映到社会关系上，社会关系也就体现了人与生态环境的关系。② 本文拟在环境史的视角下，对虞乡东、西源头村社会经济变迁进行考察，探讨环境、资源、人口、政治之间的相互关系。

运城盆地由于洪积扇面积较大、土地质量较好被称作晋南的"绿色银行"，是山西粮棉的主要产区之一，地理区位，环境条件比较优越。东、西源头村就位于运城市永济虞乡③镇东南1公里处，背倚绵延起伏的中条山，地处宽广平坦的运城盆地，西距五姓湖约12公里、东距硝池约15公里、南距河南省约30公里。整个村庄位于中条山山前洪积扇区，可耕地面积3000余亩。传说东、西源头村的来源与水源有关，原名三泉庄，取村中"黑水泉、清水泉、黄水泉"三泉之意。清朝初期三泉庄出了五姓人家，分别是刘、赵、牛、孙、罗，居住在现在东、西源头村中间的潮湿地带，显现生"逐泉而居"的特点。后来随着人口的增多，村民以三泉为界，居住在三泉以东的称为东源头，居住在三泉以西的称为西源头，有活水源头之意。④

一　源头村环境变迁

东、西源头村的历史与水息息相关，其村名本身就有活水源头之意。关于水的历史，既有民间传说，又有文字记载，年长村民的经历亦可作

---

① 行龙：《走向田野与社会》，生活·读书·新知三联书店2007年版，第57—64页。

② 胡英泽：《流动的土地：明清以来黄河小北干流区域社会研究》，北京大学出版社2012年版，第9页。

③ 虞乡置县始于北周明帝，金元大战后由于人口萧条、经济下降，无置县资格，故附于临晋，雍正八年（1730）由于人口繁殖、经济恢复，复置虞乡县，一直持续到1947年，虞乡解放初期即1947年与永济合并为永虞县；1950年永虞县分置，复设虞乡县；1954年虞乡县同解县合并为解虞县；1958年随解虞县并入运城县；1961年运城县分置，复设永济县，原虞乡县境入永济县，降为虞乡镇，一直持续到现在。

④ 源头村田野访谈资料，访谈对象：牛普琦。时间：2014年8月11日。访谈人：胡英泽、张爱明。

为参照。1958 年之前，东、西源头村水井遍布、沼池众多，1958 年随着大生产运动的进行，东、西源头村自然环境遭到破坏，水源随之消失，气候逐渐干旱。这对东、西源头村的经济变迁影响颇深。

（一）1958 年前水源丰富

东、西源头村一直流传着黑水泉、清水泉、黄水泉三泉的说法，传说村庄最早就名三泉庄。三泉在村中有着极其突出的地位，不仅是村民饮水浇灌的来源，同时也是村中宗教祭祀的活动圈。村中最大的三座庙最开始建在泉水旁边。关于黄水泉，传说关帝当年杀了他们村的大地主恶霸后逃走在外，恶霸和官府勾结想要捉拿关帝并将关家满门抄斩，关家人纷纷外逃，当逃到这里，关帝的母亲因年迈行走不便而投井自杀，关帝听后痛哭流涕，就地舀了一碗黄水泉的水，向着家乡的方向跪地磕头，后人为了纪念关帝，就在关帝磕头的地方建了一座关帝庙；至于清水泉，传说吕洞宾当年参加科举落榜后心情苦闷，借酒消愁，喝着喝着酒壶就空了，吕洞宾到处找酒喝也没有找到，路经此地，口渴难耐，看见一潭泉水，便饮泉中水，他发现此泉水不仅解渴，而且甘甜，吕洞宾便在此饮水酿酒，此泉为清水泉，后人便在这里修建祖师庙以祭拜吕洞宾；关于黑水泉的说法，传说黑水是从中条山上流下来的，因为含有丰富的草药，所以颜色偏黑，华佗路经此地，发现黑水泉，恰巧此地发生瘟疫，华佗便尝试着用此泉水治病，结果治愈不少病人，后人为了感激他的功德便在此修建华佗庙纪念华佗。①

由图 1 可见，1958 年前东源头村水井与水池众多，而庙宇的修建大都又与水相关。1958 年前东、西源头村的水源主要由三部分构成：降水、泉水、峪水。

降水方面。中条山区的年降水量在 550 毫米以上，为虞乡降水量最丰富的地区，属于暖带半湿润季风气候。峪水方面，东、西源头村位于庙儿峪、风伯峪、石佛寺峪的冲击平原地带，根据《永济县志》的记载，三个峪口中，除了庙儿峪的流域面积、流量、长度较小外，风伯

---

① 源头村田野访谈资料，访谈对象：牛普琦。时间：2014 年 8 月 11 日。访谈人：胡英泽、张爱明。

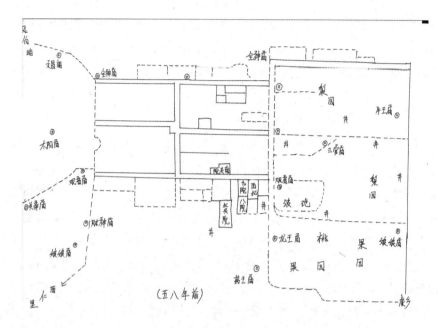

图1 1958 年以前东源头村宅基地分布图

峪、石佛寺峪的流域面积、流量、长度均属前列，相当一部分耕地一直接受这三个峪口的影响。一方面，峪口携带的大量泥沙保障了东、西源头村土地的肥力；另一方面，峪口所带来大量的山水提供了丰富的灌溉水源。

泉水、井水方面。乾隆《虞乡县志》记载东、西源头两村："在城东南一里，水泉数十，流衍两村左右，四时不涸，余沥由县城东桥下，过申、刘二营，入鸭子池。芦子泉在抢峰西北麓，今寺僧、居民引以灌田。"[1]《永济县志》明确记载，在古代，中条山前平原即以井水灌溉。说明东、西源头村以泉水、井水灌溉的历史较长。《阶级成分登记表》中记录的个别家庭拥有井码也佐证了此地有井水。[2] 此外，村民介绍，在1958 年以前，东、西源头村泉水众多、浅井遍布、便桥林立，几乎家家户户都有水井，大多为四五米的浅井，村民们可以洗碗、洗衣服、洗菜、

---

① 乾隆《虞乡县志》卷之二《地舆》，第24 页。

② 资料来源：虞乡东、西源头村《阶级成分登记表》。胡英泽、张磊搜集。山西大学社会史研究中心藏。

浇地……特别是雨量充沛的季节，各个井口之水犹如泉水往外喷涌。[①] 可以说有水的地方，就有鲜活的生活史，每座水泉都记载了村民的社会变迁。公共水井是人们茶余饭后聚集闲谈的固定场所，村民在这里说闲话、拉家常，也成为乡村一道亮丽的风景。[②]

（二）1958 年后水源枯竭

1958 年之后，东、西源头村泉水渐渐消失，到 70 年代，水井已经寥寥无几，现在的东、西源头村已经完全没有了泉水、井水的踪影，而且干旱问题比较突出。除了从中条山峪口流下的部分水源，村民只能靠天降雨，现在的生产、生活完全没有了往昔的热闹与繁华。

究竟是何原因导致 1958 年之后东、西源头村的水源枯竭？田野调查给出了答案。据村民回忆：1958 年村人在山上打井，迟迟打不出水，当打井打到 60 米处的时候，发现下面为约 100 米厚的黑焦泥层，由于黑焦泥不具有渗透性，地表水无法下渗，一遇雨雪天气，水势必会暴涨，再加上从中条山峪口下来的源源不断的山水，使的东源头村的水源极为丰富，一遇大雨，泉水、井水往出冒也就不足为奇了。[③] 1958 年 5 月，中共八大二次会议正式通过了"鼓足干劲、力争上游、多快好省地建设社会主义"的总路线，在总路线提出后，中共就发动了"大跃进"运动。运动要求工农业主要产品的产量成倍、几倍、甚至几十倍地增长。"大跃进"运动在建设上追求大规模，提出了名目繁多的全党全民"大办""特办"的口号，在这样的目标和口号下，基本建设投资急剧膨胀，致使高指标、瞎指挥、浮夸风全面的泛滥。从 1958 年"大跃进"开始的三年，"左"倾冒进导致了国民经济比例的极度失调，并造成了严重的经济困难。虞乡也积极响应了此次运动，据东源头村李姓村民回忆"大跃进的时候大炼钢铁，还有你看咱们这儿有一些大型的工程，这儿有个大的铜矿，还有些大煤矿，到处都是去炼钢铁。

[①] 源头村田野访谈资料，访谈对象：牛普琦。时间：2014 年 8 月 11 日。访谈人：胡英泽、张爱明。

[②] 胡英泽：《水井与北方乡村社会——基于山西、陕西、河南省部分地区乡村水井的田野考察》，《近代史研究》2006 年第 1 期。

[③] 源头村田野访谈资料，访谈对象：李生明。时间：2014 年 8 月 13 日。访谈人：胡英泽、张爱明。

那个运动就是声势浩大，谁不听话就绑起来批斗，我那个时候还小，才9、10岁，还有修水库，当时运城县有个大水库，当时运城的劳力不够，咱们村去了好多劳力，村里就没有人种地了，种庄稼没有劳力，也收不回来，就没有吃的了。当时有的人在外面干得好的就留在外面不回来了，所以那时候村里面就没有劳力。年轻人都去大炼钢铁了，村里当时说山上有铜矿就去炼铜，叮咣叮咣地烧，烧出来没有东西，我那个时候很小，我自己也拿了两块背下来到学校炼铜"[1]。

"大跃进"运动对东、西源头村影响深远。第一，村中从事农业劳动的人数迅速减少，直接导致了粮食的减产，为"三年自然灾害"埋下了伏笔。第二，由于"大跃进"运动片面追求工业发展，大型工矿企业蓬勃兴起，人为地破坏了东、西源头村的生态环境，位于地下60米处的黑焦泥遭到破坏，地表水逐渐渗透，天然的泉水、井水也就逐渐消失了。这也就是为何1958年以前"村中每个巷口都有水井"到现在水井全无并且逐渐干旱的原因。

1958年前后东、西源头村自然环境发生巨变，与村民生产、生活密切相关的水资源遭到破坏，背后正是政治因素作用的结果。

二 源头村人口结构的变迁

按照安介生在《山西移民史》中的论述，秦汉至明清，每次大规模的人口迁徙都少不了山西人的踪影，几乎每次移民山西都占据了重要地位，明代的山西"洪洞大槐树"移民及其清代以来的"走西口"更是成为了中国移民史上的热门话题。虽然历朝历代也有大量的少数民族内迁，但总体而言，山西一直是重要的移民输出地。[2] "丁戊奇荒"之前，东、西源头村居民大部分为土著，只有牛姓在康熙十年（1671）由邻近的南窑村迁移至此，但"丁戊奇荒"之后，东、西源头村人口结构彻底发生变化，外来移民人口显著上升。

---

[1] 源头村田野访谈资料，访谈对象：李生明。时间：2014年8月13日。访谈人：胡英泽、张爱明。

[2] 参见安介生《山西移民史》，山西人民出版社1999年版。

　　光绪初年，华北诸省普遍干旱，旱魃为虐，一直延续数年，其波及范围之广、影响程度之深、持续时间之久，十分罕见，史称"丁戊奇荒"或"丁丑大祲"。时任山西巡抚的曾国荃感慨道其为"二百年未有之灾"①。"丁戊奇荒"给山西造成了前所未有的大灾难，大量人口死亡。光绪《山西通志》载："晋省人口，素称蕃盛，逮乎丁戊大祲，顿至耗减"，② 将近一半人口在这次大灾中死亡，安介生认为在此次灾荒中山西受灾人口应在八九百万以上③，郝平也认为山西在这次大灾中人口平均亡失率均在50％—60％，亡失数均在800万—1000万之间④。人口密集的晋南地区受灾最为严重，虞乡在此次大灾中同样未能幸免。据光绪《虞乡县志》记载："光绪三年春疫、夏赤、星昏，见东南旦行，正西无麦，七月多蝇，八月不雨，大祲。斗米数金，田亩鬻钱百余文，民屋拆毁殆尽，食树皮草根，饥民乘夜肆掠，邑侯捕治，始敛迹时，饿莩枕藉，人相食。"⑤可见灾情之严重。图2为官方统计的虞乡县户数、人数损失情况：

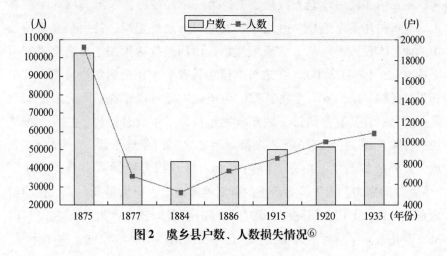

图2　虞乡县户数、人数损失情况⑥

　　① 曾国荃：《请饬拨西征军饷疏》，《曾忠襄公奏议卷五》，第32页。
　　② 光绪《山西通志》卷65《户口》。
　　③ 安介生：《山西移民史》，山西人民出版社1999年版，第402页。
　　④ 郝平：《山西"丁戊奇荒"的人口亡失情况》，《山西大学学报》2001年第6期。
　　⑤ 光绪《虞乡县志》卷1《地舆》，第9页。
　　⑥ 数据来源：民国《虞乡县新志》卷三《丁役略》、光绪《山西通志》卷六十五《田赋略》，载李玉文《山西近现代人口统计与研究：1840—1948》，中国经济出版社1992年版。

据图 2，虞乡在灾前的户数为 18721 户，人数为 105655 人，光绪三年（1877）户数为 8641 户，人数为 35625 人，户数减耗比为 54%，人数减耗比为 66.3%。相较于光绪三年，光绪十年（1884）的人数减耗仍达到 25%，此后虞乡人数开始恢复，直至民国九年（1920）人数才恢复至灾前的半数。一来可见虞乡在此次大灾中损失之惨重；二来可见虞乡在灾后人口恢复之漫长。清光绪时，东、西源头村归虞东里管辖，虞东里又归东五贤乡管辖。灾前东五贤乡有 5371 户、28085 人，大祲后东五贤乡共 1519 户、5882 人，死亡人口将近 4/5，损失极为惨重。① 除了官方记载，笔者根据东、西源头村《阶级成分登记表》中家史简介统计出，东、西源头村很多家庭中，祖父或者祖母在父亲幼年即去世，父亲无法生活，有靠流浪度日的，有靠亲戚抚养成人的，也有当兵谋生的，总之生活都相当困难。由此推断，非正常死亡的时间在 19 世纪末至 20 世纪初，此阶段当为"丁戊奇荒"时限之内。② 另外与此相印证的便是口述资料，据东源头村牛姓老人叙述："光绪三年大祲后，东源头村死了很多人，有些村庄甚至绝户，由此导致大量的土地被荒废，特别是靠近中条山的地根本没人耕种。"③ 灾荒发生后，山西巡抚曾国荃立即向全省官员下达书信：《与牧令书》，在这份书信中就善后工作提出解决方案，其中相当重要的一条，安介生将其归纳为招荒，即招致外省平民前来垦荒④；蒲州府号召各县官开店铺，凶年收物给钱，丰年收钱还物，并设立赈济局进行赈灾。⑤ 虞乡当局则"发帑截漕赈之，诏免地丁银"⑥。此令颁布后，省外诸如河南、山东、陕西等地人口开始大量涌入山西，掀起了"填晋"的高潮。损失最为严重的晋南地区由于人口大量死亡，大批的耕地荒置，再加上诏免田赋，自然有足够的吸引力吸引大批的"客民"前来安营扎寨。据黎姓老人讲述："老家在河南淅川县黎家洼，常年干旱、

---

① 光绪《虞乡县志》卷 4《户口》，第 27—29 页。

② 资料来源：虞乡东、西源头村《阶级成分登记表》。胡英泽、张磊搜集。山西大学社会史研究中心藏。

③ 源头村田野访谈资料，访谈对象：牛普琦。时间：2014 年 8 月 11 日。访谈人：胡英泽、张爱明。

④ 安介生：《清代山西境内"客民"刍议》，《晋阳学刊》1998 年第 6 期。

⑤ （清）吉可乐：《丁丑荒年记事》，载于光绪《永济县志》。

⑥ 光绪《虞乡县志》卷 1《地舆》，第 9 页。

无法生活。1920 年，祖父领着叔、伯、父亲三人迁到了芮城县漫坡村，花 5 块银元买了 50 余亩地。父亲靠在芮城、虞乡两地贩卖粮食为生，在此过程中发现东源头村有大量沿山土地无人耕种，便迁往东源头村。由于芮城土地、居住条件较差，1943 年大伯家也迁来了东源头村。"① 晋南虞乡东、西源头村在此阶段内有来自省外山东、河南、河北、陕西的 14 户以及省内的 6 户移民迁移于此，日后更是分家繁衍为 31 户。②

在"丁戊奇荒"导致人口减少的背景下，东、西源头村丰富的水源、相对高产的土地、邻近县城的区位、政策的导向等都吸引了移民的迁入。

表 1　　　　　　1966 年东、西源头村人口结构③　　　　　单位：户

结构	原住民	移民	地　域					
			山西	山东	河南	陕西	湖北	河北
户数	99	49	15	13	15	3	1	2

据表 1，1966 年东、西源头村总户数为 148 户，其中移民 49 户；占到村庄的 1/3，移民已经占到很大比例。外来移民的大量涌入直接改变了东、西源头村的人口结构。东、西源头村已经不再是单一的、以原住民为主导的村庄，而是形成了原住民与移民复合的融入型移民村落。而导致村庄结构变迁的根本原因就是东、西源头村的环境变迁。

三　源头村政治变迁

费孝通说过乡土社会是个亲密的社会，外来户却是"陌生"人，来历不明，形迹可疑。④ 因此最初是不被当地人所认可的。移民相对于原住

---

① 源头村田野访谈资料，访谈对象：黎明杰。时间：2014 年 8 月 12 日。访谈人：胡英泽、张爱明。

② 资料来源：虞乡东、西源头村《阶级成分登记表》。胡英泽、张磊搜集。山西大学社会史研究中心藏。

③ 同上。

④ 费孝通：《乡土中国》，北京出版社 2005 年版，第 45 页。

民来讲作为一个边缘群体，最初往往因为方言、信仰、习俗等的差异，被排斥在乡村的边缘，特别是在中国宗族势力强大的区域，社会排斥现象更是突出，外来移民是不可能僭越于原住民之上的。因此，在外来移民中间往往会有一个可以支撑、领导整个移民群体的精英人物，在日后的生活中他将担当起移民与原住民争夺地方资源的重任。同时还领导移民群体内部的相互协作，起到了凝聚群众力量的作用。东源头村的李姓、张姓移民，西源头村的刘姓移民便扮演了这样的角色，他们各自代表着外来移民群体的利益，不断与原住民进行博弈。

解放前，在东源头村掌握话语权的是罗姓、牛姓，当时在村民中广泛流传着这样一句话"罗半村、牛一角，剩下的都是杂伙伙"①。牛、罗两姓不仅家族庞大，而且财力雄厚，罗姓、牛姓是村中绝对的领袖，他们不仅负责村中庙宇的修缮与公共活动的开展、决定用水、用地、教育秩序，而且有权力支配村中的任何事务，外来移民理所当然处于被支配的地位。例如民国时期，东源头村第一国民学校就是在罗家家庙的地址上修建，罗家自然掌控着村庄的教育权。② 另据东源头村牛姓老人回忆："当时县里面要征兵，征采石工，都是安排外来户先去，富户会通过钱财转嫁征兵、苦力名额。"③

解放后，中国共产党在乡村社会展开了一系列运动，特别是土改运动，从根本上颠覆了传统的中国社会依靠财富、血缘关系建构起来的权力结构和政治秩序，中央政府第一次把数亿农民有效地组织在自己的而不是借助于农村富裕阶层和宗族势力网络的权力系统之中。④ 土地改革，首先是要划分阶级成分，在阶级划分的基础上对土地重新进行分配。目的就是没收地主、富农的土地，打破原有的秩序，重新分配农村土地，以达到社会的公平。由于外来移民基本上都是战乱、灾荒后迁移而来。最初都无地无产，靠扛活、乞讨、小商、手艺等度日。身份基本上都是

---

① 源头村田野访谈资料，访谈对象：牛普琦。时间：2014 年 8 月 11 日。访谈人：胡英泽、张爱明。

② 民国《虞乡县新志》卷 7《学校表》，第 168 页。

③ 源头村田野访谈资料，访谈对象：罗信民。时间：2014 年 8 月 13 日。访谈人：胡英泽、张爱明。

④ 杨奎松：《新中国土改背景下的地主问题》，《史林》2008 年第 6 期。

贫农、雇农，阶级成分比较好、生活水平较低。此时"穷"便成了一种政治优势，这自然是中共争取和团结的对象。这对于外来移民而言，也绝对是"天赐良机"。因为土改中完全没有了"主客之分"，而全凭"成分优劣"。借助政治的嵌入外来移民登上了权力的中心，以至于几乎各个核心职位都由外来移民担任。东、西源头村的政治结构也发生了巨变。当然除了成分好，外来移民还有原住民所不具备的特点，比如东源头村河南籍李姓移民"成分好，再加上敢说、敢打、敢闹，共产党就是看重这一点，才当上的干部"①。

表2　　　　　　　　外来移民在土改中和现在的政治地位②

姓　名	成分	土改中任职	现在职业	曾任其他职位
刘金福	贫农	农会主席	村干部	
刘茂胜	贫农	农村间长	小队调解员	
黎明杰	贫农	农会秘书、委员	大队支书	
李生花	贫农	农会主席		
李彦发	贫农	土改干部		村主任、大队支书
张自法	贫农	农会干部	贫协主任	村主任、政治队长

表3　　　　　　　　原住民在土改中和现在的政治地位③

姓　名	成分	土改中任职	现在职业	曾任其他职位
薛生崚	下中农	秘书	永济农协	
孙启明	下中农	民兵队长		
罗长德	贫农	农会主任		贫协主席
罗世芳	贫农	农会干部		
刘占梅	下中农		生产队长	

　　农会是土改的核心组织，负责土改工作的实施，例如阶级成分的划分、接收和分配土地以及其他的生产资料。从表2、表3可以看出，占东、西源头村总户数1/3的外来移民中有6位在土改中扮演了重要角色，

———————

① 源头村田野访谈资料，访谈对象：李生明。时间：2014年8月13日。访谈人：胡英泽、张爱明。

② 资料来源：虞乡东、西源头村《阶级成分登记表》。胡英泽、张磊搜集。山西大学社会史研究中心藏。

③ 同上。

其中东、西源头两村的核心角色——农会主席均由外来移民担当。据东源头村黎姓移民介绍：土改时第一任、第二任农会主席、副主席都为移民，农会委员也基本上为移民。[①] 反观原住民中仅有 3 位在土改中担任重要角色。这些外来移民在土改中由于阶级成分好，或担任农会干部、或担任土改干部，直接进入核心领导层。除此之外，还有其他外来移民在东、西源头村担任村生产队长、政治队长、大队会计等职位，同样有较高的政治地位。很显然，外来移民在土改中扮演了绝对的核心作用并担当起了领导土改的角色。外来移民的社会地位随着乡村社会的政治化运动而迅速提高。

土改的意义不仅局限于一个人、一代人，伴随着父辈政治地位的提升，其子女的社会地位也在悄然间提高。外来移民的子女中有党员、有团员、有民兵排长、有妇女队长、有团支书、有生产队长等，[②] 比起父辈，子女辈在东、西源头村的社会地位进一步提升。此时，由于长时间的融入，外来移民的子女在语言、习俗、信仰等方面已经与原住民无异，他们已经完全成为地方社会的一分子。

---

① 源头村田野访谈资料，访谈对象：黎明杰。时间：2014 年 8 月 12 日。访谈人：胡英泽、张爱明。

② 资料来源：虞乡东、西源头村《阶级成分登记表》。胡英泽、张磊搜集。山西大学社会史研究中心藏。

集体化时代以来的乡村精英

陈　霞*

　　摘　要：承担国家代理人和乡村当家人双重角色的乡村精英"村干部"，他们在服务村庄社会的同时还要秉承国家的意志。在经历集体化时代以来的重大转变之后，村干部作为国家体制中的组成者和村庄社区中的参与者，在日新月异的时代发展及新的社会价值观和行为处事方式的影响之下，不同年代的村干部群体又是怎样的一种生活状态。文章以永济虞乡镇田野考察的口述资料为基础，将集体化时代以来虞乡镇的新老村干部作为考察对象，以理解不同时期村干部的角色特征，及其在国家与乡村沟通过程中发挥的作用。

　　关键词：田野调查；虞乡镇；乡村；村干部

一　前言

　　"干部"一词本是舶来品，自民主革命时期被引入中国后便一直沿用至今。就国家与地方的关系而论，干部与传统地方乡绅有许多相似之处，作为国家与地方之间的代理人，也可视为现当代的精英人物。此次永济田野之行，是山西大学中国社会史研究中心和永济市政府共同合作促成的。田野深入基层自然是必须的，但是上传下达的主要实践路径也是此

　　* 陈霞，山西省阳高县人，2010—2014 年就读于山西大学历史文化学院，获学士学位；2014—2017 年就读于山西大学中国社会史研究中心，获硕士学位；2017 年至今，为南开大学历史学院在读博士。

次田野之行的重要特点。基于这一特点，在这次调查期间我们主要与乡、村干部接触甚多，他们中有集体化时代的老书记、会计、村长等，也有出生于新旧交替时期经历过人民公社或"文化大革命"时期现已退休的干部，还有任职几十年依然主持村庄事务的老书记，以及新崛起的精英人物，即现任的村长、书记等。新时期，"社会分层中的革命化仪式形态标准的淡出导致村庄社会政治分层差距的急剧缩小，使人们在政治地位上趋于平等"①。在这样的背景之下，对于以上这几类人物的分析和探讨，也可从其中看到永济虞乡镇丰富的社会面相，体味到鲜明的时代特征。新时期的干部偏重现实性的发展，对村庄、地方和国家有着更全面、更深刻的认识，而老干部则沉湎于革命化叙事的社会发展当中，怀念的是运动化时期的革命岁月，制度化的精神体验，无论是反思还是批判都有自己的理解，这是一种比较普遍的认识。深入田野，亲身接触到干部群体，则会有更多的体验：老干部更多表现出一种归属感，对当地、对党、对国家有更深的体悟和感受，回想过去，能更加客观的明辨是非，而新干部则对本地历史了解不深入，或对历史和现在淡漠，"活在当下"似乎才更显重要。如果说深入田野，接触乡村民众，感受地方文化是为了切身体会书阁之外的学问，那么对这些地方精英群体的了解则能更直接地看到国家与地方社会的互动过程以及理解地方社会表现出的各种面相。

二 欣欣向荣：新时期的村庄代理人

此次永济之行，主要是对永济各乡镇村落中集体化时代的资料进行摸底排查，这既是出于保护地方原始资料的需要，也是山西大学中国社会史研究中心拓展山西区域社会研究的长远目标所在。中心师生共同参与到这次田野工作中来，为了提高效率，减轻地方上的压力，我们以分组的形式进行这项工作。我所在的小组主要负责的是虞乡镇下辖 37 个村民委员会资料收集与田野调查。在将近一周的田野调查中，在虞乡镇干

---

① 吴毅：《村治变迁中的权威与秩序——20 世纪川东双村的表达》，中国社会科学出版社 2002 年版，第 330 页。

部陈礼军①和李博②等镇里相关工作人员的帮助之下，我们的调查比较顺利。在走访虞乡镇各村委会期间，每天工作完毕，我们就提前与陈站长和李主任沟通第二天的日程安排，由他们二人联系每天要走访的村庄，五天时间，将虞乡镇西南、西北、东北、东南几块区域内大多村庄进行了调查。

既然是上行下达，首先到村里见村干部进而了解情况成为我们工作的一般流程。与各村村干部接触的过程中，确实感受到新老干部的差异及现今乡村精英的表现和存在的诸多问题。以下就以张家窑村、黄家窑村、东坦朝村及虞乡村为代表进行讨论。

张家窑和黄家窑二村是这一带比较富裕的村落，两村位于中条山下，呈现出南高北低的走向。为了排水需要，村内都修有排水渠道。两村村容整洁自不待说，高门大户的气派人家也不在少数，而且村内多私家轿车。两村的书记家就是其中的典型代表。陈站长告诉我们这两个村之所以富裕，原因在于该地很多人都在外做生意，主要以贩卖螺丝钉为主，当地人买回螺丝钉再进行加工卖出，以此赚钱。③ 张家窑冯书记的家里刚办过喜事，上礼名单还在门道内的墙上贴着。他家虽是平房，但宽敞明亮。环顾四周，上房三间，南房三间，与上房相连的还有一间东厢房。书记家里还有自家的卫生间，与楼房内的布置没有什么区别，这在我家乡的村子里是很少见的。

在黄家窑，接待我们的书记家里更显气派。他家在村委会旁边，房前就停着自家的轿车。他招呼我们进了上房，屋内各种现代化电器一应俱全，最明显的就是室内的空调。当我们说明来意后，该村书记向我们讲到村里有一景点与北宋时期赵匡胤有关，并极力强调其中的旅游开发价值。显然书记错解了我们的来意，这也难免。期间我们被当作文物贩子及考古人员也是常有的事。不过从该村书记的表现来看，越来越多的人逐渐重视当地的旅游资源，近几年也深刻感受到旅游资源的开发对地

---

① 虞乡镇文化站站长，以下简称陈站长。
② 虞乡镇政府综合治理办公室主任。
③ 虞乡镇访谈资料，访谈时间：2014年5月27日；访谈对象：陈礼军；访谈人：郭永平、李晨阳、陈霞。

方经济及文化产业的推动作用。永济虽是一个县级市，但是因其独特的区位优势，自古以来就是沟通山陕的交通要道，此外，永济整个区域的自然及文化遗迹也十分丰富。在虞乡镇所辖区域，我们就看到了诸如扁鹊庙、五老峰等旅游名胜。

对于东坦朝村，陈站长倒是饶有兴趣。当天临近中午，大家早已饥肠辘辘，路上听陈站长说要拜访的这位村长兼书记是一位民间收藏家，喜欢古玩意儿，倒也勾起了我们的兴致。来到这位书记家的大门口，发现确实与周围人家不同，不巧的是王书记家中正好没人。在陈站长联系王书记的空档，我们也仔细地观察了书记家及其周围。书记家的大门修的高大富丽，门旁两侧分别有两对石刻雕塑。与另一户人家院墙之间有一道细巷，里面满是东西还用塑料膜盖着，用木篱笆围了起来。透过篱笆的缝隙我看到那里面竟然也是石像，有人物形的还有动物形的，形态各异，大小不同。在这样一个普通的村落，简直就是令人叹为观止。陈站长指着进村的那条水泥路，告诉我们那条路是王书记以个人名义为村里修的。其经济实力之雄厚可见一斑。不一会儿，王书记的爱人就骑着电动车回来了，似乎已经知道我们的来意，因此并没有进行过多的询问。跟随这位阿姨走进她家的院落，院子的布局与这里大多数人家一样，有一过渡的门道，在拐进院子的转弯处有一照壁。院内是一栋两层建筑，北面和西面整体相连，北面三间房，西面三间房，二楼也如此。院子东侧是上二楼的两段楼梯，房子的墙壁上贴有瓷砖。让我们惊奇的是进入大门，门道两边有许多匾额和石像。照壁前也放着大小不一的石像。拐过去进入院内之后，近乎夸张的景象呈现在我们眼前：院内空地上摆满各种石质雕刻像，各种类型、各种尺寸的都有，相似的例如石鼓，石碑之类的还摆在一起，各个角落只要能放东西的地方都被占用，只留下够一人穿梭其间的空地。正方屋檐下也没闲着，拉人的马车、案桌、20世纪70年代的《光明日报》、旧式小土炉、电报机等，看来这是刚刚收回没有归类或是东西太多没法放的缘故吧！王书记的爱人带我们上二楼参观，我注意到在上二楼的两段楼梯中，每一个台阶的两端以及楼上每一个栏杆处都有一个小型的石狮像，神态各异，造型不一，着实小巧可爱。不一会儿王书记回来了，简单介绍之后，便兴致勃勃地带我们参观他收藏宝贝。二楼总共有六间房，其中的五间房用作"展厅"，而且按照不同类型将物件归类，形成主题鲜明的展区。这当中有古代木制家具一区，包括许多太师椅、案桌、雕花大木床、梳妆台、各种木箱、木质建筑模型一类的东西，王书记还转动了留声机，让我们听听它的声音，虽然已经破旧，但是仍能发出民国时代特有的歌曲味道。与之相通的另一间房内摆了许多抗战时期的东西，如灯具、刀具、冲锋小号、军用水壶、还有各种小筐、小篓，以及不同年代做饼用的模具。此外有一处摆满各种毛主席头像像章，墙上还挂着一幅长约一米宽六七十公分的针织实景毛主席半身像，下端写有"敬祝我们心中最红最红的红太阳毛主席万寿无疆"。走出了这间屋子，王书记饶有兴致地说："来，接下来的是红色展厅！"我们不由地笑了，讲红色展厅名副其实，这里有毛泽东、周恩来、邓小平等国家领导人的图像资料，可以说是一个图像资料的展厅。其中部分照片还是王书记亲自拍买回来的。从二楼下来我们进了一楼的正房，这里的风格更像榆次老城里卖古玩的商店，王书记说这间屋子的东西比较杂，但是各种古董让人应接不暇，也确实如其所说，各时代的钱币、玉器、瓷器、木器、字画、玉枕、木质佛像、家谱、三寸金莲的绣花鞋等。这里还有一造型奇特的铁制器具，王书记说那应该是一个乐器，只因其表面有"蒲州府、渔乡县"的字样，所以才高价买回。地方认同感在王书记身上也可体现。我们不能估量王书记的家产到底有多少，从陈站长的谈话中了解到的以及我们自己亲眼所见的这些事实来看，王书记作为一村之长确乎实力非凡，只是不禁要问他致富的门道，经营的决窍，这样庞大的家产是怎么积累下来的，由于与本次调查内容无关，我们就没有对上述问题进行深入访谈。

虞乡村，我们已经两次造访，只因第一次来时上下没有沟通好，导致一无所获。再次来到虞乡村，当然这也是陈站长和李主任事先帮我们联系好了的。迎接我们的是该村的曹村长，正值中年，看起来身体很是强健。没有过多解释，曹村长就径直带我们走向一户人家，看来对我们的来意已然明了。这户人家中的老人看起来已有七八十岁了，据介绍，老人年轻时曾在该村担任会计。但是老人家中之简陋，是我之前不曾见到过的。前后两间低矮的小平房是相连的，屋内光线也不好，尤其是老人居住的里屋，只有五六平米的样子，但是各种生活用品很齐全，收拾得井井有条，充分利用了房中每一寸地方。这期间的访谈倒是没有什么，只是在我们就要走的时候，曹村长和李博先一步走出屋子，我和学姐也跟在后面。郭永平老师和老人就要话别之时，老人小心翼翼地看看外边，显然是看前面的两位走了没有。于是就把郭老师留下，并从挂在墙上的包里拿出什么东西来，老人异常的举动也引起我和学姐的注意。晚上回到宾馆一起用餐的时候，向郭老师问及此事，才知道老人拿出自己所写的关于虞乡历史的文章供我们参阅，也希望我们能反映一下基层的实际状况。

现今虞乡镇的村落，绝大多数人家都建有 2.7—3 米高的大门，门外也贴着瓷砖，屋内的装潢也不差。负责协助我们工作的陈站长一般把我们带到各村村长家或是支书家进行访问，有这些身份的人，家里一般都比较富裕，从住的房子来看在村里也是数一数二的。另一个比较滑稽的现象就是，当村长或是支书不了解情况或带我们找村里可能了解情况的人时，则呈现出另一种情形，被访者一般是年迈的老人，或是自己孤苦一人或是和老伴相依为命，家里也不像村干部那般富裕，有的简陋到令人咋舌的地步。"经济的分化使经济的差距再度成为衡量村庄社会分层的一个标准"，"在土地的权属关系不可能流转的 20 世纪末，经济的差距就往往通过村民的住房、家具、家用物品、生活水平以及各种公共仪式化事件中的夸富宴等形式间接与近似地显现"。① 期间我们经常与陈站长和李主任交流，从他们口中乃至他们自己的生活也可看到目前农村干部的以及农村社会运行的状况。陈站长和李主任都有私家车，而且都住在永济市里，这几天无论辗转到哪儿都是他们用自家的车载着我们，这倒是方便了我们组的田野调查，结果可能给二位增加了许多负担。陈站长和我们谈到虞乡镇政府常年经费超支的现状，并指出这并非虞乡镇所独有现象，每笔开支谈起来似乎合情合理，也是乡镇基本运行的需要，但是入不敷出的现象也非一朝一夕而有，这样的问题并非个案。来永济的这段时间我们确实很受礼遇，吃、住、行样样安排妥当，在虞乡镇田野考察的这段时间也是如此。到村子里，也许是陈站长和李主任代表的干部身份，也许是虞乡镇早已将这样的行政指示发布下去了，接待我们的村

---

① 吴毅：《村治变迁中的权威与秩序——20 世纪川东双村的表达》，中国社会科学出版社 2002 年版，第 330 页。

干部往往礼遇有加，但也难免有些村干部只将这样的事当作过场走走，进了自家的门，喝点水总是必要的，以至于这几天来我们听懂了不少方言，尤其是"水"的方言。若是正事没有什么结果，聊聊家常也是可以的，他们不时还问问我们师生几个的个人情况。百户村的书记家里也较富裕，招待我们喝的是纸盒装的果奶。期间谈的也比较务实，甚至还打听了郭老师的薪资待遇并和其在东北某高校教书的一个亲戚相比较，发表了自己的意见。在"乡政村治"① 的制度环境中，"任何一位明智的村干部都必须学习能适应这一环境的游戏规则，踩钢丝和摆平衡就是这一游戏通则的精髓"，但当游戏难度很大的时候，"作为一种替代性规则出现的，就是在不能维持平衡时，转而采取两头对付的态度"。② 带着任务出来，在与地方沟通时，技巧是必须的，作为一种集体行为，我们收集资料固然是出于保护和研究的需要，但是村里人尤其是村中领导不一定这样理解，面对上面的指示，他们也是相机行事，自有一套应对的方法。

三　兢兢业业：集体化时代的农村精英

如果说，上文中的几个村子和村干部是新时期乡村建设的代表，那么接下来的几个村子便可见集体化时代的人与事。同样以村干部为主要对象，他们有的已到风烛残年的阶段，却依然目光炯烁，步伐矫健。深入基层，接触到这些真正经历过岁月变迁的人，真正懂得信仰的革命前辈，听听他们有关自己的、村子的、国家的记忆、想想他们对曾经和现在的评述，我们又该如何看待历史、如何看待国家呢？以下便以永安村、西阳朝村、定远村、申家营及义和屯村为代表来介绍。

在永安村，我们到了一个在"文化大革命"期间曾当过干部的老人家中。该老人名叫郭贞熙，曾担任过书记。当问及郭书记有关该村土改

① 有关这一概念，参见张厚安等《中国乡镇政权建设》，四川人民出版社 1992 年版。
② 吴毅：《村治变迁中的权威与秩序——20 世纪川东双村的表达》，中国社会科学出版社 2002 年版，第 222 页。

时期的情况时，郭书记讲到，当时划成分是根据家庭经济情况来定的，1947 年该村划过一次，此后就再也没有划过成分。被划为地主和富农的各一户，当时地主已有 90 多岁，其子在外做生意，还年少。地主不久去世，其子因无法耕种留下的田地，就出租给他人，因此被划为地主。被划的那户富农，是因为雇长工。"当时是胡闹哩"，"当时干部没文化就是为了凑指标"，郭书记这样说到。谈到人民公社时，郭书记讲到，三年灾害时饿死过人，人们大都在山上炼钢铁，农田无人料理，很多粮食都没有收回来，说是自然灾害，其实和往年没啥差别。"上面的粮还不得不交，田里的（粮食）又没收回来，只能饿着了。"谈及现在，郭书记说，现在生活好多了，当时政策不得人心，土地下放后个人生产积极性提高，产粮多了，人们的生活越来越好。① 访问期间，我注意到郭书记一直用手来回转着自己的衣襟，说话声音也很小，眼中还流露出些许不安的神色，试想正值"文化大革命"时期，当时年轻的郭书记应该是乘着时代的春风，在革命大背景下大干一场，颇受重用的时候，反观现在郭书记对那个时代的评价和看法，不免怀疑是因为怀疑我们代表"官方"的身份，老人不好讲太多，还是确如老人所讲村里就发生了这些事情。那么老人自己呢，他个人如何让看待这几十年的变化，他自己的人生与时代的转变有着什么关联呢？还有许多问题值得我们思考。

在西阳朝村，村书记带着我们到了村委会，认真听了我们此次下乡的目的和任务之后，便帮我们联系村内经历过或可能了解集体化时代的老人。不一会儿，就有三位老人来了。其中的一位还骑着自行车，虽然驼背弯腰，但是看起来依然精神饱满。三位老人坐定，在我们的问题引导之下便侃侃而谈起来，思路之清晰也着实让我们敬佩。其中 76 岁的吴勤丰老人，在 1962 年压缩城市人口，实行精兵简政之时回到村里。与之相差两岁的郭怀英老人，也在村里务农。据两位老人回忆，1958 年都在一个大食堂里吃（饭），而且也（饭）不够吃。"粮食都浪费了，走哪儿吃哪儿，那是瞎说，走哪儿都得自带干粮。"讲到"四清"运动时，老人

① 永安村访谈资料，访谈时间 2014 年 5 月 28 日；访谈对象：郭贞熙；访谈人：郭永平、李晨阳、陈霞。

说主要是从北京方面来的人，有北京航空工业学院的学生，也有平鲁区的干部。这些人一直待到"文化大革命"时才走，在村里也是和农民同吃同住，不吃富农家的饭。①

> 问："四清"工作队怎样吃饭？
> 答："四清"队干部不吃请，只吃派饭。
> 问："四清"工作队来了，村里的党政工作变了没有？
> 答：变好了。
> 问："四清"工作队和原村干部的关系咋样？
> 答：还好了，一队一个"四清"干部。
> 问：四清队为啥走了？
> 答：工作完成了。但是还有四不清的干部。

谈及"文化大革命"时期，该村没有打死过人，但有因心理压力过大而间接死亡的人。据了解，整个虞乡镇外迁人口主要去了西安，在划成分时，该村也有地主和富农，但绝大多数都在西安居住，所以受运动冲击较小。

"农业学大寨"时，村里还组织相关人员到大寨学习。吴勤丰老人曾去过一次，郭怀英老人曾去过两次。在"四清"结束后那一年的秋天，他们坐着火车到阳泉后，转乘汽车到达大寨。两位老人你一言我一语："当时国家提出要深挖井、广积粮，大寨的人们干劲都很大，河南也是学了大寨之后才修了红旗渠。"参观学习后，回来就动员人们修梯田，即平田整地，村内的自然面貌也随之改变。

> 问：学大寨之后，收成咋样？
> 答：当时平整过的田地叫作大寨田，产量总体上高了，但也有
> 变化，不均等。当时有几个标准，产量分为 300、500、800。产量过
> 500 叫作过黄河，产量过 800 叫作过长江。

---

① 西阳朝村访谈资料，访谈时间 2014 年 5 月 28 日；访谈对象：赵自勤、郭怀英；访谈人：郭永平、李晨阳、陈霞。

问：产量怎样报？

答：基本如实报，四清以前如果瞒报要受罚的。但是如果差额不大的话，也要求尽量往高报，能过黄河就过黄河，能跨长江就跨长江。

当时粮食大体可分为口粮、牲口粮、余粮三个结构的用途。每家分280斤口粮，不够吃就吃秋粮，如玉米、红薯及倭瓜，这些作物在当时的种植面积很大。当时就有"陈粮不够秋粮补"的说法。在评工分上，也实行男劳力最高工分12分，女劳力最高工分8—10分。

问：男女怎样评工分？

答：一开始每天评，后面就一月评一次。

问：评分制度合理吗？

答：还算可以。①

……

两位老人通过对这些群众运动的回忆，为我们勾勒出西阳朝村集体化时代的历史场景。

在定远村，我们见到了该村的左国进村长。据了解，定远村由三个自然村组成，在20世纪80年代的时候，分为百户村、申家营和定远村。村里的房子多次翻修，基本上是10年一次，到目前为止已经翻修过三次。左村长回忆"文化大革命"时期农村生活时说道，"太苦了！"在他六七岁的时候，粮食上交给国家，当地转而从内蒙、大同及东北等地运回玉米，以精粮换粗粮，勉强度日。上初中时穿补丁裤，出行全靠脚，全区自行车就几辆，自己工作后买的自行车一直骑了将近30年。左村长也谈及自己年轻时的一些见闻。他去过晋东南，说到在中华人民共和国成立前，晋东南整体的建筑就很好，砖房一般是二层的。自然环境也很好，当地还盛产优质煤。虽然时隔久远，但是左村长的眼中依然流露出

---

① 西阳朝村访谈资料，访谈时间2014年5月28日；访谈对象：赵自勤、郭怀英；访谈人：郭永平、李晨阳、陈霞。

自豪的神情。此外左村长也很动情地同我们探讨中国的现在和未来。左村长向我们问道，"如何看待日本靖国神社问题?"并且自问自答地讲到自己的见解。"日本好歹都将这些人供起来了，而反观中国，无数流血牺牲的人却被淡忘!"[①] 对于这样的评价我们且不说是否有失偏颇，但是也不得不反思，中国真的是一个健忘的国家，人民真的是健忘的民族吗?左村长再次强调："历史不能忘记，忘记历史这个国家就危险了!"一个基层的村干部发出这样的感慨，对历史有这样高的认同感，着实让我这个历史专业的学生为之振奋，历史之重要在人们心中是根深蒂固的，治史之重要也使我们更多了一份使命感。

按照左村长的建议，我们到了申家营，并找到了申建英老人。听左村长说，老人早已经离休，已有 80 多岁了，但是身体硬朗，还可以骑电动车，最重要的是阅历丰富。得见其人，果真如左村长所讲。申建英虽然年事已高，但是思路清晰，讲话前后逻辑一致，最重要的是他是一位典型的公仆型党员，直至现在他依然以党的准则严格要求自己，践行自己作为一个中共党员的责任和使命。申建英所在的申家营于 1947 年解放，老申在 1952 年到 1953 年之际入党。回忆往事，老人似乎有很多话要和我们讲，所以整个访谈，我们几乎没有提出过什么问题，老人按照自己的经历结合时间顺序向我们一一道来。抗日战争和解放战争时期，申建英暗中作为虞乡县和清华区的通信员往来于两地之间，以拉煤、跑腿为业，就这样一直干到 1948 年。

"申家营国民党多，而且都是集体入党，这里算是国民党的窝窝，所以不好发展共产党员。后中共组织部派来一个有经验的党员来这里发展基层党组织。"1951 年扫盲时，老人在扫盲班旁听，听了三天。因接受能力强，字母学得准，所以识字也很快。老人笑着说他就是"一瓶子不满半瓶子晃荡"。抗美援朝时期，他主动将棉花卖给国家。工作组来了，只当了三天团员就成为宣传委员，入了党并同时兼了七个职务。我们问到，这么多工作他一人能忙得过来吗?老人摆摆手说到，当时政治空气不行，不干工作不行，带有强制性，必须服从命令，村里只有他一个党员，什

---

① 定远村访谈资料，访谈时间 2014 年 5 月 29 日；访谈对象：左国进；访谈人：郭永平、李晨阳、陈霞、侯峰峰。

么事情都要他管。统购统销时期，他又成为征粮委员会的一员。"不管怎样，人都要负责任"，老人讲到。镇长让他到太原工作，他家人不同意，但是不行也得行。"我这个人没文化，但只要给了我任务，我就一定完成好。""我再吃苦，领导给我的任务一定要完成。""我这个人，不让别人说我。"这些话老人反复强调地说，也看得出他有多看重自己的工作。人民公社时期，工作队来了，都让申建英管派饭，当时贫雇农及富农都不能派饭。1958 年 9 月，申建英调到北京工作，后于 1981 年回到永济电机厂工作。老人现在已经退休，但还是闲不下来，常常打扫村里的广场和街道。老人不在村里的一年，广场上长了一米多高的草，没人管、没人清理，最后还是他自己动手铲干净了。"我一天不死，我都想给申家营谋幸福！""没有带头人哪儿能行，没有吃苦人怎么行！"老人是这样想的，也是这样做的。

在义和屯，接待我们的是该村一位姓阎的老人，他在集体化时代也担任过干部，了解当时的情况。老阎 19 岁就当了干部，现在已有 86 岁了。回忆往事，老人无限感慨，说道："现在是在天堂上过日子！""现在的生活就是美，真的美！"据老人说，国家每年给他们这些老干部发 50 块钱的补助。"国家不忘当年的老干部，不管给多少，都记着咱呢！"区区五十元，对于现在的生活水平来说，微不足道。但是老人却是怀着无比感激之情，念着党和国家的好。"凡事总得有个发展的过程，毛泽东时代有外部威胁，钱都用在保卫国家了，只要能糊口，饿不死就好了。现在在原来的基础上好多了。""1960 年代，人们饿得厉害，'大跃进'中，要抵抗外部威胁，没有钢铁不行，为了爱国，庄稼也就顾不上了。"很显然，对于那个时代的极端现象，老人抱有理解的态度。解放后就没有饿死人的现象了。老人讲到他家生大孩子的时候，家里没粮，国家给了"头饼"。老人之所以幸福感这么强，也与其年少之时的苦难经历有关。老人小时候出门要馍（讨饭），13 岁时在外干活，一年挣 20 块钱。后来给人看场矿，一干就是 7 年。解放前后新旧生活的对比，使老人更懂得珍惜眼前的幸福生活。老人的小儿子在村里当干部，看得出来对老人也很孝顺，固守着父慈子孝的法则，也使这个家庭更显和睦、温馨。

对虞乡镇各村落集体化时代的资料进行摸底排查，原本就是为了保护现存原始档案及研究的需要。深入基层，能够接触到这些亲历集体化时代，而且担任过重要职务的老干部，向他们询问当时的事情，听他们讲述那些生动的细节，是一件十分幸运的事。回顾现在，贫穷和衰老实际上已经使这些老革命、老干部身处现实的政治进程之外，而更多地停留在那激动人心的土地改革和大集体的历史回忆之中。① 回顾往事，他们或许仍然心潮澎湃，沉醉于运动中的宏大场面和跑步进入共产主义的无限憧憬中。又或许有不堪回首的过往，不忍再提起，每言欲止，潸然泪下。这些经历过时代变革的老人有的怀着一种恬淡的心境，对世事更多的是一种从容的态度；有的则依旧缅怀过去，对现世的人与事有诸多的不满。这或许因人而异又或许是时代对人的影响。如今我们深感中国社会问题的严重，集中于中国共产党内部的整顿又为世人所关注。在这次田野调查中，我们发现还是有很多的老干部虽然经历了动荡的年代，他们本人在这一过程中或多或少遭受了磨难或承担着损失，但是他们对中国共产党、对中国共产党领导下的国家仍坚定信念，对于仅仅"五十元"的补助，便足以使他们感恩党的关怀。对于曾经的偏差他们表现的是一种宽容和接受。对于中国共产党领导下的中国，他们以现在取得的成绩为傲并坚信未来会更好。

四　日新月异：村庄的新陈代谢

告别理想，新时期的永济在时代转变的浪潮中，也在不断地摸索着属于自己的发展道路。永济各村地方特色显著，从居民日常生活中也可体现出来。至今这里流传着一些耳熟能详的谚语和顺口溜，如"桃三杏四梨五年，枣树当年就还钱"，再有"南郭柿子北梯梨，枣圪塔小麦没有皮"，以及"屯儿里葱，马铺头蒜，五十骨都一大瓣"②。各村具有代表性的产品已经成为众所周知的事，并形成了一种区域文化。回到现在虞乡镇农业产业的发展结构，可以看到这一继承性以及新时期条件下对传统优势资源的再开发、再利用。下文将以"一村一品"特色产业在虞乡

---

① 吴毅：《村治变迁中的权威与秩序——20世纪川东双村的表达》，中国社会科学出版社2002年版，第332页。

② 永济县志编纂委员会编纂：《永济县志》，山西人民出版社1991年版，第509—512页。

镇的推广为例进行论述。

在永济市政府的领导及相关政策的支持下，虞乡镇农业产业化步入正轨，并向专业化、科学化、规模化方向发展。2013 年年底虞乡镇镇长许管哲在全镇经济工作会议上的讲话指出，全镇依据各村的优势资源及实际情况，结合果、畜、菜、苗木四大支柱产业的发展方向，形成了具有本村特色的产品种植及开发结构，初步具备"一村一品"的特点。①

此次田野之行我们目睹了虞乡镇农业发展的状况，并真切地感受到农业产业发展的创新对于本地、本村人民生活的影响。下面仅以洗马村特色产品的发展为案例进行简单阐述。

2012 年，永济市"设施蔬菜百万棚行动计划"工作实施过程中，虞乡镇作为重点发展区域之一，在抓好"一村一品"建设的基础上，结合各村实际情况进行发展。洗马村瞄准特色设施产业，将大棚西瓜作为一项主导产业并大力发展。2013 年洗马村扩大绿色大棚西瓜 230 亩，全村已达 870 亩。政府经济工作报告中指出，在 2014 年继续发展洗马村高效无公害西瓜种植，力争使绿色西瓜种植达到 1000 亩。洗马村已成为拱棚西瓜的生产基地，也是实施农业建设的中心村落。

这次田野之行，洗马村作为虞乡镇的一个行政村，成为我们重点要走访的村落。接待我们的是洗马村的郭书记，给我们做向导的李博，就是本村人。听他说，从他小的时候这位郭书记就一直在任。郭书记也向我们介绍，1973 年，他才 20 岁，参加工作至今已有 40 个年头，在永济市像他这样的干部在河津市只有两个。回村之前他分别担任过团支部书记、队长、副主任及治保主任等职，1981 年调回洗马村工作。洗马村的党政班子比较稳定，村里的九个党员中，有七个是郭书记发展的，资格之老，可见一斑。在新农村建设中，推行"一村一品"的特色农业发展，郭书记抓住机遇，带领全村种西瓜。西瓜种植最难的是嫁接，郭书记为此举办过 21 次种瓜培训班，自己带头种瓜，并把镇上配给先进村干部的、自己的车充作公用。在镇上举办文化活动时，郭书记也动员村民，积极参加，共有超过 400 户参加，还唱了三首红歌，分别为《团结就是

---

① 《一心一意谋发展，认认真真抓落实以目标责任化为统领权利推进虞乡镇转型跨越》，虞乡镇镇长在全镇经济工作会议上的讲话，2013 年 12 月，虞乡镇政府提供。

力量》《东方红》《五星红旗迎风飘扬》，郭书记对此还做出了解释，说明了自己对如何团结群众的想法和看法。此外，郭书记就公私之事，理法之事以及教育问题等谈了自己的看法，诉说了基于村落本身的世界观和人生观。[①]

在进村之前，我们就看到公路边上有许多卖西瓜的小摊，公路两边的田地里多小型温室大棚，李博说这都是种瓜的大棚。在村头，他还请我们吃了一个西瓜，比我们在市里买的要好吃，而且是无籽西瓜。来到郭书记家里，还没说几句话，郭书记就抱进来两个小型西瓜，皮球大小，一绿一黄，直接切开给我们尝鲜。郭老师忙把其中一个西瓜拿到外屋，说着我们吃过了。郭书记也没有坚持，只是切瓜。那瓜是黄皮的，瓤是红色的，之前我还没见过这样的瓜，吃起来水水的，特别甜。正当我们赞叹时，郭书记从外屋又抱进来两个小西瓜，都是绿皮的，大小和刚切开的那个一样。郭书记笑吟吟地说："好吃吧，来再尝尝这两个，看看滋味有啥不同。"我们被郭书记的热情打动，不好推辞，也就敞开肚子吃了起来。

说到西瓜，我们也向郭书记询问了目前村里种瓜的情况。郭书记告诉我们村里的100多户种植户共种植了900亩西瓜，约占全村户数的1/5。书记家里种了3亩，一般来讲一年能收入3万—4万元。2013年因为行情好，种瓜收入超过10万元的就有25户。利润大，投入也大。郭书记说，他们村引进的西瓜品种，平均每一粒西瓜种子是4.5角，购买一袋西瓜种子是90多元。900亩瓜田，成本可想而知。据说，这种西瓜一般能卖到4—5元一斤，市场紧俏之时价格就更高了。在虞乡镇，运风公路以南区域，洗马村算是比较富裕的村子了。进村以前，我们参观了坐落于村口公路对面的扁鹊庙。历史时期，扁鹊庙由当地"三村四社"所建，其中洗马村因经济实力超过与之合伙的雷家庄和石卫村，所以洗马村一村承担扁鹊庙修建费用的1/2，每年以扁鹊庙为中心的庙会，洗马村独占鳌头，占尽了周边十里八村的风头，李博对此津津乐道，很是自豪。现在的洗马村，也不可避免地步入城镇化的洪流中，村中部分人口外流，

---

① 洗马村访谈资料，访谈时间：2014年5月30日；访谈对象：郭管管；访谈人：郭永平、李晨阳、陈霞、侯峰峰。

或在外求学或打工或经商。与此同时，原本并无西瓜种植传统的洗马村，也适应农业产业化的发展方向，抓住永济市提倡发展设施农业建设的大好时机，使村内经济收入增加，村民生活水平提高，在一定程度上也为本村可持续发展，优化村内产业结构，增加村民的收入提供了契机。[①]

与洗马村不同的是，虞乡镇还有一些村子村貌不整。进入 20 世纪后强调新农村建设，很多村子已经建成二层小楼的村委会，有的村子是另选地基建新址，有的是在原来村委会大院盖新房，有的干脆把旧村委房子推倒盖新楼。对于这种现象我们也曾感慨作为传统社会的基本聚落，村庄社区的特殊性正慢慢消失，但是在这种普遍趋势下，我们也看到了村容村貌的改观，道路硬化、房屋改建、村庄基础设施完善似乎也说明了当地城镇化的成绩。但是也有一些村庄呈现出完全不同的景象。其中以罗村为代表。

在罗村，村委会依然居于集体化时代的旧建筑里，只有两间低矮的平房，旁边还有两间快要倒塌的小仓库房与之相连。罗村的村委会是对外"开放的"，没有大院，只是那几间旧平房之前打了一块水泥地，立了两个篮球架子，上面还印着"新农村建设"之类的标语。村委会只占据了两间房子，一间用作活动室，里面的设施很简单，除了一些照片之外，很多都是手写的宣传教育手册及村内感人事迹等。另一间房用作办公兼居住，里面既有个人生活必需品也有村内公共用品墙上粘贴着村庄行为准则，例如"好媳妇的十大标准""好公婆的十大标准"，村内老干部人员的名单及照片等。负责村委会值班的两位老人带我们参观了活动室并简单地讲述了集体化时代的事情。土改时，该村有两个地主，三个富农，那间活动室就曾批斗过人。罗村的情况显然与之前的村子有点大的差异，就村委会这样一个代表村庄整体形象的办公地点来看，罗村都达不到虞乡镇一般村庄的水平。罗村之所以是这样的情况，据说主要是村干部不团结，村民意见大，导致新农村建设难以顺利开展。

对比以上两个村子，我们不难发现村庄能否很好的发展固然与其原有的基础有关，但是村干部在其中发挥的作用不可小觑。洗马村的郭书

---

① 洗马村访谈资料，访谈时间：2014 年 5 月 30 日；访谈对象：郭管管；访谈人：郭永平、李晨阳、陈霞、侯峰峰。

记可谓老资格了，该村并不像虞乡镇等其他村子有发展优势经济产业的传统，但是郭书记敢为人先，能抓住机遇带领村民发家致富，也为村民多谋了一条生计，优化了村子整体的产业发展结构，并将其逐渐做大做强的同时，也顺应了当下各地"一村一品""一村一企"发展的新思路，可谓一种双赢的结果。再者，洗马村村政稳定，领导班子团结，在村干部的带领之下村民积极参与文化建设的活动，在与周边村落的活动和交往中也尽显大村、强村的风范，这使洗马村的软实力得以提升，生活在这样具有凝聚力和荣誉感的村子，村民自然会心生一种归属感和认同感。洗马村实力之强，经济实力是一方面，村干部带领下村庄内部的凝聚力和向心力增强也是很重要的一方面。而罗村却与之相反，领导班子不团结，相互扯皮，各自为政，并没有把心思用在村内的经济建设上。"在公社制度解体以后，一个村庄是否能够形成公益产品，是否能够提供有效的公共服务，关键在于村政是否具有相应的公共经济支撑。"① 而罗村之所以成为上访大村也与其村政工作做的不到位有关，在此，村干部显然没有发挥好国家与村庄之间的沟通功能。

五　余论

"双重角色"的理论成为现代村治精英角色与行为的经典解释模式②，村干部作为国家的代理人和乡村的当家人在后集体化时代又有了新的内涵。新时期，国家对基层村庄的权力渗透和管理能力较之集体化时代有弱化的趋势，这是体制变化的结果的。在此过程中，村干部尤其是村党支部书记，在沟通国家和乡村之间起着重要作用。村干部的重要地位及其对村政建设的影响再度引起人们的关注。以政治为纲，成分和出身至关重要的时代已然过去，而经济的分化程度又成为衡量村庄社会分层的一个重要标准。在永济虞乡镇的田野调查中，我们也深刻地感受到集体

① 吴毅：《村治变迁中的权威与秩序——20 世纪川东双村的表达》，中国社会科学出版社2002 年版，第 261 页。
② 徐勇：《村干部的双重角色：代理人与当家人》，《二十一世纪》（香港）1997 年 8 月号，第 152 页。

化时代以来新老村干部的转变，以及他们各自发展历程中体现的时代特征。新老村干部表现出的不同之处并非个体之间的差异，而更多的体现出了时代性、国家和地方性三种逻辑的交互作用。他们的共同之处是无论在怎样的时代背景下，其行为处事方式不会脱离整个村治精英的集体行动逻辑，也同样不会摆脱村庄地方性逻辑的影响。[①] 但是随着社会经济的愈益发展，近几年来，"来自政府任务增多和村民期盼提高的双重压力，加剧了干部双重角色的内在冲突"[②]，而这一问题的凸显又是国家政治体制改革所面临的严峻挑战之一。

[①] 吴毅：《村治变迁中的权威与秩序——20 世纪川东双村的表达》，中国社会科学出版社2002 年版，第 220 页。

[②] 徐勇：《村干部的双重角色：代理人与当家人》，《二十一世纪》（香港）1997 年 8 月号，第 153 页。

家谱数据化的尝试

——基于山西蒲州杨氏宗族的个案研究

武丽伟[*]

摘　要： 蒲州杨氏以明代显宦杨博闻名于世。在深入解读杨氏家谱——《河中饬杨氏文化》的基础上，使用数据库，将杨氏族人的相关个人信息进行变量设置。一共设置相关研究变量147个，共录入杨氏738位族人。通过将研究对象设为数据变量，进行量化分析研究，全面展示明代以来国家与地方宗族之间的互动关系，以及蒲州杨氏宗族在不同历史环境下发展变迁过程。

关键词： 家谱；数据库；量化分析；宗族研究

引　言

关于宗族的研究一直是学界的热点之一。从之前的华南学派到近年来学界对华北宗族研究的关注，均取得了丰富的研究成果。而数据库的建立和进行量化分析的研究方法也并非社会史学科的专用研究工具。香港科技大学的李中清教授对社会科学史研究的倡导，最终使社会科学的计量方法应用于分析历史数据得以实现并产生了大量的研究成果，主要代表作有：李中清（James Z. Lee）和康文林（Cameron Campbell）利用清代盛京内务府户口册进行人口统计写成的《中国农村的命运与幸运：

＊　武丽伟，山西省朔州市人，2010—2014 年就读于山西大学历史文化学院，获学士学位；2014—2017 年就读于山西大学中国社会史研究中心，获硕士学位。

辽宁的人口组织和社会行为，1774—1873》① 以及《人类的四分之一：马尔萨斯的神话与中国的现实：1700—2000》② 等。关于使用数据库与宗族进行相关的研究主要有：定宜庄、郭松义、李中清（James Z. Lee）、康文林（Cameron Campbell）的《辽东移民中的旗人社会——历史文献、人口统计与田野调查》③，其主要研究对象是清代辽东最重要的移民群体，即编入八旗制度的汉族移民群体和由他们构成的社会。李中清（James Z. Lee）、郭松义的《清代皇族人口行为与社会环境》④ 则主要涉及清代皇族人口的生育率和婴儿、儿童死亡率的研究，目的在于探讨一种完全不同于西方的人口行为模式。此外，《后毛泽东时代的中国家庭》⑤ 就以下主要问题进行了讨论：在1949年中国共产党胜利后的十年间，国家正统创造了中国家庭新的制度和道德环境。经济集体化和消除私人财产的政策毁坏了许多原先形成的家庭经济以及祖先崇拜和宗族组织。相反，许多关键的政策实际上是为了稳定家庭。因此，共产主义革命的两面性成为建立数据库对研究项目进行量化分析研究的重点。

回顾学界以往关于宗族的研究，无论是理论的高度还是成果的丰硕，均达到了不可超越的高度。但是具体到家谱的利用和研究上，则存在着不足，即对于家谱中记载的大量的个人信息的使用率不高，甚至无法使用。利用数据库则可以很好地解决这个问题。通过将家谱中的个人相关信息进行变量的设置和相关运算的处理，从而最大程度的激活家谱中记录的个人信息，达到最大程度地利用资料进行相关研究的目的。

本文选取明代以来蒲州杨氏宗族的变迁为研究的切入点，在深入解读杨氏家谱——《河中饧杨氏文化》的基础上，使用数据库，将杨氏族人的相关个人信息进行变量设置，其中一共设置相关研究变量147个，共

① 此书名为笔者自译，该书原名为：Fate and Fortune in Rural China：Social Organization and Population Behavior in Liaoning，1774－1873，England：Cambridge University Press，1997。
② 李中清、王丰：《人类的四分之一：马尔萨斯的神话与中国的现实：1700—2000》，生活·读书·新知三联书店2000年版。
③ 定宜庄、郭松义、李中清、康文林：《辽东移民中的旗人社会——历史文献、人口统计与田野调查》，上海社会科学院出版社2004年版。
④ 李中清、郭松义：《清代皇族人口行为与社会环境》，北京大学出版社1994年版。
⑤ 此书名为笔者自译，该书原名为：Deborah Davis，Steven Harrel，Chinese Families in the Post Mao Era，America：University of California Press，1993。

录入杨氏738位族人。笔者通过将研究对象设为数据变量，进行量化分析研究，全面展示明代以来国家与地方宗族之间上与下的互动关系，以及蒲州杨氏宗族在不同历史环境下发展变迁的过程。

一　一门三尚书：明代杨氏宗族的鼎盛

元末明初，政治黑暗，经济衰败，政局动荡等一系列因素使社会矛盾不断被激化，最终形成了大规模的反元起义。对于杨氏族人而言，雪上加霜的是杨觉的病逝。族人们多次在编修的族谱中对始祖杨觉予以记载："元朝末年，卢氏杨觉，字解良，授官夏县主簿，在谢政途中病殁于蒲，其后代迁蒲定居，遂为蒲人。蒲则为卢氏之分支，积祖造饧，以饧为业，蒲州后人，仍经其业，以饧名于河中，以表明不同于其它杨姓人。"① 又 "元末，先祖讳觉者，家于卢氏，任夏县主簿，道卒于蒲，遂为蒲人，是主簿公者，故蒲之始祖也。后人以饧为业，以饧名河中，曰饧杨氏"②。由族谱记载可知，杨氏并非蒲州土著姓氏，而是由于杨觉在谢政返乡途中病逝于蒲州，其后人遂在蒲州定居，并将杨觉奉为蒲州杨氏宗族的始祖。杨氏宗族实则为河南弘农郡卢氏县杨氏的分支。作为蒲州杨氏的始祖，杨觉的病逝加之社会环境的动荡，使得杨氏族人命运的轨迹发生了转变。

为了在纷乱的社会中更好地生存下去，入住蒲州的杨氏族人因"积祖造饧"③，所以重操祖先旧业，"以饧为业"维持生活。始祖杨觉的官场经历给了其后人较好的政治熏陶，所以入住蒲州的杨氏族人并没有专注于经商致富，而是将经商所得作为读书致仕的经济依靠和资本积累。明天顺六年（1462）杨氏族谱首次创编，这就是很好的证明。由蒲州杨氏六世孙杨谌主持，由于谌在读书期间表现良好，深得河南道监察御史阎禹锡的赏识，并为杨氏族谱作序。

多年以科举致仕为目的的经济投资最终得到了丰厚的回报。首先为

---

① 杨维：《河中饧杨氏文化》（1），世界文化传播有限公司2007年版，第1页。

② 杨维：《河中饧杨氏文化》（2），世界文化传播有限公司2007年版，第2页。

③ 饧：用麦芽或谷芽熬成的饴糖。

宗族发展积累政治资源的是八世孙杨瞻。族谱中载之："增广生，中正德乙卯举人，授河南扶沟县知县。复除陕西扶风县知县，拜贵州道监察御史，改大理寺评事，升右寺副四川按察司金事。以子博贵，封通义大夫，兵部左侍郎，五赠光禄大夫，柱国少师兼太子太师，吏部尚书，祀乡贤。"① 政治资本的获得和经济基础的延续，使杨氏宗祠的创建顺理成章。杨氏宗祠又名"桂籍阁"，由杨瞻主持建造，在其问询了风水先生的建议后，将宗祠的地理位置定于蒲州城东的峨眉中冈上。

紧接杨瞻出仕光耀杨氏宗族的即其子杨博，其"以附学生，中嘉靖乙酉举人，乙丑进士，授陕西周至县知县，调长安县，拜兵部武库司主事，升武选司员外郎，赞画阅视九边，晋职方司郎中，山东提学副使，本省左参政，都察院右金都御史，巡抚甘肃加右副都御史，升兵部右侍郎，总督。蓟辽保定军务，加右都御史，升兵部尚书，加太子少保，起复原官，总督宣山西，加太子太保，改总督蓟辽回部，加柱国少保，改吏部尚书，加少傅，寻加少师，赠太傅。谥襄毅，加赠左柱国太师，祀宦乡贤"②。杨博去世后，朝廷将其族人所居村庄改称"襄毅庄"且主持修建了"杨博陵园"，内存巨碑35幢。杨博"三朝太宰"的功绩对于杨氏宗族来说，不仅是一种被地域社会交口称赞的荣誉，更是族人政治资本的积累、宗族地域社会形象的塑造以及宗族力量的展示。

再次使杨氏宗族扬名于地方社会的是杨博的五个儿子。其中以杨俊民为代表，"以附学生，中嘉靖壬子举人，登壬戌会魁，授户部主事，调礼部升员外郎，河南提学副使，分守左参政，太仆太常，大理寺少卿，都察院右金都御史，抚治郧阳右副都御史，巡抚山东，升兵部右侍郎，起复户部右侍郎，总督漕河，回部管事，升兵部左侍郎，户部尚书，总督仓场，寻回部管印，加太子少保，再加光禄大夫，太子太保，赠少保，加太子太傅"③。先辈资本的积累加之本人的努力勤奋，使杨氏宗族得以在较短的期限内重返政坛，并极大地影响了明朝历史的发展。从杨觉到

---

① 杨维：《河中饧杨氏文化》，"河中饧杨氏家谱世系图（一）"，世界文化传播有限公司2007年版，第9页。

② 同上书，第11页。

③ 同上书，第13页。

杨俊民，虽然他们对政治的参与程度及掌握权力的大小不同，但是杨氏族人从来没有放弃在传统社会最好的生存之道——"学而优则仕"。由于杨氏宗族多出人才，当地人迷信地将功劳归于杨氏宗祠的修建，因此杨氏宗祠所在地的中冈也被称为"蒲州第一风水宝地"。

明代是杨氏宗族最为显赫的历史时期。从杨瞻到杨博再到杨俊民等，三代在朝为官且官品均至尚书的政治经历，其对于杨氏族人是一种莫大的鼓励。尊崇读书致仕，维护儒学体制成为杨氏族人毕生的奋斗目标。结合始祖杨觉的从政经历，居于蒲州后一段时期内"以饧为业"的从商历史以及"名门三尚书"的光耀分析可知，明代定居蒲州的杨氏族人有12代，共175人。其中获取官品的有69人，占明代蒲州杨氏族人人口总数的39%，有39人是通过科举所得（见图1）。此外，杨氏宗族历来崇尚武学，族人多练武术，"以武取职"的族人占其中的多数。虽然其中有30人的职位是通过先人恩荫所得，但是这组数据仍然可以为讨论明代社会阶层的流动程度及流动的有效性和有限性提供一定的数据支持（见图2）。正如何炳棣在《明清社会史论》中所言："明朝创建以后，科举考试和功名授予制度越来越精细，学校制度真正普及全国；社会流动的

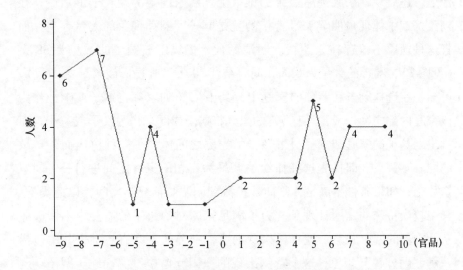

图1　明代杨氏族人官品与人数统计①

---

① 正数代表正品级；负数代表从品级。

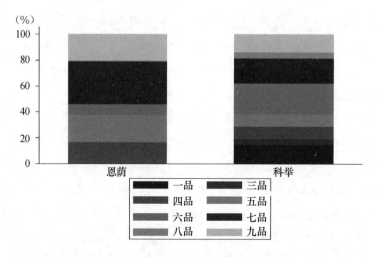

图2 明清两代杨氏族人官品与致仕途径统计

增长趋势持续进展。以上种种，加上明朝开创的最不寻常的政治与社会条件，创作了可能是中国史上绝无仅有的社会流动篇章。"①

杨氏作为典型的官僚仕宦宗族，其存在的意义就是儒家礼制在地域社会的一种形象体现和保护。这种保护不仅展现在杨氏族人积极读书致仕上，还展现在宗族纯净血统的维持上。儒家倡导的嫡长子继承制，在杨氏宗族中体现最明显、最直接的就是嗣子、嗣孙现象的大量存在，而且这种现象不仅存在于明代。明清两代，杨氏宗族嗣子的数量为38人（见图3），嗣孙的数量为6人，同时结合2007年《杨氏族谱（第四版）》可知，在选择嗣子和嗣孙的家庭中，其中95%的家庭将嗣子或嗣孙作为该家庭内部的嫡长子，只有5%的家庭将嗣子或嗣孙作为次子或三子。而且出嗣孩子的家庭和选择过继孩子的家庭之间体现了一种由内而外扩散的同心圆关系，即优先选择血缘关系最为密切的家庭之间进行——同辈亲兄弟；如果条件不满足，则向外扩散到同辈叔伯兄弟之间，以此类推。其中较为特殊的是嗣孙现象。为了满足家庭对嫡长子的需要，不惜破坏宗族内部的辈分关系。就杨氏宗族而言，嗣孙的家庭有6例，其中包括一例"嗣外孙"现象，这个特例出现的原因族谱中没有记载。嗣子、嗣

---

① 何炳棣：《明清社会史论》，徐泓译注，台北联经出版事业股份有限公司2013年版，第321页。

孙现象的存在，是对宗族内部辈分关系的一种破坏，但同时也体现出了宗族作为一个整体而存在，在不希望嫡长子继承断裂的同时，又要保持宗族血统的纯净，而这一切是以杨氏宗族人口的不断增长为基础进行的。

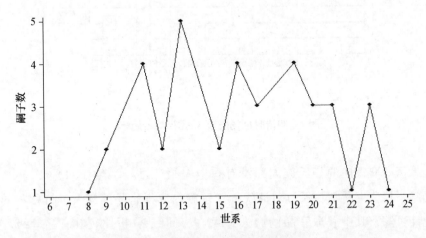

图3　明以来杨氏宗族嗣子数量统计

二　寻常百姓家：入清以来杨氏宗族的变迁

历史上的改朝换代会给世家大族带来毁灭性的打击。就杨氏宗族而言，明代官僚仕宦宗族的性质已经发生了极大的变化。无论是族人担任职务的品级还是参与政权力度的严重缩减，均有向耕读宗族转化的趋势。

带着"名门三尚书"的光环，杨氏宗族步入清代。明清易代之际，黄河流域灾难频繁，甚至出现了"人相食"的惨象。灾难给地方社会带来了较大的生存考验。杨氏族人为求生存，选择逃荒，杨氏宗族内部出现了族人外迁的情况。明清以来，所有外迁的族人在统计范围之内的有26人，不包括其后代（见图4）。根据2007年新修的《杨氏族谱（第四版）》记载，当时逃荒的族人多选择北上，路线基本是"天津—辽宁—黑龙江"，且多数外迁的族人最终选择定居在黑龙江，具体原因族谱中未做解释，有待今后作进一步调查。但是大部分杨氏族人仍选择留守在杨氏祖先聚居之地——襄毅庄。

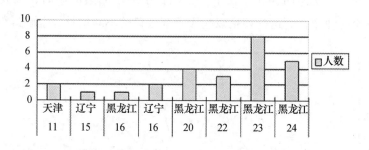

图 4 明清时期杨氏族人外迁情况统计①

　　留守襄毅庄的杨氏族人并没有忘记先祖通过科举致仕的光辉历史，仍然坚持读书科考。通过对清代杨氏宗族内取得官品的族人进行相关的统计可知，其中获取官品的族人有 40 人，但是分析比较其官品等级可知，杨氏全族在清代已然失去其祖上的科举光辉，未能将"三尚书"的历史延续下去。表面上杨氏族人看似仍然在参与政治，但其对权力的掌控程度已经严重缩减。就清代的杨氏宗族而言，权力的味道已经在很大程度上发生了变化。但是杨氏族人勤奋好学，使他们顺利地在清乾隆元年（1736）完成了族谱的续修，这也是继明以来杨氏宗族对族谱进行的第二次编修。

　　随着社会环境的变化，女性的社会地位也发生了极大的变化，反映在杨氏族谱上，即是加入了不少入嫁女子籍贯的信息。正因如此，我们可以通过对该时期杨氏宗族婚姻范围的分析，来观察近代蒲州杨氏与地域社会的联系及影响。通过对晚清以来所有嫁入杨氏宗族的妇女信息的数据分析（见图 5），可以发现这一时期的族谱中共登记了 89 位妇女入嫁杨氏之前的原籍，其中只有 7 人来自山西以外的其他省市，其余全部是以襄毅庄为中心，与周围十里八乡村庄之间的通婚，占数据总数的 92%。可见在传统社会，地域之间相似社会阶层的平行流动较小，反映在婚姻圈中即是宗族内部男性的配偶多来自附近村庄。同样，女子也会选择附

――――――――――――

　　①　地名下方的数字为世系数。

近村庄的男性作为婚姻配偶。

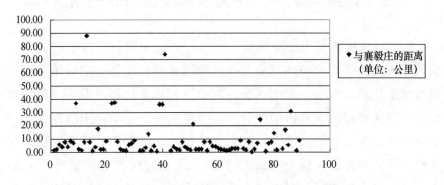

图5 晚清以来杨氏族谱中入嫁女子祖籍情况统计

在杨氏族谱中反映出与之相关的另外一个较大的变化则是杨氏女子入谱现象的频繁出现。第一位进入杨氏族谱的杨氏女子出生于1941年，到2007年《杨氏族谱（第四版）》刊印，共有18位杨氏女子进入族谱。为了便于进行新中国成立前后婚姻圈问题的讨论，笔者将这18位女子配偶的原籍进行了统计（见图6）。由于可用于数据分析的人数较少，笔者推断，新中国成立前后，男女不平等的思想逐渐在发生着变化。就选择配偶而言，生活在地方社会的人们还是习惯于在自身熟悉的地域范围内优先进行选择。

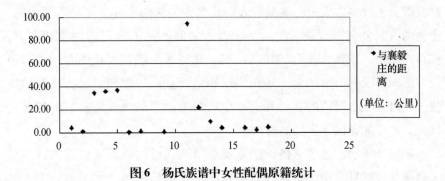

图6 杨氏族谱中女性配偶原籍统计

三 延续与复兴：民国以来杨氏宗族的新生

民国以来远离权力中心的杨氏宗族，很好地避开了改朝换代中政治风暴带来的影响和破坏，使其得以继续发展。民国时期的杨氏族人仍然注重知识的获得，因此《杨氏族谱》得以在民国时期进行第三次编修，此次族谱的编修由杨氏后人杨崇熙主持。杨崇熙于山西省立一中毕业后，考进北平大学工学院化学工程系。毕业后，被分配黑龙江任教，后回到运城，曾经在省立二师（即今运城高等师范学校）教书，普救寺中学任教。杨氏族人除了注重文化的学习，同时还坚持武学钻研。其中突出的代表就是民国时期的杨文才续《杨氏宗族拳术谱》，他将杨氏八卦铁砂掌再一次进行了分离。为了便于学习，又新编了杨氏基本八掌、杨氏八卦掌 64 式、杨氏八卦连环掌等。明代以来，杨氏宗族在发展的过程中，就坚持文化的学习和杨氏武术的续延，使"文武传家"的传统一直得以较好的延续。

中华人民共和国成立后，政府在加强对地方社会控制的同时，宗族作为封建社会残余，遭到了打压。恰如周锡瑞所分析的那样，"整个家族以一种新的形式重新构建：即由夫妻和子女组成的核心家庭，配偶关系变得前所未有的重要，它在各种政治运动导致的动荡中经受着考验"①。族人们在力求自保的情况下，主动将族谱献出或毁坏。同时，神圣的祠堂也遭受了灭顶之灾——或被拆毁，或作为大队的仓库、车马店等使用。土地的收归公有以及随后进行的土改，彻底改变了族田的性质和命运，使得祠堂失去了赖以生存的经济基础。在持续的政治高压的氛围中，杨氏宗族同样没有得以幸免。杨氏宗祠和杨氏墓群均遭到了无法修复的损毁。同时，社会经济的发展和劳动生产对劳动力的极大需求，为杨氏宗族人口的增加提供了有利的时机。

如图 7 所示，通过对杨氏宗族所有录入族谱的族人按世系进行的总人数的统计可见，杨氏宗族人口的首次大发展始于第 7 代，此后族人的

---

① ［美］周锡瑞：《叶：百年动荡中的一个中国家庭》，史金金、孟繁之译，山西人民出版社 2014 年版，第 16 页。

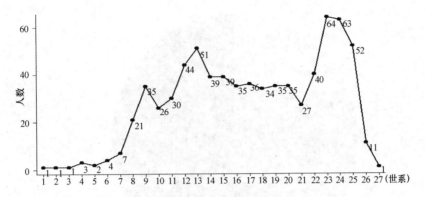

图7 杨氏宗族世系人口数量统计

数量在相对平稳中逐步增加。杨氏族人的大量增加出现在第23代和第24代，与其录入族谱的出生年份对照，可知这两代人处于中华人民共和国成立初期。因而杨氏宗族人口发展的鼎盛时期是新中国成立之初，其后随着计划生育政策的实行以及个人生育观念的转变，杨氏族人的数量呈逐渐减少趋势，体现最明显的是从第25代的52人急剧下降到第26代的11人。总观全图，从始祖杨觉一人立族到2007年《杨氏族谱（第四版）》的统计数据可见，杨氏宗族人口整体呈现出"倒U形"发展模式，与中国整体人口的发展结构模式相似。

新中国成立以来的杨氏族人继续坚持文化学习。就新中国成立以来杨氏族人从事的职业进行的统计而言（见图8），可以用于数据统计分析的族人共有45人，从其职业分布的领域可知，杨氏族人可以选择的职业范围扩大，但是具体的发展空间主要有两个：一是从事文职；二是坚持武术的练习并将其职业化，突出的代表就是"武术博士，武术副教授"，这也是新时期"文武传家"家训传承的体现。

20世纪80年代，宗族开始出现"复兴"的局面。改革开放后政策新旧交替的环境、宗族文化历史传承的延续以及新时期人们心理需求等因素的综合作用下，宗族开始大规模复兴。族谱的新修、祠堂的新建、大规模的祭祖活动等均是宗族复兴最外在、最直观的表现形式。杨氏宗族不例外地加入复兴的浪潮中。族谱的编修需要财力基础，但是更需要智力支持。"文武传家"的家训为杨氏宗族族谱的编修提供了重要的智力保障，由杨维主持的第四次杨氏宗族族谱的编修在2007年最终得以在香港

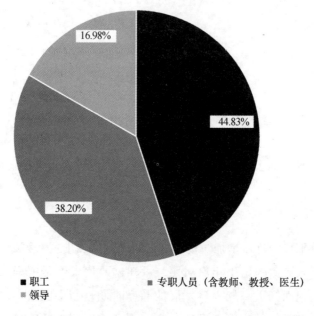

16.98%

44.83%

38.20%

■ 职工　　　　　　　　　■ 专职人员（含教师、教授、医生）
■ 领导

图 8　中华人民共和国成立以来杨氏族人职业统计

世界文化传播有限公司刊印。此次新编的族谱，以《河中饬杨氏族谱》和《诏世拳术训谱》为依据，对明清家传古本进行原貌录入，既保证了新修族谱的历史价值，也从另一方面强化了杨氏宗族的复兴和杨氏族人对宗族的认同。

四　小结

通过对杨氏族谱进行数据库量化分析可以探知，无论是在明代处于显赫时期的杨氏宗族，还是清代以来到共产主义革命后褪去光环的杨氏宗族，长久以来一直坚持着两个治家传统：一为科举入仕的传统。尽管清至民国以来，没有再涌现出堪与祖先杨博一代相比肩的人物，但是杨博始终作为杨氏宗族一个宗族荣耀性的存在和象征，激励着杨氏后人努力上进。对于典型的官僚仕宦型宗族而言，科举致仕的传家思想和治家传统不只属于蒲州杨氏，应该代表的是千万个类似杨氏一样的宗族和普通民众的追求。"学而优则仕"反映的是杨氏宗族在发展过程中在文化思想上的延续。

对于杨氏宗族而言，还有一个专属于杨氏族人的独特传统——习武。"尚武"传家的传统同样与杨氏开基祖先杨觉、杨氏精神领袖杨博等先人的示范作用分不开。重视武术，以军功入仕，同样是杨氏宗族谋求自身发展的另一个重要基因。不同时期、不同代际的杨氏族人对武学的热爱和钻研将这个传统很好的延续了下来。

然而，无论作为个人还是作为民间组织的实体宗族，在发展过程中都会受到社会环境变迁的影响。杨氏宗族不仅经历了明清至新中国成立以来社会大环境的变迁，还在不断地接受着宗族内部出现的一些变革。其一，女性入谱现象的出现，为我们理解宗族转型提供了一个很好的视角。其二，受社会环境变化的影响，宗族的意义今非昔比。过去以身份、地位、话语鉴定的宗族，现代语境下又发生怎样的变化。庶民化以后的宗族，对于族人而言，又意味着什么，是一如往昔的"敬宗收族"，还是成为在现实社会中对基层政治、经济、社会地位进行"控制"的工具。加入复兴浪潮中的宗族，在地方社会中更多扮演的是参与地方选举、相互利益博弈、族人进行互助的角色，其实质已经蜕变为在满足族人精神需求之下为之攫取利益的社团组织性，甚至是"公司"性质的一种实体组织。这样的变化也在促使着我们不断进行深入的思考：何为宗族？宗族为何？

永济市朱小张村《朱氏家谱》研究

李佩俊[*]

李佩俊[*]

摘　要：2014 年 5 月，山西大学中国社会史研究中心组织学生赴永济"走向田野"，进行实践，同时进行了第一手资料的搜集与整理。笔者所在小组搜集到不少家谱，其中在卿头镇朱小张村搜集到的《河东解梁〈朱氏家谱〉》最为完整，且谱系清晰，具有一定研究价值。1962 年修的《朱氏家谱》，不仅有助于帮助我们了解钱杭所讲的"新旧谱"，而且对其内容创新性地进行数据化分析，可得出一些有趣的相关结论。这也是笔者初入宗族研究领域的一次实践。

关键词：朱氏家谱；数据化；家谱资料

2014 年 5 月 26 日，山西大学历史学校外实践教育基地在山西运城永济挂牌成立，开展了田野调查和民间史料的搜集、整理与研究项目正式启动，笔者及其小组搜集到不少家谱资料。其中，卿头镇朱小张村的《朱氏家谱》较好，家谱序中详细介绍了家谱编修时间、缘起、记载方法，以及注意事项，内容也记载清晰，可以对其进行研究。2014 年 9 月以来，山西大学社会史研究中心与香港科技大学进行合作交流，对资料进行数据化分析，培养研究者的"数据思维"。笔者将这一理论与方法运用于家谱的研究，将家谱资料数据化，这也是一个初步的尝试。在这个思路指引下，笔者首先设置了世代、名字、身份、职务、学历、配偶姓

* 李佩俊，山西省太原市人，2010—2014 年就读于山西大学初民学院，获学士学位；2014—2017 年就读于山西大学中国社会史研究中心，获硕士学位。

氏、生子数、生子名、出继情况、备注等若干变量，并进行了数据录入，然后运用 Stata 软件加以初步分析。当然，在变量设置上可能还存在不尽合理的地方，目前所建立的数据库可能无法涵盖家谱中所有的信息，但是已选取绝大部分重要的、系统的数据，进行了分析研究。

一 朱小张村《朱氏家谱》的创修与重修问题

卿头镇位于永济市东部，距永济市区 40 余公里，西邻开张镇，南与虞乡镇接壤，东接盐湖区金井乡，北靠临猗县嵋阳镇。镇域面积 137 平方公里，耕地面积 14 万余亩，辖 31 个村 252 个居民组，总人口 5 万余人。

朱小张村是一个农业村庄，位于卿头镇的东部，毗邻金井乡。全村有耕地 2725 亩，950 人，4 个居民组，463 户，28 名党员。通过朱氏家谱的序言我们可以知道，朱氏宗族一共进行过三次修谱活动。首修是在"同治十六年"①；第二次是民国十六年；第三次是"民国五十一年"。很明显这三个年代中两个是值得我们品味的。

序中提到"我《朱氏家谱》修于前清同治十六年"，我们可知，朱氏第一次修家谱是在"同治十六年"。但其实同治朝只有 13 年。不过我们仍可推算出首修是在即光绪三年（1877）。这种现象的产生令笔者不禁想起"不知有汉，无论魏晋"，这很可能是由于普通民众对朝代更迭的不敏感，对纪年年号的习惯性延续使用，又或者是民国十六年的修谱者对首修的年代已经不太清楚了也未可知。

第二次修谱是在民国十六年，原因序言中说得很清楚，"后因光绪三年大饥，死人无莫，族人之死亡逃外失踪下落不明者，十有六七，几乎占全族人口三分之二。迨至民国十六年，族祖毓坤等人绪修家谱一次"，分别交待了原因、时间以及人物。

第三次修谱就是 1962 年，正文表述为"民国五十一年续修家谱"，落款中则两种纪年均有。

不过时间表述上的这些问题，并不影响之后的分析。

首先，最近一次《朱氏家谱》的编修是在 1962 年。钱杭教授曾在文

---

① 《家谱》序言。

章中就家谱的发展阶段有一个序列时间的划分，"笔者此前曾对旧谱至新谱的发展阶段，有一个'旧谱→新旧谱→全新谱'的划分，其标准是只看新本问世的时代，而不论底本形成的时代。若以1949年10月1日新政权建立为界，凡此之前编、刻、印、抄成的谱牒类文献，统称为'旧谱'，此后所出即为'新谱'。由于新中国成立后直至1979年改革开放前所出新谱，以对新中国成立前已编定之旧谱、旧稿的新刻、新抄、新印为常见，新中国成立后新编、新撰、新增的数量则相当有限，故而将新中国成立后30年所出新谱略称为'新旧谱'阶段，属于'旧谱'—'全新谱'两形态间的过渡阶段"①。很明显，按照钱杭教授的划分，《朱氏家谱》正好处于"新旧谱"这一特殊阶段，这也可以算是钱杭教授关于家谱时代划分的一个例证，因为钱杭教授在文中同时也指出，这个划分要成立，需要精确的数量统计和严谨的文本解读，以及对新谱编辑过程的细致分析。②

其次，对领导修谱者以及参与修谱相关工作的人员进行分析，可了解其宗族的大致年限。根据序言可知，民国十六年（1927年）续修家谱人员为"总管：毓坤；修绪执笔：筱坤；监修首事：希张，惟臁（更名舜卿），振家"。其中，毓坤、振家、希张为第15世孙，惟臁（更名舜卿）为第17世孙。1962年，续修家谱的人为"总管：毓华；修绪执笔：履亭；监修首事：转运，惟卿，惟臁，振家"；其中，毓华和振家为第15世孙，履亭、转运为第18世孙，惟臁为第17世孙。此外，序言中还特别提到此次修谱"通按十三世为始"，并且内容中最晚修到第20世。这样可以推算，朱氏宗族共有20代人，宗族有五六百年历史。而且，第13世大概是即为清嘉庆十七年（1812）左右的人，该谱大概记载了150年左右的家族发展历史。

再次，序中提到"十小支之中各以门第分长次，分前后，不论年齿，以长子系承祧之重也"，"异子别姓不可承祧"等语，充分表明家谱编修的一个重要作用就是明辨血缘与宗族承继，继承方式仍为传统的长子继

---

① 钱杭：《略论〈瓯山金氏常州缸行街支谱〉的研究价值》，《山西大学学报》（哲学社会版）2014年第6期。

② 同上。

承制，异子别姓不能继承，表明了血缘的重要性。

最后，序中提到，"后因光绪三年大饥，死人无莫，族人之死亡逃外失踪下落不明者，十有六七，几乎占全族人口三分之二"，可以看出，光绪朝丁戊年间的饥荒造成的严重后果，也表明天灾对宗族发展的重要影响，直接就是对人口的影响。此外，"同治十六年至民国十六年，又至民国五十一年，这百余年间，人口之骤增，子孙之繁衍，出外之绪增，上下之凌乱，种种事实交相错乱"，也说明了政治、社会环境对家族人口、秩序的影响。通过家谱来研究灾荒问题，这是灾荒史研究的史料创新。也提醒我们要重视家谱资料的价值，充分拓展了其研究领域。

二 从数据出发的若干分析

分析完序言后，笔者对家谱内容进行了数据化分析。序言中提到"修序调查只存长、二、四，三大支，三门完全失踪，无法可叙也"，而家谱也确实只有长门一、长门二、二门、四门四支，没有三门，分析也是在此基础上展开的。笔者设置了一系列相关变量（具体见前文）将内容全部录入。接下来，通过对数据的初步整理，研究大概分为以下几个方面：首先从代际人口数量消长、生子数量研究家庭规模的问题；其次是朱氏宗族的社会流动问题；最后还有出继的问题。

首先是家庭规模问题。就此问题，笔者制作了世代统计表（表1）和生子数统计表（表2）进行分析。

表1   **朱氏世代统计表**

世代（世）	13	14	15	16	17	18	19	20
户数（户）	30	58	81	75	81	76	44	1
总户数（户）	446							

通过表1可以看出，这150年间，该朱氏宗族家谱共记载有8世446人，其中15—18世代人口较多，而且每代人数基本相等，为75—81人之

间，可见该宗族的发展还是比较稳定的。虽然 19 世、20 世的人口明显减少，但因为处在修谱的当代，可能还会有第 19 世孙、20 世孙出生，并不能草率得出其人口开始锐减的结论。

表 2 朱氏生子数统计表

生子数（胎＊）	1	2	3	4	5
户数（户）	97	64	40	18	3
总户数（户）	222				

＊胎，生子数指儿子数量。

　　根据表 1 和表 2 可以看出，这 150 年来朱氏宗族的大概生子情况。家谱中记载的生子共有 222 户，但表 1 中共有 446 户，可见，朱氏家族的生育率并不高，将近 2/3 的人未曾生有儿子。一个宗族的繁荣与否，首先最重要的衡量标准之一就是家族的繁衍，即生子的情况。表 2 中，朱氏宗族生子情况，仅生 1 胎的情况最多；其次是生 2 胎和生 3 胎的；而生 4 胎的就已经很少，生 5 子的更是仅有 3 户。这种情况可能与朱氏宗族经济状况和妻妾问题有关。朱家仅为一个普通农业宗族，而非高官、名人的大家族，家庭经济一般，结构也较为简单，绝大部分人都只有一个妻子，仅有 39 人有继室，因此生子较少也可以理解。值得注意的是，表 1、表 2 仅反映了生男子的情况，由于女子并未记录在册，因此未加入进行分析。可以肯定的是，女子的计算应该会使该宗族的生育情况好于表中所示，对家庭规模的分析也会有所影响，但总的来说，家庭规模最主要还是受男子影响较大，尤其是朱氏这样很明显的中国传统宗族，因此，据此分析得出的结果依然是有效的。

　　其次，是朱氏宗族的社会流动问题。通过对数据进行简单整合，笔者制作了朱氏有身份、职务、学历记载情况的世代情况表（表 3），学历表（表 4），身份表（表 5），职务表（表 6）。①

---

　　① 表 3—表 6 的相关信息的记载仅为中华人民共和国成立以前，即清朝和民国时期，新中国的家谱中并未记载。以下分析也仅为朱氏第 13—17 世，即清朝到民国时期的结果，不包括新中国成立之后。

表3			朱氏世代情况表		单位：人
世代	13	14	15	16	17
有记载的人数	6	11	8	3	1
总数（人）	29				

从表 3 中可分析，《朱氏家谱》中有学历、身份、职务相关记载的一共只有 29 人，仅占到总人数 446 人的 6.50%，比例相当小。

表4	朱氏有学历记载的人数			单位：人
学历	国学监生	生员	庠生	第二师范毕业
人数	2	8	3	2
总人数	15			

通过表 4 可以分析得出朱氏宗族有学历记载的人仅占总人数的 3.36%，而且学历并不是很高，最高仅为国学监生，类似于今天的高中水平，且仅有 2 人。

表5	朱氏有身份记载的人数						单位：人
身份	皇恩	皇悬钦赐	京学监生	寿官	乡饮耆宾	议叙贡生	增广生员加捐儒学训导
人数	2	1	1	3	1	1	1
总人数	10						

分析表 5 可知，朱氏宗族中有记载身份的人只有 10 人，占总人口的 2.2%，而且主要是长寿德高的地方耆老之类。

表6	朱氏有职务记载的人数				单位：人
职务	京学监元	京学监元介实议修职郎	京学监元议叙布	京学监元议叙登侍郎	奎文阁典籍
人数	1	1	1		1
总人数	5				

综合分析表 4、表 5、表 6，我们可以看出，朱氏宗族的社会流动范围并不大，宗族成员的阶层变化不大。

最后是出继问题。通过表 2，我们已经得出，朱氏家族人丁不旺，生子较少，有一些人甚至并未生有儿子，因此，出继就成为解决绝嗣问题的通行办法。统计家谱中记载的出继情况共有 28 例，且均为胞兄弟、堂兄弟之间相互过继承嗣，没有记载有从外姓家族抱养的。这也符合家谱序言中所说的"异子别姓不可承祧"的规定。

虽然 28 例出继情况仅占到基数 446 人的 6.28%，不是很高，但是，相比较永济市蒲州杨博①所在的杨氏宗族，737 人的基数中只有 38 例过继现象，仅占 5.15%，则已经高了不少。② 可见，宗族繁盛，人口兴旺，妻妾相对较多，过继现象较少，可推断其生子情况也较好。相反，仅有一妻——最多有继室——的普通宗族，生子较少，出继现象也就较多。

三 结语

本文运用数据化的方法对运城永济市卿头镇朱小张村的《朱氏家谱》进行分析研究，并得出结论，仅为笔者的一次数据化研究家谱的尝试，也可谓对传统史学资料研究的方法创新，是一次数据理论与研究实践的结合。在数据化、数字化发展的今天，"家谱"资料的数据化研究有着光明的前景。本文仅研究了一个村的宗族，设想如果集中一个地域的同时代的不同家族的家谱资料，并且全部数据化，那么我们设置的诸多变量就可以随意地开展研究，并可得出相当丰富的结论。通过大数据我们能够发现并研究一些始料未及的东西，这是一种学术的创新，也必然任重而道远，需要我们几代学者不断地孜孜追求。

---

① 杨博（1509 年 6 月 11 日—1574 年 9 月 23 日），字惟约，号虞坡。山西蒲州（今运城永济）人，明朝政治人物。嘉靖八年（1529）进士，官至兵部尚书，太子太师。严嵩之子严世蕃曾说："尝谓天下才、惟己与陆炳、杨博为三。"《皇明经世文编》收录有其文及奏疏。
② 根据《杨氏家谱》得出数据。

附录

朱氏合族家谱绪修序

盖闻祖宗即根本，孝为百行先，是以尊祖敬宗，收族之谊，追远念先，昌大支派，为后世子孙之光荣任务。吾国数千年来，皆以孝治天下，而维人心。祖宗虽远，子孙虽愚，而家谱不可不修也。我朱氏家谱修于前清同治十六年，后因光绪三年大饥，死人无莫，族人之死亡逃外失踪下落不明者，十有六七，几乎占全族人口三分之二。迨至民国十六年，族祖毓坤等人绪修家谱一次，其间自同治十六年至民国十六年，又至民国五十一年，这百余年间，人口之骤增，子孙之繁衍，出外之绪增，上下之凌乱，种种事实交相错乱，若不绪修家谱，不但支派不明，尊卑不辨，而我祖宗之英灵亦实难安矣。毓华有鉴及此，纠结舜卿等五六人在生产百忙中，不耽原则下，日夜加工，不辞劳苦，不数日，修家谱之任务完成矣。□此昭穆不凌，蒸尝有伦，子孙绳绳，五世其昌，则朱氏子孙之支派前途光明而远大矣，是为序。

十八世孙履亭谨撰并书

公元一九六二年（即民国五十一年），农历三月初一（清明日）

民国十六年绪修家谱人：

总管：毓坤

修绪执笔：筱坤

监修首事：希张，惟麓（更名舜卿），振家

民国五十一年绪修家谱人：

总管：毓华

修绪执笔：履亭

监修首事：转运，惟卿，惟麓，振家

——是谱分为三大支，三大支之中又分为十小支，通按十三世为始，以便调查。十小支之中各以门第分长次，分前后，不论年齿，以长子系承祧之重也。

——是谱于清光绪三年遇逢旱灾，有饥饿死亡者，有在逃难未归者，不知死亡者，修绪调查只存长、二、四，三大支，三门完全失踪，无法可叙也。

——是异子别姓不可承祧，恐后世子孙愚蠢，为他人所诱，任其列入氏谱，以乱历代相传支派之源流也。

洗马村医疗卫生状况的调查与思考

李晨阳[*]

摘　要： 中华人民共和国成立后，国家十分重视农村卫生工作的建设和发展。伴随着卫生政策的深入和卫生运动的开展，农村的医疗卫生状况发生了很大变化，对民众生活也产生了很大影响。本文在山西省永济市虞乡镇洗马村的田野调查基础上，梳理了洗马村医疗卫生的历史变迁过程，并对变迁背后的原因进行了一些初步探讨，希望对相关问题提供一些思考。

关键词： 洗马村；医疗卫生；变迁

2014 年 5 月，由山西大学和山西省永济市合作的教育部大学生校外实践基地建成，作为第一批前往当地进行田野考察的成员，笔者得以有机会了解古老的蒲州文化，也结识了对所要考察地区十分了解的当地人士。返校后经过对所获资料的初步整理工作，笔者进一步缩小了调查范围，将田野点选定为永济市虞乡镇的洗马村，结合正在进行的有关医疗卫生方面的研究兴趣，于 8 月再次进入洗马村，通过访谈了解洗马村医疗卫生情况的过去和现状，以期呈现洗马村医疗卫生的历史变迁过程。

一　洗马村概况

洗马村位于虞乡镇东部 6 公里处，由 2 个自然村组成，全村 12 个居

---

* 李晨阳，山西省长治市人，2009—2013 年就读于山西大学历史文化学院，获学士学位；2013—2016 年就读于山西大学中国社会史研究中心，获硕士学位；2016 年至今，在太原市社会科学院工作。

民小组，571 户，2059 人，其中男 1004 人，女 1055 人，党员 52 人，总耕地面积 3687 亩，除粮棉传统产业外，主导产业以大棚蔬菜、大棚西瓜为主。改革开放以来，洗马村村容村貌发生了翻天覆地的变化，是全镇新农村建设先进村，巷道全部硬化，人均收入可达 5000 余元，由温饱逐步向小康迈进。

关于村名的来历当地有两种说法，一说是春秋时期晋文公路过此地，见有泉水溢出，遂在此洗马而得名"洗马村"；一说"洗马"为古代的官衔名，因有当地人做过这一官职而得名。据《虞乡县志》载："按柳崇，邑人，仕魏，为本邑中正，后以太子洗马致仕，居此故名。"①

除了村名由来已久外，洗马村还拥有一份历史厚重的文物——扁鹊庙及扁鹊墓。相传在春秋战国时期，此地发生瘟疫，作为游医的扁鹊路经此地，同他的两个徒弟为民煎药治病，有恩于当地百姓。当地人民为了感谢他的恩德，自愿出钱出物为他筹建了一所诊室。又以文房四宝，让他采药配方续写药书。当他稍有立足之地，又应邀二次去咸阳给秦武王看病。扁鹊医治秦武王，手到病除，使秦武王三日下炕，五日行至宫门下。谁知在他返回渭南途中，竟被秦太医李醯派人杀害。噩耗传来，当地百姓念其恩德，派人到咸阳将其尸体带回，立扁鹊墓留给后人纪念。现存的墓冢高约 1.67 米，墓围周长近 50 米。石碑一通，穹顶，通高 1.32 米，宽 98 厘米，厚 28 厘米。碑座高 35 厘米，厚 39 厘米。镌刻文字可辨识的有"大观元年三月□日杨□信□□重□书扁鹊墓"。大观元年即 1107 年，距今已 900 余年，为目前发现扁鹊墓最早者。左侧刻有明代"大明成化九年六月十五日洗马村"，为明代成化九年（1473）重修扁鹊庙补刻。墓碑之北有一株古槐，树中空，据称树龄有上千年。民间有谚语："千年松柏问古槐。"古槐寿长年高，可作为扁鹊墓古来之见证。当地民众流传扁鹊行医于此，扁鹊墓埋有扁鹊遗骨；也有人说此为扁鹊的衣冠冢，埋有扁鹊为民看病爬山涉水所穿的靴子。由于近年来盗墓情况严重，当地政府和文物局已将扁鹊墓妥善保护，没有进行发掘。②

---

① 光绪《虞乡县志》卷 1《地舆》，第 14 页。

② 采访对象：郭管管，男，60 岁，洗马村村支书；采访时间：2014 年 8 月；采访地点：永济市虞乡镇洗马村。

位于扁鹊墓东边不远的扁鹊庙分为东、西两庙，由来已久。建庙时有"三村四社"之说，即洗马村占两份，因为洗马村有两个社，其余两份为临近的雷家庄和石卫各占一份。庙中现存石碑，最早的是明万历庚子年的《重修扁鹊祠记》。清代年间又多次重修，保留有从康熙年间至光绪年间重修该庙的碑刻。民国初年山西省实行义务教育，东乡增设高小一处，指定扁鹊庙为校址，遂将享殿、乐楼改为教室，周围廊房改作斋舍，角门道院改为教员住室及学生饭厅，其余拆毁。现存民国十七年《重修药王庙碑记》记述了此事和复建扁鹊庙的情况。相传西庙年代较早，规模更大，在日寇侵华战争中遭到战火破坏，"文化大革命"时期被毁。东庙规模虽小，但保存完好，现为清华中学校址，因其当时作为学生上课场所，从而免于被拆的命运。如今的扁鹊庙即是当时的东庙，主殿供奉有扁鹊神像，近代均有重修，对古迹保留较完整。庙内立有多块古碑刻，除了一块明代万历年间，其他多为清代和民国，有些字迹在风吹雨淋中已难以辨认，但依然可以辨识出这些碑刻都是记录重修该庙的功德碑。当地民众在每年农历正月二十日举行古会，并在前一天晚上就要到庙里祈愿上香，表达对神医扁鹊的敬意怀念之情和安居乐业的愿望。

二　洗马村医疗卫生状况的变迁

中华人民共和国成立后，虞乡县也紧随国家的政策号召，在卫生领域内开展了一系列运动。1952 年，全县开展以消灭细菌战为中心的爱国卫生运动，"四净五灭"（四净：房净、院净、街巷净、个人净；五灭：灭蚊、蝇、虱、蚤、鼠）初步改变了旧社会遗留下来的不讲卫生的陋习。1958 年，开展"除四害、讲卫生"的群众运动，使得村庄环境有所改善。1975 年开展了"两管五改"活动，即管饮水、管粪便，改水、改厕所、改畜圈、改炉灶、改环境，不仅改善了村庄的饮水卫生条件，也使村民的居住环境水平得到提高。[①] 在卫生管理体制方面，20 世纪 60 年代成立了公社卫生院，之后随着体制的变化，改名为乡镇卫生院。而作为最基层的医疗组织，卫生所原是生产大队集体举办的卫生事业单位，担负着

---

① 《永济县志》第 28 卷《卫生》，山西人民出版社 1991 年版，第 433 页。

卫生防疫、妇幼保健、计划生育指导和小伤小病的诊治。20 世纪 70 年代，改为合作医疗。20 世纪 80 年代，改为集体或个人承包，随着体制改革的深入，改称村卫生所。①

在解放前，洗马村同整个旧中国其他村庄一样，医疗卫生状况较差，没有医疗基础设施和专业医疗人员。新中国成立后，随着爱国卫生运动、除四害、赤脚医生下乡等卫生政策的推广，洗马村也开始建立相应的医疗卫生系统。医疗领域的合作化贯穿了整个集体化时代，伴随着改革开放的浪潮，农村的医疗卫生体制也开始转型，洗马村的医疗卫生变迁过程，就是其中的一个缩影。

1. 医疗人员

1965 年 6 月 26 日，毛泽东在同他的保健医生谈话时，针对农村医疗卫生的落后面貌，指示卫生部"把医疗工作的重点放到农村去"，为广大农民服务，解决长期以来农村一无医二无药的困境，保证人民群众的健康。这一后来被称为"六二六"的指示，对我国的医疗卫生事业，尤其是对农村卫生工作产生了重要影响。

1961 年，洗马村响应国家号召，开始实行合作医疗。1968 年，村里设立了保健站，成为赤脚医生的工作场所，开始为村民提供正规的医疗服务。"赤脚医生"是上海郊区贫下中农对半农半医卫生员的亲切称呼，此后，"赤脚医生"便成为一个专有名词，特指那些不脱离生产的合作医疗中的医疗卫生人员。20 世纪 60 年代，该村共选取了六名人员到市镇一级的卫生机构进行培训，半年为一个周期。赤脚医生不拿工资，与社员一样评工分、分口粮。根据政治表现和工作情况，赤脚医生的工分一般要等于或略高于同等劳动力的工分报酬，在乡村属于"二等公民"。经过培训的赤脚医生回村后在参加大队集体劳动的同时，兼作医疗、卫生防疫、妇幼保健和计划生育等工作；在不参加生产劳动时，从事各种医疗卫生工作。在日常工作时，赤脚医生除了要处理一些常见病情外，还要负责公共卫生和卫生防疫工作，特别是在流行病高发季节，赤脚医生经常要送医送药到田间地头或每家每户，还要经常性地对社员进行各种卫生教育和宣传，并组织负责开展爱国卫生运动，检查环境和家庭卫生。

---

① 《永济县志》第 28 卷《卫生》，山西人民出版社 1991 年版，第 445—446 页。

在洗马村的田野调查中,与李医生的访谈也证明了这一情况。

> 问:改革开放前,您的待遇如何?
> 答:当时村里是生产队,每天队里给我十个工分。
> 问:当时村里和您一起参加培训的有几个人?
> 答:一共有六个人去。
> 问:他们都学习了什么知识?
> 答:一个年龄最大的是中医,我和另外一个负责采药知识的学习,还有一个妇女主要学习妇幼卫生知识,剩下两个是学习西医知识。
> 问:村里的保健站在什么时候成立的?
> 答:1968 年,当时叫保健站,国家要求每个村都要设立的,后来叫成了卫生所。
> 问:在保健站没有建立之前,村里有医生吗?
> 答:保健站成立之前,村里没有正规医生。
> 问:那村里的卫生条件怎么样?
> 答:当时村民的卫生常识很少,卫生条件很差,我们要负责给个人看病,还要负责村里的大卫生。
> 问:大卫生是什么?
> 答:大卫生就是村里的公共卫生。
> 问:那您在大卫生方面主要负责什么工作?
> 答:我们要协助村里搞公共卫生和防疫工作,给村民家里消毒,召集村民开会给他们宣传卫生知识,灭四害。①

然而,改革开放后,随着公社制度的解体和工分制的取消,国家政策不再对赤脚医生实行编制保障,他们的地位在市场经济的冲击下也逐渐滑落,收入要靠自己解决,病患也流向上一级的大医院,从而导致很多赤脚医生为谋生计,或弃医务农,或弃医从商,使农村的医疗技术人

---

① 采访对象:李存法,男,60 岁,洗马村乡村医生;采访时间:2014 年 8 月;采访地点:永济市虞乡镇洗马村。

员大大减少。少数坚持下来的医生承包了当地的保健站，但药价上涨、病患减少等因素都使如今的农村卫生所举步维艰。

除了上述正规的医疗人员外，农村还存在少量的非正规技术人员，农民称其"土医生"。这些民间医疗人员大多通过自学或者从过去传统中医那里获得医学知识，懂得一些民间偏方，但因其没有合法的行医资格，在治疗时一般不收取费用，成为乡村中的辅助医疗资源。在洗马村的田野调查中，我们也接触到了这样的"土医生"。

问：您没有去过保健站里当过医生？

答：我没有去过。

问：村里有没有人找您来看病？

答：有。

问：看的都是什么病？疑难杂症？

答：拉肚子，无名无故的腰腿疼。我看好很多人，我这个村有20多个，男的女的都有。

问：老人小孩多吗？

答：老人多，小孩少，妇女和小伙多，因为年轻，身体抵抗能力差。

问：老人都是看些什么病？

答：这些年来看脑血管病的人很多，但这些病我看不了。

问：毛主席那个年代，村里找您来看病的人多不多？

答：那个时候是农业社，一般都到保健站看病，感冒、头疼、发烧这些病去保健站；大病保健站看不了。

问：村里人找您看病有收费吗？

答：没有，我不问任何人要钱，你相信你就来找我看，不相信你就到医院。毕竟我也没有行医资格，不能发善心主动说我能给你看，要考虑很多事。

问：您的药方是从哪里得到的？

答：我能看书，我有一本腰腿疼的内部资料。

问：这个资料是从外面买的还是老医生给您的？

答：老医生给的。①

2. 医药资源

药品方面，从来源上，村级保健站需要到公社专门的销售部门购买；从种类上，多是镇痛片、安定等常见药，主要治疗村民的感冒咳嗽发烧等日常疾病；从数量上，常见药品的供应量比较充足，在购入时也没有上限，不需用票，多是保健站根据本村实际情况酌情而定，但是青霉素在当时的供应略有不足。改革开放以后，随着市场经济的兴起，农村保健站实行私人承包制，药品的输入和管理都有承包个体负责，自负盈亏。农民由过去的营养不足到如今的营养过剩，使得药品种类也转向由营养过剩引起的多种慢性病类药物，抗生素增多比较明显。而在药价方面，过去的合作化医疗实行按既定的比例报销医药费，药价几十年内基本没有变化；当下的医疗体制使乡村医生的收入具有极大的不稳定性，个人生计直接与卫生所的盈利挂钩，药价也随市场行情逐渐走高。

问：保健站建立后，村里来看病的人多么？

答：以前人们的卫生意识不强，成立了保健站之后，大家有病了找医生。

问：那以前来看病的都是什么病？

答：以前看结核病的人多，当时国家搞大练兵，人们的伙食较差，吃的都没什么营养，劳动量又很大，人的免疫力比较低，结核病菌容易进入人体内，导致人患病。除了这个，感冒咳嗽这些常见的小病也比较多，买点药吃了就好了。

问：当时保健站的药品紧张吗？

答：不紧张。改革开放前几十年药价都不变，进药的话就到公社去买，也不用票，镇痛片、安定等常见药都很足，青霉素比较少。

问：那现在有什么变化呢？

答：现在来看病的都是高血压、糖尿病这些慢性病，都是因为

① 采访对象：陈燕纯，男，61岁，洗马村村民；采访时间：2014年8月；采访地点：永济市虞乡镇洗马村。

现在的人吃得太好了，油脂量也高，人也不怎么运动。现在卫生所里除了常见的药之外，抗生素多一些。

问：那药价方面呢？

答：现在有合作医疗，农村的医保每人一年60元，国家每年给个人补贴200多元，农民每年可以取40块钱的药。

问：村里的合作医疗搞的怎么样？

答：我们村的合作医疗一直搞得很好，以前是全虞乡甚至永济的先进，现在的合作医疗有些复杂。

问：村民参加合作医疗的人多吗？

答：多，基本全覆盖。以前买药村里大队负担一部分，个人负担一部分，现在有医保补贴。①

3. 医疗意识

在现代化的过程中，国家依靠卫生政策的宣传和卫生运动的开展，改变了传统乡村的村容村貌，农村的公共卫生从过去的脏、乱、差逐渐变为更加注重清洁、整齐、无菌。公共卫生状况的改善有益于村民个体的健康，加之生活条件的提升，使得基层民众对国家、对乡村、对个体的健康观念也经历了"破旧立新"的变迁过程。从这一变迁过程折射出的，也正是作为鲜活的个体对于生命本身价值取向的变化过程。

问：改革开放前后，村里的大卫生有哪些变化？

答：以前，村民家里的厕所都是旱厕，人和动物的粪便都直接用土埋了，尤其在夏天会有很多细菌和蚊蝇。之后，国家有开展爱国卫生运动，"除四害"，改造厕所等等，村里的卫生情况好了很多。

问：当时的"四害"主要是哪四害？

答：苍蝇、老鼠、蚊子、麻雀，不过后来说麻雀不算害虫，"四害"其实也主要是那"三害"。过去是土墙，老鼠容易打洞，现在基本上都没了。

---

① 采访对象：李存法，男，60岁，洗马村乡村医生；采访时间：2014年8月；采访地点：永济市虞乡镇洗马村。

问：咱们村当时的公共卫生搞的怎么样？

答：搞得好啊，评了先进，1977 年、1978 年还上交了老鼠尾巴。

问：那村民的个人卫生也应该不错吧？

答：以前不行，当时卫生条件差，村民都不洗澡，最多也就用水擦一擦。现在富裕了，各家各户都安了太阳能，洗澡都在家里，村里没有公共澡堂，有的人还是要去镇上的澡堂洗澡。

问：村民的寿命相比以前要延长了吧？

答：对，现在的医疗条件好了，村里 60 岁以上的老人也多了。我们村有一个 90 岁以上的老人，前段时间去世了，现在最老的就是80 多岁的，70 多岁的也有十几个人。

问：村里过去有接生婆吗？

答：有。

问：这些接生婆是以接生为职业吗？

答：不是，就是自己生过孩子，有经验，谁家有生孩子的就叫她们。

问：您能给我讲讲旧法接生是什么情况吗？

答：旧法接生主要是不卫生，剪脐带的剪子不消毒，刚生下的婴儿容易感染"四六风"，也就是咱现在说的破伤风，以前有好多娃娃都因为这个死了。

问：那保健站成立后村民找谁接生？

答：有找医生的，也有找接生婆的，不过后来慢慢的都找医生了，因为医生接生的时候注意卫生。①

由此可见，卫生和运动的结合，不仅改造了农村传统时代遗留的公共卫生环境，同时也将环境、疾病、防疫、健康等诸多因素结合起来，成为一种特殊的改造社会、改造人的实践活动，其效果也远远超出了卫生本身。国家在此过程中，通过对民众卫生意识的改造，也实现了其自上而下的社会控制。

---

① 采访对象：李存法，男，60 岁，洗马村乡村医生；采访时间：2014 年 8 月；采访地点：永济市虞乡镇洗马村。

三　存在的问题及原因

从旧社会到新中国，从集体化时期再到改革开放，中国的乡村发生了翻天覆地的变化，医疗卫生领域也经历了很多变革。医疗卫生改革，既为乡村提供了前所未有的医疗资源，同时也带来了一些问题。

1. 医疗人员的减少

集体化时期，农村的卫生所或保健站大多实行队办合作医疗模式，赤脚医生负责卫生所或保健站的日常运营。赤脚医生的个人收入主要由生产队承担，在工分制的年代里，他们和社员一样评工分、分口粮。同时，他们依靠为村民看病治疗，在村民中树立了比较好的口碑，可以说，在过去他们得到的是物质和精神的双重满足。而随着时代的变迁，国家政策不再对赤脚医生提供编制保障，他们的地位在市场经济的冲击下也逐渐滑落，生活收入要靠个人解决。加之交通条件的改善，很多病患流向市镇一级的大医院，乡村卫生所逐渐变得门庭冷落，使很多赤脚医生在面对窘迫的现实时，选择放弃或者转行到收入更高的职业。农村中的医生变得越来越少了。①

2. 医疗技术和人员素质的下降

改革开放带来的市场经济的浪潮，加速了农村卫生所的市场化。失去国家和集体经济保障的卫生所，为了维持其生存，不得不依靠提高药品的销售收入来缓解其经济危机，忽视了作为基层卫生机构应该提升的内在要求。很多坚持下来的赤脚医生，也不得不随波逐流。这些弊病导致农村的卫生所难以提供治疗的服务，越来越趋向于一个个"卖药"的场所，村民也渐渐对卫生所和乡村医生失去了信任，转向其他途径寻求救治，形成一个恶性循环。在访谈的过程中，很多村民都表达了"以前的人心好，现在的人心坏了"这一感受，足见这一后果的严重性。②

---

① 采访对象：李存法，男，60岁，洗马村乡村医生；采访时间：2014年8月；采访地点：永济市虞乡镇洗马村。

② 采访对象：陈燕纯，男，61岁，洗马村村民；采访时间：2014年8月；采访地点：永济市虞乡镇洗马村。

3. 民间信仰的复苏

洗马村除了具有悠久的历史外，还拥有一座久负盛名的扁鹊庙。全国的扁鹊庙数量有限，洗马村界内的扁鹊庙是一座保留有扁鹊完整鎏金立像的庙宇。相传春秋时期扁鹊路过此地，治好了当地的瘟疫，当地人为感其恩德遂建此庙，足见庙宇本身具有的医学信仰流传已久。然而在"文化大革命"时期，"破四旧"不仅造成了对庙宇本身的破坏，也使很多村民不信或者不敢信神，从而不得不转向科学的救治渠道。随着改革开放的深入，国家放宽了对民间信仰的控制力度，许多乡村庙宇得到重修。实体建筑的重建也恰恰反映出民众观念的重建过程，来扁鹊庙求签算卦的人越来越多，庙宇所提供的心灵慰藉作用逐渐扩大，村中重新兴起了"有事乱求神，有病乱求医"之风，也在一定程度上造成了对农村医疗体制的冲击。①

四 余论

传统时期，医疗行为并不在国家政策的明确规定之内，卫生在最初的医书文本中的含义仅限于"保卫生命"，随着 20 世纪近代西方知识进入中国，卫生的含义也在复杂的历史进程中变得丰富。罗芙芸认为，"卫生是一系列技术，藉此，国家着手对生命的管理和'统制'，它也是一种观念，即个人接受国家的规训体制而后使自己的行为符合国家的目标"②。国家对医疗和卫生的态度，不再仅限于处理医疗纠纷或应对突发疫情，而是通过卫生政策的制定和卫生运动的开展，将其理念输送到基层社会中，建立起一套自上而下的管理体系。

但是，从传统到现代的发展过程并非单线式的，梁其姿曾指出，"所谓近代化或现代化的过程，应该是一个多向的、多元的、时序模糊的、

---

① 采访对象：郭管管，男，60 岁，洗马村村支书；采访时间：2014 年 8 月；采访地点：永济市虞乡镇洗马村。

② ［美］罗芙芸（Ruth Rogaski）：《卫生的现代性：中国通商口岸卫生与疾病的含义》，向磊译，江苏人民出版社 2007 年版，第 301 页。

充满在地传统色彩而又夹杂着西方近代语言的具体历史过程"①。换言之，中国传统的卫生之道并不会在近代西方卫生知识和公共卫生制度的影响下，随着政权的更替而消失。尤其是在广大农村地区，传统的农耕文化使得土地成为人们获得资源和保障的主要因素，而农业生产又极易受到自然因素的影响，"靠天吃饭"正是农民对于土地收入的无奈慨叹。在解决温饱的年代里，医疗保障和讲究卫生难以依靠个人支撑，卫生由个人行为转向国家义务。然而，尽管在新中国成立后，合作化医疗逐渐进入农村，但传统的医疗技术和资源仍在发挥作用。农村中的乡土人情，成为一些传统卫生之道，诸如游医、偏方等，得以留存的现实因素。当科学在一些疾病面前也无能为力之时，民间信仰就成为普通人不多的选择方式。

---

① 梁其姿：《医疗史与中国"现代性"问题》，转引自余新忠、杜丽红主编《医疗、社会与文化读本》，北京大学出版社2013年版，第121页。

从他乡到故乡

——以集体化时代东源头村移民为考察对象

陈慧琴*

　　摘　要：近代以来，山西不仅是移民的输出地，而且也是移民的输入地，山西省永济市虞乡镇东源头村是一个移入民为特色的村落。通过深入的田野调查和口述史访谈，本文展现了集体化时代国家的力量对于移民社会融入的影响。同时也从另一个侧面呈现出在从他乡到故乡的时空转换过程中移民的心路历程。

　　关键词：移民；翻身；他乡；故乡；融入

　　东源头村是山西省永济市虞乡镇一个典型的移民村，该村位于中条山石佛寺峪、庙儿峪、风伯峪的洪积扇区，土壤肥沃，水源丰富，分布着大量的浅井，气候宜人，依山傍水。据《虞乡县志》记载："东、西二源头在城东南一里，水泉数十，流衍两村左右，四时不涸，余沥由县城东桥下，过申、刘二营，入鸭子池。芦子泉在抢峰西北麓，今寺僧、居民引以灌田。"① 可见其水源丰富，适宜居住，所以这里成为山东、河南移民的重要聚居地。东源头村有大量移民，这些移民主要是 20 世纪初期因为饥荒等自然灾害从河南迁移至此。1947 年解放以前，这些村民在村落里属于边缘群体。

---

　*　陈慧琴，山西省长治市人，2012—2016 年就读于山西大学历史文化学院，获学士学位。
　①　民国《虞乡县新志》，台北成文出版社 1968 年版，第 168 页。

一 移民村落的形成

清朝初期，东源头村主要居住的是五个姓氏，分别是刘、赵、牛、孙、罗。20世纪初，由于饥荒等自然灾害，大批移民相继涌入，以河南籍移民为主，如河南淅川县的黎姓、河南济源县的李姓等。淅川县和济源县土地贫瘠，可耕地少，常年干旱，再加上20世纪40年代的蝗灾等自然灾害，无法生存，只能选择逃荒，而东源头村南距河南约30公里，此处的生活条件较之原住地更为优越，吸引了这些"他乡"的逃荒者。由于移民的涌入，东源头村原来的人口结构发生了变化，外来移民人数显著上升。60年代东源头已经有70多户人，到2014年东源头村已经是110多户，800多人的村庄了。移民的迁入，促进了东源头村经济发展，同时东源头村的规模也逐渐增大。因此，可以说移民对东源头村做出了重大的贡献。

中国人讲究安土重迁，对于农民来说，迁移的意义可谓十分重大。正如费孝通在《乡土中国》里说："农业和游牧或工业不同，它是直接取资于土地的。……而种地的人却搬不动地，长在土里的庄稼行动不得，侍候庄稼的老农也因之像是半身插入了土里。"① 台湾学者吴贤聪认为："农民对于土地的爱恋，可以从三个方面理解：一为农民视农业为生活之一部分，无形中对土地产生一种亲密感，把它看成传家宝，不肯也不能轻易离手。……二为各种产业中，只有土地是最安全可靠的，既不怕天然灾害，又不担心盗贼抢劫。这个观念，在目前农村里还可以窥其大概。……第三个原因是，所有农业中，只有土地是有形而看得到，土地无形中变成社会经济地位的指标。"② 因此，农民若不是遇到大的变故，是很少有人选择背井离乡迁移的。"我们很可以相信，以农业为生的人，世代定居是常态，迁移是变态。大旱大水，连年兵乱，可以使一部分农民抛井离乡……"③

---

① 费孝通：《乡土中国》，江苏文艺出版社2007年版，第6页。
② 吴贤聪：《现代化进程中农民性格之蜕变》，台湾桂冠图书公司1987年版，第353页。
③ 费孝通：《乡土中国》，江苏文艺出版社2007年版，第7页。

我对东源头村移民李生明（1945 年生）进行了访谈。李生明父亲在 20 世纪 40 年代带着李生明从河南济源迁居至东源头。集体化时代，李生明在村里陆续担任过民兵队长、支部书记等职务，有许多鲜活的"故事"可以讲述，因此我们选择李生明作为访谈的对象。他说，"1942 年河南大灾，1944 年又被日本人占领，河南济源大部分人开始逃荒迁移，我父亲带着我和母亲等人一路要饭，最后来到了东源头村。这里水源丰富，旱涝保收，所以家中 7 口人一起搬迁至此，包括我的舅爷、舅奶、舅父、父亲、母亲、哥哥和姐姐。"他们和大多数移民一样住在村口的庙里，靠给别人当雇工来谋生，也有人自己在山上垦荒，以担柴麦草为生，还有一小部分人居住在村民家中做短工。

定居仅仅是移民生活的第一步，他们将要面对的是更大的考验——如何融入村庄，为本地人所接纳？"很多离开老家漂泊到别地方去的，不能像种子落入土中一般长成新村落，他们只能在其他已经形成的社区中设法插进去。……'怎样才能成为村子里的人？'大体上说有几个条件，第一是要生根在土里：在村子里有土地；第二是要从婚姻中进入当地的亲属圈子。这几个条件并不是容易的……"①

对于移民来说，这里是"他乡"，是一个陌生人的社会。由陌生人社会变成熟人社会标志着移民最终融入了当地社会。然而，移民的融入并非一朝一夕就能完成的，移民在最初进入村庄时被本村村民所歧视。"那些寄居于社区边缘上的人物并不能说已插入了这村落社群中，因为他们常常得不到一个普通公民的权利，他们不被视作自己人，不被人所信托。"② 访谈中许多移民提到，如果县里征兵或者征苦力会先让外来户家的孩子去，有钱人家的都是通过钱财转嫁征兵、苦力名额。这明显是一种歧视，然而从另一个方面来说也正是在歧视中，外来移民逐步地融入地域社会中。除了征兵外，一部分移民还通过做雇工的方式积累钱财，向本地居民购买土地和房子，慢慢地在村中站稳了脚跟。也有一部分人是通过将自己的女儿嫁到村中，通过婚姻的方式融入村庄。不管哪种方式，能够吃苦耐劳是其首要条件，大多数移民通过长时间的辛勤劳作，

---

① 费孝通：《乡土中国》，江苏文艺出版社 2007 年版，第 78 页。
② 同上书，第 79 页。

逐渐为原住民所接受。在融入当地的社会中，移民村落也就形成了。

二 移民的翻身

李生明说，刚到东源头村时，他们一家人还是以乞讨为生。后来开始给当地村民当短工，其父还常常去山上拾柴，担到虞乡县去卖。由于东源头离中条山很近，晚上的时候经常会有山上的狼袭扰庙里居住的移民。有个本地居民就让李家住到自己家的空房子里，而李生明的母亲在房东家里做一些类似洗衣服、纺线等家务活。此后李生明一家就在当地定居了下来。虽然过着艰苦的移民生活，但是已经逐步融入当地居民的生活，开始向着更好的生活努力。

李家的生活以及社会身份的彻底改变源于土改。在土改运动中，由于移民的主体成分为贫雇农，因此成为共产党的主要依靠的对象，作为贫雇农的移民一夜间翻身了。"农民政治地位的改变意味着对乡村社会关系的'重新洗牌'。其中最重要的变革：一是将地主阶级的土地和财物分给农民；二是改变农民对地主的依附关系。这无疑是对业已存续几千年的乡村社会秩序的巨大挑战。"[1] 同时，"这是移入民第一次正式获得土地，在定居过程中具有重要意义。土地具有保障功能，不仅是对移民生活的保障，更是一种社会保障，是对移民定居合法化的认可"[2]。

1947 年，东源头村成立农会。而正是借助农民群众自己组成并代表农民自己的利益的农会这个重要机构，移民才彻底翻身了。但一开始参加农会是非常危险的，斗地主时有些地主逃跑了，跑到了运城等地，没过多久地主回来了，开始在村里为非作歹，把农会干部绑起来打。离东源头不远的南梯村还有地主打死农会干部的现象。6 月，东源头村开始了土改，李生明的父亲是土改中的活跃分子，李家的生活也发生了翻天覆地的变化。1947 年运城解放后，李生明的父亲在虞乡县当民兵队长，中

---

[1] 杨乐乐：《翻身：土改中的乡村秩序重塑——对张庄的再阐释》，华中师范大学 2012 年硕士学位论文。

[2] 卫才华：《北方移民民俗生活的社会记忆——以晋南移入民村调查为例》，《民俗研究》2008 年第 4 期。

华人民共和国成立初期当副村长，1958 年"大跃进"时成为东源头的支部书记一直到 1962 年。经过重新分配，那些原本在村落中的边缘群体不仅分到了土地，很多农户还拥有了从前不敢奢望的财产，如房屋、牲口、农具等。这些物质财富使他们从贫苦的生活中走了出来。尤其是他们生平第一次感觉到自己能够掌握自己的命运了。土改后的移民睡在原本属于有钱人的房屋里，耕种着原本属于地主的土地，他们盼望着好的收成。

翻身之前，移民通向上层精英阶层的渠道几乎是闭塞不通的。没有足够的财富、文化知识以及人脉关系，移民想要接近乡村权力中心无任何可能。而"翻身"运动引发乡村政治、经济领域的变革，乡村社会利益和资源重新分配，各阶层力量对比发生巨大变化，底层的贫苦农民在斗争中汲取了强大势力，从前的掌权者却被剥夺和驱逐。当农村社会中逐渐确立起新的意识形态，村庄精英阶层的结构、产生渠道也随之发生了巨大变化。"翻身"为贫苦农民进入精英阶层提供了机会。"这一阶段，革命话语成为村落生活的主导内容，掩盖了一切民俗活动以及土客之分的移民冲突。"① 这不仅使得移民融入村庄中去，而且使移民进入村庄精英阶层。

虽然李家因为土改而生活好转，但李生明对村里土改时的成分划分有一些自己的看法，他说："村里的群众关系很好，并没有什么大地主。土改定的地主，生活条件也不是很好。村里有一位是日本情报部的部长，给日本人做事，但他救了很多人，要是村里有人被日本人抓了，他就写保票说是良民，把这个人保出来，所以大家都很敬重他，叫他善人。1947 年解放以后搞大运动，有民愤就会被打死，但是东源头村没有这种情况。土改时候的政策还是有一定的弊端的，虽然政策写得很详细，但是到了下面执行就不一样了，有的应当划地主的没有划，有的不该划的划了，有的群众关系好就不愿意给他划。土改不划也不行，每个工作队都有指标。"

翻身之路不可能一蹴而就，也不可能一帆风顺，它必然面临一个转变的过程，也会有曲折和失误存在。在东源头村这样的小村落没有大地

---

① 卫才华：《北方移民民俗生活的社会记忆——以晋南移入民村调查为例》，《民俗研究》2008 年第 4 期。

主，村民彼此之间都相差不大。

　　不过，土改的进行，成分的划分确实使昔日这些村落的移民成为村落的精英，成为"翻身"的最大受益者。通过这样的方式，党"培植了新的村庄掌权者，这也意味着共产党成功迈出将政权深入农村基层的步伐。新兴的村庄精英坚决拥护党的信仰、价值观和各项政策决议，有力保障了党在农村的各项工作顺利进展，成为共产党将农村纳入政权运作体系重要的基层渠道"[①]。

三　移民后代

　　土改不仅仅影响了一个人或者是一代人，而是几辈人的命运。伴随着父辈政治地位的提高，其子孙在村庄的地位也随之而提高。外来移民的子女大多都是党员、团员、生产队长、支书等。李生明说："我上了拖拉机技工学校，后（19）61年8月就去当兵了，在太原当的步兵，我的部队是英雄营。"在20世纪60年代，当兵可谓相当光荣。然而，每个村庄当兵的名额都是有限的。只有村中成分好，并且是积极分子的子女才可能有这样的机会，而李生明家正符合这样的条件，这也看出土改对移民李家的影响。解放前东源头村的罗姓和牛姓是村庄掌权者，所以当地才广泛流传着一句俗语："罗半村，牛一角，剩下都是杂伙伙。"意思就是说该村的大姓为罗姓、牛姓，居住在该村的西南角，剩下都是零散的移民。但在1948年的土改中罗、牛两大姓退出了历史舞台，外来移民已经逐渐掌握了村庄的话语权，成为革命的受益者。

　　移民的后代在村庄中的地位进一步提高，由于长时间居住在当地，外来移民的子女在语言、风俗、习惯上也逐渐本土化，融入了村庄，他们不再像他们的父辈一样受到原住民的歧视。从李生明这代开始，移民真正的成为村庄的一员，"他乡"也最终在文化和认同上成了"故乡"。从他乡到故乡是一个动态的过程，土改的翻身加速了这个进程，由自而上的同化认同变成了自上而下的迅速吸收，这个过程犹如瀑布飞流而

---

　　① 杨乐乐：《翻身：土改中的乡村秩序重塑——对张庄的再阐释》，华中师范大学2012年硕士学位论文。

下，自然而然地完成，但其过程实则艰难曲折。

移民后代的融入并不是简单的"落地生根"，他们已经将东源头村视作他们的"故乡"。父辈们的出生地对于年轻一代来说是一个模糊的概念，仅仅是留在了口头传说与历史记忆中了。故乡并非一成不变的纯粹地理概念，作为移民的他们并没有对故乡念念不忘，而是认故乡为他乡、认他乡为故乡。这是为什么呢？首先，这些移民绝大多数是弱势群体，在故乡无法生存，所以才逃荒至此，故乡在他们心中只是一种痛苦的记忆，他们对河南老家的感情已经非常淡薄。其次，移民在集体化时期得以翻身，进入了村庄的精英阶层，成为村庄的主人，移民的后代并没有寄人篱下之感，东源头村自然成了他们的故乡。最后，定居东源头村后，经过一代又一代人的更替，生于斯、长于斯，故土在移民心中成了一种遥远而模糊的记忆。在东源头村出生的第二代移民会迅速丢掉家乡的生活习惯、方言等一切特征，从心理上完全认同，成为一个地地道道的本地人。这些移民的后代认他乡为故乡，甚至如当年东源头村的原住民嘲笑和歧视他们的移民父辈一样，嘲笑和歧视新来的移民。

四　结语

20 世纪 40 年代，许多移民从河南一路乞讨到了永济，有的定居在了虞乡镇东源头村。这些外来者一开始只能在村里当雇工。土改运动中，借助国家的嵌入与运动的推行，这些村落的边缘人站了起来，成为村庄的精英阶层。李生明的生命史不仅仅是一部边缘人翻身的历史，也是国家对村庄进行改造的历史。而外来移民也正是在此时开始"生根"于东源头村的。

葛剑雄先生认为："中国历史上的移民有各种类型，有其不同的特点，但就性质而言，却基本只有两种——生存型与发展型。所谓生存型的移民，就是为维持自身的生存而不得不迁入其他地区定居的人口，或者说是以改变居住地点为维持生存的手段的移民行为。产生这类移民的主要原因是迁出地的推力，如自然灾害、战争动乱、土地矛盾、人口压力等，而不是迁入地区更好的社会环境、生产条件、发展机会等拉力或吸引力。移民的主要目的是生存。……"① 由此观之，东源头村的移民属于生存型移民，是贫民弱势群体的迁徙。这些移民在遭受自然灾害的情况下被迫迁移到了环境较好的东源头村。因此这些贫苦的移民"格外珍惜辗转迁徙才拥有的赖以生存的土地，以顽强拼搏、艰苦创业的精神，筚路蓝缕，除榛辟莽"②，他们为东源头的发展做出了巨大的贡献。在土改时期，由于移民原初身份大多是贫农、雇农，阶级成分比较好。在革命政权的领导下，他们逐渐成了村落结构中的主体，成为共产党团结的主要对象。与此同时这些移民的生活也发生了翻天覆地的变化，不但分到了土地，而且进入了地方社会的精英阶层。这极大地激发了他们的积极性，使共产党的政权得以深入基层。与此同时，土改不仅使父辈这一代得以翻身，而且对子孙后代影响深远，使得他们完全融入了当地社会。而这些变化都与国家力量在乡村的嵌入密切相关。

所谓"日久他乡成故乡"，移民在生活窘困、四处流浪之时，移入并在东源头村发展至今，已有三代，东源头村对他们来说不仅仅只是安身立命的他乡，更成为了他们文化和认同中的"故乡"。集体化时代的翻身已经使他们对于东源头村不再是"流"与"叶"，此时的东源头村已经是他们真正的"定"与"根"，这个移民群体不仅安下了物质上的家，也安下了自己的精神家园。

---

① 葛剑雄、吴松弟、曹树基：《中国移民史》，福建人民出版社 1997 年版，第 48 页。
② 李靖莉：《黄河三角洲山西移民的特点》，《文史哲》2003 年第 1 期。

成分与身份

——集体化时期永济农村基层干部选拔研究

彭　玥[*]

摘　要： 从 1951 年合作化运动伊始，永济虞乡镇也紧跟全国步伐，各乡村纷纷开始合作化运动。在此过程中，国家影响力逐步增强，虞乡镇也由传统的乡绅管理、农民自为的生产方式转为国家计划、农民组织实施的模式，而国家政策的实施，主要是依靠这些党培养起来的干部。本文在田野调查的基础上，以永济虞乡镇集体化时期的村干部的个人经历为分析对象，运用杜赞奇等人的农村分析理论范式，分析集体化时期国家权力如何在地方构造新的权力文化网络。

关键词： 集体化；成分；基层干部；权力文化网络

虞乡镇位于永济市东部 20 公里处，南依中条山，北有涑水河，西与永济城东街道相连，东与运城市盐湖区接壤。据乾隆时期《虞乡县志》记载："虞乡境在蒲州东六十里，东至解州界席张镇二十里，州治四十里。西至永济县界榆林村三十里，县治六十里。南至中条山横岭，解州芮城县界三十里，县治五十里。北至涑水河临晋县界四十五里，县治六十里。"[①] 民国三十六年（1947）同永济县合并称永虞县，而后 1950 年永虞县分置，复设虞乡县。1954 年同解县合并为解虞县；1958 年随解虞县

---

* 彭玥，山西省忻府区人，2012—2016 年就读于山西大学历史文化学院，获学士学位；2016 年至今，为华东师范大学在读硕士。

① 乾隆《虞乡县志》卷 1。

入运城县；1961 年析运城县，复设永济县，原虞乡县境入永济县。现全镇下辖 37 个行政村，55 个自然村，224 个居民小组，41501 人。全镇总面积 169 平方公里，耕地面积 66699 亩。虞乡镇地处温带大陆性气候区，北靠涑水河，南依中条山，气候适宜，降水充足，水利条件优越。

从 1951 年合作化运动伊始，永济虞乡镇也紧跟全国步伐，各乡村纷纷开始其合作化运动。虞乡镇的集体化模式在经历互助组、合作社、高级社、人民公社阶段中，逐步建立了适应其生产力发展的生产关系形式，且建立了一整套有利于自身发展的组织制度。改革开放后，国家影响力逐步增强，虞乡镇也由传统的乡绅管理、农民自为的生产方式转为国家计划、农民组织实施的模式。本文立足于农村调查，以集体化时期的地方精英成长的个案为分析对象，运用杜赞奇等人提出的理论范式，分析集体化时期国家权力如何在地方构筑新的权力文化网络。

一 问题的提出

本次田野调查主要在虞乡镇，笔者在老师的带领下走访调查了西坦朝村、南梯村、洗马村、虞乡村等村的四位退休村干部和两位退休乡村赤脚医生。调查对象均出生于 1940 年至 1950 年间，对集体化时期有着深刻的印象。在新政权实行计划经济，建设和改造乡村的时期，通过各种各样的渠道，这些地方精英由普通人升任为"干部"，进入了乡村社会的上层，从而在国家权力与乡村发展之间发挥了重要作用。

首先，笔者注意到一个问题，实行集体化是新政权攫取农村资源的重要方式，在这一特殊时期，这些代表国家的基层干部是如何获得中共青睐的？他们被选择的原因是什么？这涉及中国共产党是如何让国家权力更深入日常的乡村治理中。这个问题体现在党对基层干部的选拔上，其不仅关乎到中国共产党在村治中的制度设计，也关系到其中合法性构建的问题。

其次，笔者关注到另一个问题，改革开放之后，这一批村干部逐渐退出政治核心并不仅仅是因为年龄问题，更多的是由于被一批新的基层干部排挤出了权力核心。所以他们的退场不仅是个人政治生命的结束，更多是乡村改变了原有的权力结构所致。在退休政治舞台后，政治影响力也逐渐减弱，在他们身上反映出的是对毛泽东时代的怀念。他们是如何描述时代变化的？从这个角度入手，通过观察集体化时代基层干部的心理状态，可以分析集体化时期的权力分配准则为什么会失效。

从虞乡镇集体化时期农村基层干部的上场与离场为切入点，我们探讨的是集体化时期乡村权力的分配问题，通过此可以管窥这一时期永济乡村的政治图景。

二 基层干部：新的乡村治理者

中华人民共和国成立后，中国共产党通过大量培养基层干部，在全国建立起高效的干部体系和严密的基层政权。中国共产党全新的村治成功颠覆了旧有村治体系，并在集体化时期进一步加深治理程度、扩大治理范围。而经过中华人民共和国成立后若干年的苦心经营，至集体化时期基层干部选拔模式已趋于固定。本节总结并对比中华人民共和国成立前中国农村治理中形成的"地方精英"上位的模式和党的基层干部选拔的模式，试图更深入、更立体的展现集体化时期中共村治的特点。

在晚清和民国的研究中，地方精英是一个很重要的概念，也引起了国内和国外学界的关注。20世纪八九十年代以来，国际学术界对于传统中国社会的认识早已经由皇权至绅权又延伸到地方精英。已有研究成果表示"士绅虽然生活在地方社会，但是他们的活动在国家场域。地方精英研究关注的是帝国末期，而且是在国家政权以保甲制渗入并分解传统的村庄共同体社会之后，相对于前一时期来说是一个较混乱无序的时期，针对的是地方社会中起实际作用的人物"①。尤其是在晚清和民国研究中认为"乱世的地方精英并非完全由治世的士绅转变而来"②。在学者看来，地方精英"他们的场域是'地方舞台'，他们的首要特征是在地方发挥着实际的支配作用"③。有学者认为："地方精英是在地方舞台上（指县级

---

① 王先明：《士绅构成要素的变异与乡村权力——以20世纪三四十年代的晋西北、晋中为例》，《近代史研究》2005年第2期。

② 李培林：《20世纪的中国学术与社会》（社会学卷），山东人民出版社2001年版，第88页。

③ 同上。

以下）施加支配的任何个人和家族，这些精英往往比士绅的范围广泛得多，也更具有异质性，既包括持有功名的士绅，也包括韦伯论述过的地方长老，此外还有各种所谓职能性精英，如晚清的士绅—商人，商人，士绅—经纪，以及民国时代的教育家、军事精英、资本家、土匪首领。"①笔者承认，"地方精英"是套用西方话语的一个研究表达，这是一种理想类型，未必完全符合乡土社会实际状况。然而利用这一概念我们却可以有效地对乡土社会进行深入分析。

在上文中，我们可以看出，传统社会的地方精英主要有职能型精英和士绅、长老两种。士绅、长老进入乡村权力文化网络的原因是有国家权力或家族权力认定了其合法性，在权力文化网络中他们行使的声望是国家或家族赋予的。职能型精英获得声望的基础或者说在乡村权力文化网络中地位上升的原因主要来自个人积累的资本，如经商积累的财富、教育家积累的声望、军事精英和土匪首领积累的武装实力和财富。也就是说成为地方精英依靠的既有中央集权制下国家的承认，也有地方家族势力的认定，更有个人在财富、知识、武装实力等基础上的资本。而在中央集权体制和宗族受到推崇的历史条件下，士绅、长老也是继承或者允许保有较多财富的，他们的声望为其带来财富和其它实力。

地方精英是在乡村权力文化网络中占据上层的人物，声望来自于国家或家族的认同，更来自于财富和其他实力的积累。他们在地方事务中依靠现有的权力文化网络发挥着影响力，也保护着现有的权力文化网络。

中国共产党的基层干部队伍建设早在根据地时期就已如火如荼地展开，中国共产党"大幅提高了治理技巧，并且极大地提升了政治声望"②。同时保留了很多宝贵的理论成果和实践经验。在集体化时期，国家进行了一系列社会政治经济改革，国家在乡村的权力极度膨胀，使农业很大限度地绑在了工业化的战车之上，这一过程十分考验中国共产党的领导力和控制力，也就是十分考验广大农村基层干部的执行力。黄道炫指出：

①　李猛：《从士绅到地方精英》，载邓正来编《中国书评选集》，辽宁大学出版社 1998 年版，第 677 页。
②　张玮、李俊宝：《阅读革命——中共在晋西北乡村社会的经历》，北岳文艺出版社 2011 年版。

"尤其对于基层社会而言，中共更多的是通过权力结构的垂直深入实现对乡村的控制。……要保证行政权力的增长不致权力的滥用，中共有两个有力的法宝：一是基层党组织的建立和运行，一是具有献身精神的党员的参与。"[1] 权力结构的垂直深入配合献身精神被深刻地、广泛地进行政治宣传所带来的是，在客观的政治操作和主观的情理上，这些基层干部的权威基本来自于国家、取决于国家。同时配合民主建政措施和不断的清理、整党运动，让这一体系在国家强有力的控制下保持清廉、高效、有序的运转。这也就意味着，治理乡村的基层干部不能像当初的士绅等"地方精英"那样长期"合法地"占有本村大量资源。所以基层干部依赖国家的程度远超于从前的士绅，基层干部在乡村的势力远弱于从前的士绅。国家对于挑选农村权力的执行者，也就是如何选择干部、选择什么样的干部有了很大的决定权。一个以阶级分析方法为指导的政党在政权逐渐稳固的时候也开始大量地提拔、任用成分好的干部，这些干部大都出身贫寒，在成为干部之后对党和国家的依赖程度愈深，也就更忠诚可靠。

三　集体化时期永济虞乡镇基层
干部选拔个案分析

集体化时期，随着国家的控制逐渐趋于稳定，国家开始了对乡村新一轮的治理。国家行政权力伴随着新的经济结构继续深入乡村，将旧有的农村全盘改造，农村成为国家工业化版图的重要组成部分。这时农村干部成了国家在乡村的代理人，也被国家扶植为地方精英。然而由于旧有乡村权力文化网络被破坏，新建立起来的结构由国家严密的制度设计掌控，所以这些农村基层干部的成长是依赖于国家的。从他们的崛起路径我们也可以窥见这一时期严密的乡村治理结构。

在2014年8月田野调查中我们走访了干部4名，包括村支书、大队会计和村妇女主任。

---

① 黄道炫：《洗脸——1946年至1948年农村土改中的干部整改》，《历史研究》2007年第4期。

个案一：张宽眉，男，1954 年生，原村支书、赤脚医生。访谈地点：虞乡镇西坦朝村马小展家。

张宽眉曾任西坦朝村村支书，也是本村的赤脚医生，现仍在村内的卫生所任职。他基本上经历了人民公社以来，到改革开放整个乡村变迁过程，对村里的情况比较了解。他的父亲名叫张光祥，家里是下中农成分，中华人民共和国成立初期他家里有 7 口人，10 多亩地，人均 1 亩多地，土地分水地和旱地两类，产量差别几乎在 8 倍之多。他家里当时的收入一般，也需要家人到山上砍柴割草并把柴草卖到几十里外的地方换煤来补贴家用，大致是 10 斤草换一斤煤。张书记的家庭成分较好，当时顺利通过报名，经过培训当上了赤脚医生。又因做医生在村里有了一定威望，后经选举成为村支书。

个案二：杨生学，男，1943 年生人，原村支书。访谈地点：虞乡镇南梯村。

老杨，虞乡中学初中毕业，1961 年起在南梯大队担任生产会计，曾任大队革委会副书记，一直在镇及村担任干部。南梯村外号叫草帽村，山地面积大，有很多果树。成立农业社（并未说初级社还是高级社）队里让农民强行入社，入社后分配时有财产计算不清等不公平的现象。生产队相当贫穷，一年没多少钱，（发展生产等）都靠贷款。在干部问题上，"干部每天在地里转一圈，凉凉快快地挣八分，农民在地里热热的挣六分"。

个案三：张绪禄，男，1956 年生，担任过村支部书记。访谈地点：虞乡镇虞乡村。

老张并不像前几位访谈对象一样健谈。他很喜欢读书，讲到自己当时拿到什么读什么，即使一本书已经"缺胳膊儿少腿儿"，他也会坚持读下来。接下来我们问了一些关于他的个人经历。他的爷爷是一位画老虎的画匠，日本侵华期间逃到西安画画谋生，画得老虎惟妙惟肖小有名气。1948 年回到乡里。老张的父亲是一名会计，育有三男两女。老张 1979 年结婚，这在当时并不算早，主要是家庭成分影响了他的婚姻。虽然被划成富农，但是家里并不富裕，初中毕业后就不再读书。修水库可以挣工分，他就前往工地修水库，一共是 8 年。1979 年下半年他回到村里务农；1982 年包产到户后担任了支部书记。他说："1982 年包产到户村民大部分还是支持的。"

张绪禄爱好读书，也写一些小文章，他对柳宗元比较有研究。老张特地带我们看了虞乡镇柳宗元广场上的一块奇石，这块石头是他从村里的庙里找来的。石头因为造型奇特，成为乡民崇拜的对象。"破四旧"的时候石头遭遗弃。90 年代老张把这块石头找回来，并为它撰文。这篇小文现在镌刻在石头下方的碑座上。

个案四：郑淑珍，女，1941 年生，原村妇女主任。访谈地点：虞乡镇虞乡村。

郑淑珍，土改时家庭成分为贫农。1952 年上小学，1958 年小学毕业进入虞乡五金厂当工人。丈夫原来是太原焦化厂的工人，拥有太原户口。"六二压"的时候郑淑珍和丈夫因为不符合政策被遣送回虞乡务农。由于有文化，成分好，1963 年郑淑珍当上妇女队长。1965 年"四清"运动如火如荼，她加入了中国共产党。1971 年到 2004 年一直在虞乡担任妇女主任，做妇女工作。"文化大革命"期间有人针对其工作态度贴了两张大字报。郑淑珍回忆，自己一生为人民服务，做党的干部（大部分时间是不脱产干部），付出了极大的辛劳和很多时间，常常干完农活回家就有人等调解，也因为做干部遭到一些怨恨。说到这里，她流下了眼泪。

在上述四个个案中，我们可以看出被访谈人大多出身贫寒，原初并没有强有力的经济实力或者政治影响力。他们由普通村民步入乡村权力核心主要有两种情况：第一种是张宽眉、杨生学和张绪禄这些人，他们拥有一技之长；第二种是郑淑珍等人，她由于成分好被选举为干部。技能培训和文化教育的机会在乡村是匮乏的，在技能培训的机会分配上还是偏向于成分低的村民。而在张宽眉等人身上则实现了二者的重合，他不仅成分低，而且拥有技能。在这些个案中，我们既可以看到这些农村干部的成长经历，又可以看到国家在成分划分的背景下择选基层干部，以此来实现了对农村政治资源和政治权力的重新分配。

中华人民共和国成立后，伴随着经济制度变革使乡村的政治结构也发生了根本的变化。"农民的社会地位和政治地位发生了急剧的变化，昔日生活在农村最底层，且政治上毫无地位的贫雇农，一夜之间成了农村中的主人，而昔日把持乡村社会、政治生活的地主、富农却一夜之间变得威风扫地，落到了乡村社会和政治生活中毫无地位可言的最底层。"①
于建嵘认为，在这一时期，"中农作为团结对象同样享有土地改革的成
果，由于其所受的教育和在地方上享有较贫雇农高的威望，他们事实上
成为了乡村社会的领导角色"②。

　　土改后，成分也成了新的身份。在中华人民共和国成立以后的乡村
治理中，这些"成为农村中的主人"贫农和雇农实际上并没有获得强有
力的经济支撑和极高的政治地位。地主和富农的财产被分散到贫农和雇
农手中，在原来的权力文化网络中地主和富农的声望被转移到国家身上，
由国家干部在国家的指导下行使。而这些贫农、雇农，也包括下中农等
成分较低的群体则在新国家中拥有了较为受人崇敬的政治身份，同时在
新的权力文化网络中也分享了一些政治声望。在随后的合作化运动中，
这些分散在中农、贫农、雇农手中的生产资料再次以农业合作的方式与
国家共享、受到国家更强力的控制。而新的权力文化网络则将农会排挤
了出去，上层全部成为了国家干部。上述个案中涉及的干部，正是在旧
的农会和外派干部逐渐退出后，作为本地人，依靠成分带来的政治优势，
得以接受国家在政治、医疗、会计和文化等方面的培训，回到村里成为
新一代的国家权力代理人。

　　在田野调查中，这一些基层干部普遍怀念旧时代，怀念国家的控制
和安排。他们普遍认为，国家的直接选择是最公平的。集体化时代结束
后，乡村的治理方式逐渐发生了变化，村民自治的成分逐渐增多。如今
村子里掌握权力与声望的主要是经济精英。乡村权力文化网络的构建不
再由国家权力决定，而更多的是乡村内部诸多力量博弈的结果。集体化
时代国家扶持的基层干部主要依赖国家的支持，改革开放后国家的部分
退出使这批人被排挤出乡村政治核心。乡村社会发生的不仅仅是权力的
更迭，背后所展现的是国家与社会复杂关系的重塑。

---

　　①　陈吉元等：《中国农村社会经济变迁（1949—1989）》，山西经济出版社1993年版，第
86页。

　　②　于建嵘：《岳村政治》，商务印书馆2001年版，第254页。

四　结论与余论

　　由于"四清"等一系列政治运动以及日常的科层制下的管理和监督制度，基层干部并没有积累大量的财富。改革开放后，这些集体化时代的基层干部逐渐失去了国家强有力的支持，他们原先的威望也逐步散失。由此我们发现，政治制度对于干部的选拔、干部的威望具有重要影响。在集体化时代，乡村干部是在国家掌控乡村文化资源的情况下成长起来的，他们接受的基础教育和干部培训完全是由国家经营和控制的，所以这一批地方精英是依赖于国家的。在乡村权力文化网络中，他们的权力和声望是国家赋予的，也就是说集体化时期的乡村权力文化网络是把持在国家手中的，而在当时权力文化网络的营建依靠的重要对象是这些政治忠诚的干部。

地方学者的优势与困境

——基于永济虞乡的田野调查

任耀星[*]

摘　要：作为一个地方性特殊群体，改革开放后"地方学者"在文化传承中的作用愈加凸显。本文以永济虞乡镇为田野调查点，以虞乡镇传统文化的传承与保护为考察对象。探讨了地方学者在文化传承方面的优势与困境，同时也对这种局面形成的原因进行了分析。

关键词：永济虞乡；地方学者；文化保护与传承

自改革开放以来，现代化这支画笔把中国原本的水墨画修改成了充满金属色彩的西式油画，真正属于中国历史文化的那些元素的生存状况却岌岌可危。这一剧烈的社会变动引起了国内外学术界的广泛关注。[①] 但是当前学界对于传统文化保护的一支重要力量——地方学者仍然关注较少。[②] 本文以山西永济虞乡为田野调查点，以文化保护和传承为考察对象，来探讨地方学者对于传统文化的认知和感受以及地方学者在文化保

　＊ 任耀星，山西省汾阳市人，2012—2016 年就读于山西大学历史文化学院，获学士学位；2016 年至今，为首都师范大学在读硕士。

　① 例如张志强《传统与当代中国：近十年来中国大陆传统复兴现象的社会文化脉络分析》，《开放时代》2011 年第 3 期；吉祥《地方志与城市化推进中的文化记忆抢救工程》，《中国地方志》2006 年第 1 期；张中文《我国乡村文化传统的形成、建构与现代复兴问题》，《理论导刊》2010 年第 1 期；刘诗林《当前传统文化复兴现象分析》，《科学社会主义》2011 年第 1 期。

　② 例如滕瀚、宋燕平《省属高校学科带头人培养的对策和建议：基于地方学者计划的考察》，《当代教育科学》2014 年第 9 期；钟哲辉、李哲汇、王小会《地方学者信息服务平台建设模式——以海南学者服务网为例》，《大学图书馆学报》2006 年第 2 期。

护和传承中的特点，进而从地方学者的视角来揭示这一特定历史时期国家、社会和传统文化之间的关系。而在此前，对于传统文化保护这一问题的研究大多是自上而下的、以上层知识精英为主体的视角。

本文所采用的资料主要来自两个方面：一是笔者此前对于永济虞乡进行的田野调查所收集的口述资料；二是永济虞乡不同时期的地方志、文献、报刊等。

一　走进虞乡

虞乡位于山西省永济市东部，南依中条山脉，北有涑水河横亘于境，山麓与河之间是一马平川。在《虞乡县志》里将它形容为"虽弹丸小邑，而形势、人情殊甚。临羡王官悬瀑布，五老耸插云洞，占中条之胜景，灌渠贯中央，涑河横北带，胥沐水泽之秀灵"①。虞乡虽不是重要的交通枢纽，但扼解芮而通关，远控虞城，近掣蒲坂，数县之隘，塞一郡之中权，战略位置不容忽视。

虞地之名古已有之，上古时期"陶唐氏都平阳，有虞氏迁都蒲坂，顾名思义，此虞乡之所由来也"，"周初武王克商，封周章之弟于虞，是谓周虞"。这是对于虞起源的最早记载。战国时期"秦人王官、见其城垣颓坍，即统以解梁名。此为虞解合一之始"。② 这是虞与解最早的交集。"后周明帝武成元年，改秦州，置蒲州，此为蒲州之始。改南解，置绥化郡。北解属焉，未几又改绥化为虞乡。虞乡之名始也。隋文帝开皇十六年，改蒲州置司隶刺史部。斯时罢州为郡，虞乡为县属刺史部。大业九年，从虞乡于今解县治，属河东郡。"③ 这是关于"虞乡"的名称来源。随后历代虞解之间几经分合，直到中华人民共和国成立，1961 年将运城县拆分，将虞乡县并入永济县，降级为镇，直到如今。

现在的虞乡镇全镇下辖 37 个行政村，55 个自然村，224 个居民小组，

---

① 周振声等编：《山西省虞乡县新志（一）》（序一），台北成文出版社 1968 年版，第 9 页。

② 周振声等编：《山西省虞乡县新志（一）》，卷之八沿革考，台北成文出版社 1968 年版，第 789 页。

③ 同上书，第 792 页。

41501 人。① 1996 年，虞乡被列为全国小城镇建设 500 强，2000 年被山西省定为 35 家重点培育发展中心镇之一。

二　虞乡地域文化保护现状

地域文化也称地方特色文化，它是指在一定的时空范围内特定人群的行为模式和思维模式的综合产物。不同地域内人们的行为方式和思维模式不同，便导致了地域文化的个性化和特色化。从地方文化的现实意义角度来看，在民间社会层面，它们一般作为当地人日常生活中最基本的一部分而存在；而在国家层面，这些文化特色又与国家权力密切相关。换言之，地方文化可以看作国家与社会共同作用的产物。虞乡所在区域作为中华民族最早的发源地之一，本身便具有极高的地方文化发掘价值，但是随着时代的变迁，尤其是近现代以来"欧风美雨"的洗礼和中华人民共和国成立后集体化时代的社会风潮，很多当地特有的文化习俗已经被人们所遗忘，历史遗迹也因为年久失修而逐渐消失在人们的视线中。改革开放以来，随着人们生活水平的提高，虞乡在重新恢复其传统文化过程中也逐步建立起一套较为完整的地方文化保护体系。

在虞乡，地方文化保护和开发的主体一直是政府，文化单位都是国家包办、财政完全供给、政府部门统管。这些单位一般包括博物馆、图书馆和艺术馆，其中博物馆、艺术馆负责对地方历史文物进行计划保护，图书馆则对非物质文化遗产进行整理保护，此外县地方志办公室、档案馆、文物局等文化机构也对地方传统民俗、文化典籍和历史遗迹进行搜集、整理或撰文介绍。但是政府机关在发挥作用的同时，也存在着许多不容忽视的问题：如地方政府的行政效率不高，金融部门运行效率低下，造成地方文化保护资金的到位不及时；政府文化责任缺位，过分强调经济效益，"文化搭台，经济唱戏"，一切从经济效益出发，把传说当事实，把神话当典故、争古人、造古迹、编神话；使传统文化被"改头换面"；文化产业制度不健全且执行中存在问题，不合理的管理格局与长期以来

---

① 《永济市 2012 年国民经济和社会发展统计公报》，永济市统计局，2013 年 3 月 14 日。

形成的官办合一体制，造成文化领域内的地方封锁、流通渠道不畅等问题。①

企业是文化传承和保护的参与者。旅游文化品牌是旅游业发展的基础，企业为了推出具有本地区文化特色的旅游品牌，构筑完善的旅游品牌体系，使它在国内市场上获得较强的旅游竞争力，会投入大量资金和精力在本地地方特色文化的传承和发展上面，这在很大程度上有助于传统文化的延续。但是为了适应市场和旅游者的需要，企业也会对地方特色文化进行不同程度的修改，造成传统文化的失真。此外大量外来者的涌入，也会对地方文化造成难以想象的冲击。

地方高校是保护和开发地方文化的一股新生力量。随着文化产业的发展壮大，高校在文化产业发展中的服务作用越来越大。一方面，由于高校拥有多元的文化和雄厚的科研实力，能为地方文化产业的发展提供智力支持和人才保证。另一方面，地方文化产业的发展能够促进高校科研成果的转化和推广，进而提高高校的核心竞争力。这是互惠互利，相辅相成的，但地方高校服务文化产业也同样存在问题：如地方高校师生服务文化产业意识薄弱；缺乏服务地方文化产业发展的人才培养机制；地方高校"产学研"成果转换率低等②，这些都成为阻碍地方高校发展服务文化产业的因素。

以上三方面表明，不同组织在地域文化传承和保护方面虽然都发挥着其不可替代的作用。但是，在这里我们忽视了地方文化的持有者——普通民众。在文化的传承中，没有他们有意识的参与和保护是不可能的。正因为如此，我们对于普通民众中的代表——地方学者的关注也就具有了特别重要的意义。

三　邓解放与虞乡研究

邓解放原是虞乡镇新义村人，1967 年高中毕业。受当时"文化大革

---

① 杨芳芳：《地方政府在文化产业发展中的角色定位》，《华东经济管理》2011 年第 12 期。
② 任泽娟：《地方高校服务地方文化产业途径探索》，《重庆电子工程职业学院学报》2013 年第 4 期。

命"大背景的影响，从 1968—1981 年一直在本村担任教师，由于村内教师资源匮乏，他在十多年中教过数学、语文、历史等多门学科。单单做一个教书匠让他心有不甘。终于，机会来了。1981 年在参加运城教师培训的路上，邓解放和几位同事进行了交流，因为大家都感觉继续在一个小村子里做教师意义不大，所以借这个培训的机会他对当地的一位领导谈起了自己的一些见解，于是在 1982 年他被调到了虞乡镇劳教所①，成为虞乡劳教所的一名干警。

2001 年，55 岁的邓解放退休。退休之后的邓解放开始把注意力转向了虞乡当地的传统文化，会在家看一些相关书籍。他在看书的过程中发现，史书中关于舜帝的记载经常会提到虞地，书中对舜帝活动的地方描写也与虞乡极为相似。此外，在虞乡镇自古就流传着舜帝孝文化的传说。"我是虞乡人，据说舜母握登还与我的家族有着远古的血缘联系，所以，我一定要弄清虞舜有关的真实历史和文化源渊。"② 这句话很直接地表达出了邓解放身为虞乡人的责任感和使命感。

2011 年，邓解放自费在北京待了一个月，只凭高中学历，也没有寻找相关专业领域专家的指导，每天在国家图书馆中查阅相关资料。在参阅了国家图书馆馆藏的《中国古代诸侯国存亡谳异》《中国古代姓氏来源辑录》《中国古地名辑录》《图解汉字》《新说文解字》等专业性书籍后，他收获很大。凭借他之前的初步研究，他又特意阅读了一下湖南学者编撰的《虞舜大典》，浏览了网上大量虞舜文化，再结合与虞舜文化相关联的《山西通志》《安邑县志》《解县志》《临晋县志》《蒲州府志》《永济县志》等地方志史料，特别是反复翻看了《虞乡县志》，对虞舜文化基本有了清晰的了解，开始动手写一些文章。

邓解放在短短两三年内对舜帝的研究有了重大收获。2012 年年初，他写出自己的第一篇舜帝研究稿——《舜帝虞乡——关于舜的先卒及活动之地的实证新考》，紧接着又完成《虞乡——中国·中华的起源之地·虞乡最早叫中国》《伍姓湖：舜帝当年所渔之"雷泽"》《德孝文化起虞舜·虞舜孝道源虞乡》《广效泉、舜井、古橡树、与中国、中华、华夏》

---

① 旧称为虞乡农场，后改为虞乡戒毒所。
② 邓解放：《舜帝虞乡·虞舜文化研究》，《学术论丛》2012 年第 2 期。

等数篇与虞乡镇紧密相关的文章。

在访谈中，他还谈到最初文章发表时的偶然与不易。第一篇作品完成时，邓解放曾拜访了一位舜帝研究的学者。他的这篇作品引起了专家的兴趣，在这位专家的帮助和修改之下，这篇文章在山西社科院主办的《学术论丛》杂志 2012 年第二期和第五期上部分刊载。但由于《学术论丛》是较为专业的期刊，后续投稿均无回音。之后他开始把注意力转向了一些地方性的报刊，如《运城日报》《蒲州文学》等。

在舜帝研究上，邓解放也有着自己的不懈与执着。在运城盐湖区舜帝陵考察时，听到附近有导游在介绍舜帝的生平与功绩，但介绍的颇不仔细，邓解放直接上前质问："你知道舜帝是距今多少年的人物吗，知道他生前活动的范围吗？"结果可想而知，导游被他问的哑口无言。在访谈中说起这件事时，邓解放对导游的不认真态度依然很不满。①

邓解放不仅在舜帝问题上倾注了很多的心血，而且在虞乡当地的柳宗元文化和司空图文化方面也有其独特的见解。

柳宗元（公元 773—819 年），字子厚，河东（现在山西运城一带）人，唐宋八大家之一，唐代文学家、哲学家、散文家和思想家。世称"柳河东""河东先生"，因官终柳州刺史，又称"柳柳州"。柳宗元与韩愈并称为"韩柳"，与刘禹锡并称"刘柳"，与邓维、孟浩然、韦应物并称"邓孟韦柳"。

为了纪念虞乡镇的这位大文学家，镇里出资修了柳宗元广场。邓解放也在舜帝研究之余对柳氏文化有一些新的发现。

虞乡当地流传着一段顺口溜："屯里葱、马铺头蒜，洗马的女子不用看。"这引起了他追踪溯源的兴趣。邓解放在查阅了《虞乡县志》后，首先明白了洗马村的来历。据《虞乡县志》载："按柳崇，邑人，仕魏，为本邑中正，后以太子洗马致仕，居此故名。"这里说明了洗马的得名是和柳崇这个太子洗马官相关联的。柳崇是柳宗元同宗八世祖，家住虞乡洗马村，在南北朝时的北魏做官，是本县的中正，后来当了太子洗马。太子洗马是个官名，专管太子的书籍和资料，属三品大员。致仕，是说卸官下来，居住在此。因为他的官显名扬，为了纪念他也就有了这个村名。

---

① 本段均为访谈口述资料整理。

而县志记载柳氏一族男子长相俊美，"柳崇，字僧生，是位标准的美男子，他身长八尺，美须眉目，雅有器量，兼有学行。"又据柳氏族谱载："柳楷，身长八尺，善草书，颇涉之史。"其兄柳庆和，史载"其性情深沉文静"。① 此外，老人还查阅了《山海经》，"宜女子……有草焉……名曰荀草，服之美人色"。从这段记载可以看出洗马村出美女的另一个原因。青要山下有一泉，名曰洗马泉，洗马泉流经洗马村。此处适宜女人居住，女人服用了荀草润泽的水，使她们的皮肤洁白漂亮。②

邓解放在他的另一篇文章《重读柳宗元诗》中也有独到的见解。柳宗元最著名的诗《江雪》："千山鸟飞绝，万径人踪灭。孤舟蓑笠翁，独钓寒江雪。"很多人都认为这首诗是一首藏头诗，每句首字截取的"千""万""孤""独"正体现了柳宗元被贬柳州之后内心的孤独寂寞之情。但邓解放发现《江雪》还可能是一首掐尾诗，截取每句句尾字可获得"绝""灭""翁""雪"四字也描述了柳宗元独坐贬谪之地的绝望与悲凉。③

四　地方学者的优势与困局

像邓解放这样未经专业训练，但因为自身兴趣而在某种领域取得了一定成就的人物，我们通常称为"地方学者"。身为地方学者的他们和专业研究人员相比有着属于自己独特的优势。

第一，地方学者对地方十分了解，对地方资源的占有也有着优势。地方学者的调查人脉和其他资源的优势是专业研究人员在短期田野调查中所难以企及的。比如在邓解放文章中曾提到"十月份的某天虞乡又逢集（虞乡一、四、七逢集会早已流传若干年），我与文友牛普琦先生在日杂门市部前相遇，老板赐坐后，我俩扯起虞舜文化，他告诉我，最近整理资料时，发现重修文庙的碑文上有与虞舜、橡树、中国、中华等相关的内容。一听此话，我耳目大张，反复叮咛一定把该内容的东西尽快让

---

① 邓解放：《洗马美女与柳氏文化》，选自《永济报》，2011－07－08。
② 邓解放：《青要山与邓官"鸣玉泉"》，由访谈专家中书稿搜集所得。
③ 此段来自于对老人的口述资料整理，并未见文章原文。

我看一下，他答应抄写好后给我。从这天开始，天天记起，时时想起。终于在十一月十九日中午十时左右，才看到了牛先生认真抄写的文稿。粗看了一下内容，即邀请牛先生到虞乡喝酒吃饭，牛先生答应改天到永济再请"①。

第二，地方学者调查的长期性、便利性和延续性。在对邓解放的访谈中他多次提到，他经常会在午后骑着电动车独自一人在虞乡大大小小的村落、荒野闲逛、寻找、实地考证。功夫不负有心人，他在虞乡郊区找到了古书记载中的舜帝古橡树、舜井、舜帝陵原址（这些地方均未考古论证，现尚不确定）。在他的作品中也多次提到："本人于二零一二年八月二十四日至九月七日先后在蒲阪、姚墟就是今虞乡张家窑一带反复寻找当地村民、干部、退休人员、放羊的等，了解舜泉和舜井情况。"② "笔者与虞乡祁先生于去年十一月份多次到虞乡城南拜访勘察，并找见了芦子泉的原址，只见芦花随风摇曳，仿佛在欢迎我们的到来。还从西源头张先生等人口中了解到，解放后，曾在此处挖出当年武则天让术士断气的石板。芦子泉是黄河之水从中条山下渗流过来。渗至西源头北与虞乡城南交界处，从地下冒出，在此形成了一池水。此水由此往东经果树场拐北过申、刘二营入鸭子池。"③ "最近我几次深入邓官谷，寻找当地熟悉历史，了解地形之人，自己提上书包，边走边看边吆喝，查找舜陵。"④ "费尽周折，终于发现舜陵，一亩大小，六七米高的一个土丘，傲然屹立在邓官谷西陵上。这就是虞舜之瓦棺的陵墓（寻找的过程略，今已拍照，留作纪念，我祖孙三人于公元 2012 年 1 月 25 日（农历正月初三）午时12 时左右拍摄完毕）。"⑤

第三，"了解之同情"⑥。这句话本是陈寅恪先生提出的，但这句话用

---

① 邓解放：《广效泉、舜井、古橡树、与中国、中华、华夏》，由访谈者家中书稿搜集所得。

② 同上。

③ 邓解放：《鸣条与苍梧山考略》，由访谈者家中书稿搜集所得。

④ 邓解放：《舜帝虞乡·虞舜文化研究》，《学术论丛》2012 年第 2 期。

⑤ 同上。

⑥ 陈寅恪先生三十年代在《冯友兰中国哲学史上册审查报告》开端就说："凡著中国古代哲学史者，其对于古人之学说，应具了解之同情，方可下笔。"陈寅恪：《金明馆丛稿二编》，上海古籍出版社 1980 年版，第 247 页。

来形容地方学者也极为贴切。作为当地人，天然的会对当地文化产生认同并极具了解，所以在研究过程中，他们会更容易进入历史现场，产生共鸣，作品因而更具地方性、乡土性和深入性。

第四，地方学者还是对地方传统文化最直接的保护者和开发者。传统中国社会的基层结构是一种所谓的"差序格局"，是一个"一根根私人联系所构成的网络"，维系这个网络的是私人的道德、血缘和地缘。[①] 虽然如今这种社会关系有所削弱，但不能否定其仍然存在。这些地方学者身居地方，对当地文化又有深入的了解和认识，所以这一人群对地方遗产的关注和保护可以充分调动地缘、亲缘和地方道德资源，对于地方文化保护事业有着极大的地域性优势。

存在的优势是明显的，但现在地方学者在学术研究方面也面临着很大的困局。

第一，无法获得国家或相关机构科研项目的资金支持。前文提及，邓解放在赴京查找资料时，一个多月的开销全部自费，之后去湖南考察当地舜帝遗址时的花费也是自费。这些开支对于一个普通退休老人来说尚且是巨大的，而对于没有退休保障的普通民众来说更是难以承受的。

第二，地方学者在研究中有时也会受到部分人群或机构的忽视。邓解放在谈及他的研究成果得到很多人认可后，也有一些人会上门求稿，但是有些人在求稿过程中只是承诺其成果会予以刊登，但不承诺提供任何相关研究经费和稿酬。这种行为显然是对地方学者群体劳动成果的不尊重。同时，部分地方学者在向相关部门提出保护当地文物遗迹的建议也一直没有受到应有的关注。

第三，地方文化的研究后继乏人。地方学者大多是利用退休后的时间来进行研究，但是在有意识的搜集下，这些人掌握了很多当地特有的极为宝贵的传说故事和地方性碑刻资料。但是在本地却找不出愿意传承这一研究事业合适人选，使这些资源得不到很好的保存和发扬。

综上所述，当今社会地方学者在文化传承中面临很多困局，这种现象是不利于地方文化资源保护的。在地方学者取得社会支持与重视的这条道路上，我们还有很长的路要走。

---

① 费孝通：《乡土中国》，上海人民出版社 2006 年版。

五　结语

首先对地方学者个体进行分析。现在的地方学者单从年龄上看，大都是"文化大革命"那段岁月的见证者和参与者，萧功秦先生对于这段经历有着极为深刻的认识："由于我是在极左时代度过青少年时期的，我们所经历的民族苦难，使我产生一种无法摆脱的责任感"①，在社会发展过程中"传统文化和价值体系，对于现代化过程有着特殊的助力"②，萧功秦先生和邓解放作为同时代的人，他们对时代的经历和感受应该是有相似之处的。地方学者在经历了那个年代对传统的疯狂否定之后，随着头脑的逐渐冷静，他们开始体会到传统文化的重要，所以他们对于传统文化的传承和保护会有着一种异乎寻常的热情和责任感，这是特定时代背景下的产物。当然，我们也不能对地方学者这一群体过于拔高。景军在研究大川孔庙的过程中曾经提到人们恢复传统文化或仪式并不是机械地返回到过去，而是与文化创造相伴随，受到激进社会主义时期地方性经历的塑造，而且还渗透了人们对当代的关怀。③ 而地方学者在这一方面问题更为严重，由于他们缺乏相关专业的训练和常识，出于对家乡盲目的热爱或受社会框架的束缚，在一定程度上会对传统文化进行新的解释或修改。一方面这是一种文化创新的尝试，但另一方面也会造成对历史真相的掩盖。

从国家的层面分析，政府把传统文化的复兴归因于改革后政府对以前国家文化政策的修正，但更为重要的是这种文化现象是新的社会经济秩序的内在必然结果。④ 所以围绕文化资源，政府部门、文化企业、高等院校和地方学者进行的博弈中，地方学者代表着地方的文化和经济力量，是新的社会经济秩序中最具生命力和发展潜力的一部分。这种情况足以

---

① 萧功秦：《反思的年代》，复旦大学出版社 2010 年版，自序第 3 页。

② 同上书，第 14 页。

③ 景军：《神堂记忆：一个乡村的历史、权力与道德》，福建教育出版社 2013 年版，第 13 页。

④ 王铭铭：《灵验的"遗产"——围绕一个村神及其仪式的考察》，载郭于华主编《仪式与社会变迁》，社会科学文献出版社 2000 年版，第 26 页。

引起我们对正在进行的文化传承和保护工作的反思。

　　从历史的角度看，传统社会的统治架构实际上一直存在着上下两层，一层是全能政府，一层是地方精英领导下的自治形态，[①] 在现今社会，国家对于地方的具体治理依然离不开地方自治组织的力量。以文化产业为例，无论是政府机关、文化企业还是地方高校，都是自上而下的去关注问题，而无法将关注的重点深深地扎在基层社会，这种情况下只有发挥如邓解放这样真正有深刻理解和责任感的地方学者的力量，才能将地方文化保护传承体系建构的更高效、更完整。

　　总之，借用严复的一句话"设其（传统）去之，则其民之特性亡，而所谓新者从以不固"[②]。在现代化极大改变人民生活的时候，我们不仅需要国家话语的领导，还需要地方传统文化作为大众认同的价值符号来引领大众固守自己的精神家园，这样才能保证民族特性与现代化发展的统一性与多元性的有机统一，使"民之特性"愈显而"新者"愈牢固。

---

　　① 张鸣：《乡村社会权利和文化结构的变迁，1903—1953》，陕西人民出版社 2008 年版，第 34 页。

　　② 严复：《与〈外交报〉主人书》，《严复集》第三册，中华书局 1986 年版，第 560 页。

调查报告篇

张营镇、城西街道田野考察札记

郭佩祥　冯　玲　马红玉[*]

2014 年 5 月 25 日—6 月 2 日，在这个麦浪涌动，瓜果飘香的季节，我们来到山西省永济市开展为期一周的田野调查。根据考察的实际需要，此行中心 20 余名师生分为 5 个小组，我们分在第一组，组长为胡英泽教授，组员为郭佩祥、马红玉、冯玲。我们组分别前往永济市张营镇和城西街道开展田野考察。

一　实践篇：田野考察总体情况

此次调查，我们组在镇（街）党委政府和文化站站长的安排、协调下，先后前往 44 个村庄，目睹了即将建成的大西高铁横亘黄河的宏伟气势，感受着农民麦收季节的激动和喜悦，体味着新农村建设的花繁叶茂。我们走访在任和退休的村两委干部、乡村文化精英、村集体经济组织负责人和村民共计约 100 人，在 13 个村庄搜集到了一些档案资料（其中含有土改资料、专政对象档案、阶级成分登记表、各级各类文件、农业、工业、人口等统计报表、工分登记表、各类单据、各类账册、教育医疗、

* 郭佩祥，山西省运城市盐湖区人，2009—2013 年就读于山西大学政治与公共管理学院，获学士学位；2013—2015 年就读于山西大学中国社会史研究中心；2015 年至今，为山西大学中国社会史研究中心在读博士。

冯玲，山西省平定县人，2010—2014 年就读于山西大学历史文化学院，获学士学位；2014—2017 年就读于山西大学中国社会史研究中心，获硕士学位。

马红玉，山西省太原市人，2009—2013 年就读于山西大学外国语学院，获学士学位；2013—2016 年就读于山西大学中国社会史研究中心，获硕士学位。

文化民俗、民事调解等方面的档案等）。这些档案以集体化时代居多。在调查中，我们也注重口述访谈，发现了许多值得继续深入采访的乡村精英，如东姚温村的展天星、水峪口村的史淑芳等。

此次调查，我们组在胡英泽教授的带领下，全体组员不避寒暑，全力以赴，通过搜集乡村历史文献档案，锻炼了实践操作能力，培养了档案意识；通过口述访谈，锻炼了访谈技巧，培养了问题意识；通过协调各方诸事，锻炼了组织协调能力、人际交往能力、调研组织能力和团队配合能力。

返校后，我们趁热打铁，加快资料整理建档的初步研究步伐，对带回中心的档案资料进行初步分类整理，对未带回中心但已拍照的档案进行电子建档、分类，并对调查期间填写的调查统计表进行妥善保存。田野考察期间，我们组共撰写田野日记18篇，郭佩祥同学结合实践重点谈了自己对实践意识、乡村历史文献档案保护的感悟，马红玉同学以采风篇、饮食篇、资料搜集篇、口述访谈篇等记录了实践心得；冯玲同学以记叙的方式记录了自己每日实践感悟。其中，郭佩祥同学的田野札记：《大学生农村社会调查的实践意识》一文已在国家发改委机关报《中国改革报》发表，并被《山西科技报》（县域经济专版）和山西大学报全文转载；《文化的载体：浅谈乡村历史文献档案的现状和保护》一文在国家民政部主管的《乡镇论坛》期刊发表。

二 认识篇：大学生开展田野调查的实践意识

何为实践意识？通俗地讲，实践意识是大学生勇于、敢于、善于走出校园，走向基层社会。我们青年人也许曾向往"一次说走就走的旅行"，曾羡慕别人在村里学会了养猪、喂鸡、开拖拉机、种田园地。但是如果没有实践意识，我们永远只是象牙塔里的井底之蛙，不会成为那个心神向往的"田野追梦人"，基层农村也只会成为我们坐在校园"摇椅"上幻想的"异邦世界"。毛泽东在井冈山根据地开展的《寻乌调查》《才溪乡调查》等，均是在大量调查基础上撰写而成的名文名篇；在《反对本本主义》一文中，他更是发出"没有调查，就没有发言权""调查就是解决问题"等著名论断。田野调查是社会实践的重要手段，那么大学生走向基层开展调查研究为何要树立实践意识？

实践意识有助于大学生提升实践能力。青年学子在校园里认真研读理论书籍，努力形成自己的知识谱系，但组织能力、协调能力、动手操作能力、社会交往能力等重要素养的培育却略显滞后。这样的人才不是社会所需要的全面发展的人，也凸显出走向基层提升实践能力的重要性。比如这次永济农村调查，我们既要做好各乡镇书记、镇长、文化站站长、村两委干部的信息沟通交流，又要根据天气、交通和当地习俗等合理安排调研行程，因为我们不可能在下雨天去村长家里把地板踩脏，也不可能在民众出门赶集时把访谈地点安排在家中；另如，之前在长治、临汾等地开展农村调查，我为了更好地体验农民生活，学会了摘棉花、打农药、割小麦。这些技能在校园里和电视上觉得"小菜一碟"，但基层实践中却暴露出我的无知，我也庆幸趁着年轻掌握了这些技能，提高了自己的实践能力。

实践意识有助于大学生学习科学知识。实践是人们认识世界、改造世界的重要活动，是大学生连接理论和现实的重要纽带。以实践意识为核心的社会调查是实证研究的主要形式，只有树立实践意识，把书本的知识放在一个村庄、一个区域、一个个鲜活的基层现实案例中去理解和检验，大学生才能够真正掌握科学文化知识。比如我之前对于老师课堂上所讲的农村精英理论颇感枯燥和不解。一周的永济调查结束后，我认识到农村政治精英的主体是在任和退休的村两委干部；经济精英的主体是乡镇企业家和致富能力较强的个体工商户；文化精英的主体是村里的"读书人"。比如我在城西街道东姚温村采访老先生展天星，其早年作为教师和扫盲队骨干赴吕梁山区农村开展拼音、识字等扫盲工作，回村后潜心治学，写下大量日记笔记和回忆文字，村里每逢红白喜事，都要请教他撰写对联，商定议程，他便是典型的农村文化精英。因此，只有树立实践意识，大学生才能够学理论、懂理论、用理论，最终达到理论和实践相结合。

实践意识有助于大学生研判基层形势，思辨现实问题。古语有云，"秀才不出门，全知天下事"。但在知识爆炸，信息发达，情势万变的现代社会，即使再淡定、再"博学"的秀才，也不可能足不出户就能够全面、客观、准确地"知天下事"。我是运城市盐湖区人，对于相邻县域永济市只是大概听长辈们说到"那个地方饺子好吃""去黄河边上一踩一脚鱼""这几年发展不错",但要以大学生的创新思维去解读永济经济社会发展变迁的内在逻辑,却含糊其辞,一知半解。这次调研回来,我能够基本了解永济市的政权组织、行政区划、产业结构、旅游资源、民俗民情和乡镇特色,眼界可谓大开,原来小时候脑海中那片"靠近黄河角角的地方",却如此独具魅力。因此,只有树立实践意识,大学生才能够接触、认识和理解基层社会的发展变迁和形势变化,一经与所学知识结合,就能够客观评判、思辨社会现实问题,逐步成为一个理性的而不是"愤青"的合格青年。

实践意识有助于大学生服务回报社会,实现自身价值。学术研究、科学探索的终极目标是服务社会。那么,社会需要什么?什么样的理论、对策、建议应用于社会便能够产生助推作用?这就需要树立实践意识,倡导产学研相结合服务社会,这样作为"社会的人"的大学生才能够实现自身价值。这次永济调查,我们重点对各个村庄的乡村历史文化和文献资料进行了搜集、整理和保护。比如在张营镇的永宁村,城西街道的小张村等新农村建设如火如荼,但是真实记录村庄发展历程和经验典型的村务管理资料却没有得到较好保存,甚至被鼠咬虫啃。我们帮助村庄对这些珍贵历史文献进行整理、登记、修复和扫描,并提出了促进农村文化建设的意见,得到了老村长的积极响应。我认识到,大学生在努力学习科学知识的同时,一定要树立实践意识,走向基层出点子、想法子,做出对社会有用的学问,成为对社会有用的人才。

诚然,在开展农村社会调查中也会遇到很多困难和迷惑。比如在永济调查中,我发现当地外出打工,开扯面馆、饺子馆的人特别多,部分村庄为了保卫留守老幼和宅院,大多饲养大型犬种。面对"恶狗"的追赶、饮食的不惯、住宿的不适、方言的不解,我没有选择退缩,因为这些都是大学生前往陌生的"他者世界"所必然经历的成长过程;在实际推进调查中,我也曾因自己的缺点和愚钝倍感自卑和迷茫。在不断的探索中,我逐步找到了自信。一个人的自信不是嘴上的夸夸其谈和"大放厥词",作为一名想要具备创新思维的大学生,我们的自信来源于研究的领域和身处的环境。中国农村的现代化具有其甚厚的现实基础,尤其是山西农村,从互助组、初级社、高级社、人民公社,到改革开放后的村民自治、"两票制""一肩挑"一路走来,其间很多政策措施和典型经验都走在全国前列。我们只要树立实践意识,眼睛紧紧盯住区域的历史文化特色和经济社会形势,走向田野感知新农村建设和新型城镇化建设的基层实践,就能够看到别人看不到的景象,悟出别人悟不透的道理,进而在实践中树立起学术自信,找到研究的创新点。

实践意识是大学生提升实践能力,学习科学知识,研判基层形势,思辨现实问题,服务回报社会,实现自身价值所必须具备的核心理念,投身基层也是青年学子追寻中国梦的重要路径。实践不是吆五喝六的请客吃饭,不是花拳绣腿的逢场作秀,而是脚踏实地的人生旅程。只有树立实践意识,不局限于书房斋成为"书呆子",勇敢大胆地走向田野社会,才能够在基层实践中不断成长成才,真正领悟中国梦的广泛内涵,我们所学的知识才能够对社会发展产生积极作用。

三 反思篇:浅谈乡村历史文献
档案的现状和保护

永济市历史文化遗产丰富,乡村历史文献档案保护工作在政府和基层农村的努力下整体情况较好;但部分村庄存在档案随意丢弃,鼠咬虫啃,发霉变质的现象,乡村历史文献管理保护的前景堪忧。

何为乡村历史文献档案?我国档案法已对"档案"的概念有明确规定,但对乡村历史文献档案尚未作出系统界定。笔者认为"村里的档案"主要包括以下三个类型:一是历朝历代的家谱、族谱、碑刻、墓志铭、契约、户口册、地亩册、房窑证等,以及具有区域特色的档案。如永济黄河岸边村庄均制成测量滩地亩数的滩地册;二是集体化时代的土地改革材料、历次政治运动("四清"运动等)材料、农业社相关文书(账册、生产计划等)、各类文件、村务管理材料(计划、总结、合同、统计报表等)以及教育医疗、文化民俗、民事调解等方面的档案;三是改革开放至今农村三次产业各类文献、教育、医疗、文化和社会治理等档案。

乡村历史文献档案保存的现状如何?调查表明以上三个类别中,改革开放之后的档案保存情况较好,大多数村委会均购置档案柜、文件柜等进行较系统的保存。但前两类档案管理保护现状堪忧,即便是新农村建设和新型城镇化建设的先进村典型村，情况亦不乐观。笔者走访村两委干部、访问村集体办公场所时，村里人大多以"没有了不知道、卖给收破烂的了"来回答村庄历史档案的下落，70%的村庄历史档案已不见踪影。当笔者得到村干部允许，"翻箱倒柜"苦寻档案归宿之时，眼前现状让人触目惊心：存放于档案柜的历史档案由于未得到恒温、恒湿等科学手段的管理，很多重要文献经鼠咬虫啮后仅部分留存，甚至被损为碎片；存放于地下室、仓库的历史档案，由于任意丢弃、无人管理，在受潮、虫蚀等环境下加速发霉变质，这些珍贵的农村历史文献已难以修复利用，让人不禁叹惋！

为何出现如此现状？笔者认为一是由于农村档案历史久远，经历岁月剥蚀，其风化褪色、变质腐烂是不可抗拒的自然现象，另外如自然灾害、兵劫匪掠等构成档案被毁的自然和人为因素。二是农村档案管理制度不健全、责权不明确。根据档案法规定，县级以上各级各类档案馆，负责接收、收集、整理、保管和提供利用各分管范围内的档案，乡镇政府负责保管本机关的档案。法律没有对分管范围做出明确界定，使得对农村基层档案"一个地方一个办法""有用的就收到档案局，没用的不管"，削弱了农村档案管理的可操作性，且村级组织不是政府职能部门，政府对村务只进行指导和监督，并没有强制的行政命令，"我们村里的东西想给也行，不给他们也不能拿走"，削弱了档案管理的执行力。三是基于农村实际情况，大多数村庄并没有档案管理的专项经费支出和上级财政拨款。导致村庄在缺少经费的情况下，即使开辟档案室建立档案柜，也没有能力全面完善档案管理。四是受传统观念和政治意识影响导致档案保护意识不强，交接工作不完善。农村传统意识重物质轻文化，视历史文献档案为"烂纸片片"，"卖给收破烂的还能喝酒吃肉"，珍贵档案成为可有可无的物件；经历建国后的历次政治运动，"批斗、坏成分"等成为农民印象中挥之不去的忧虑，对于学术界研究价值很高的四清阶级成分登记表等重要文献，很多村民扔之烧之为快，生怕这些资料成为被斗争的依据；现今村民自治存在的"一任干部一张图纸、一个规划"的不良态势，导致新任履职后对于前任留存的村务档案重视不够，交接工作不完善。林林总总的现实原因导致农村历史文献档案管理和保护现状堪忧。

开展乡村历史文献档案搜集、整理和保护有何意义？首先，农村档案是乡村文化的载体，新农村建设只有在档案资料的有力呈现下才能找到其发展演变的历史路径和文化内涵。如今很多村庄在编修村志时，都要查阅村庄历史档案客观全面书写，而没有或缺乏档案资料的，只能胡编乱造，泛泛而谈。这种情形所支撑的中华文化是没有强力根基的。因此农村历史档案的保护是守护中华文化的根本。其次，农村档案是开展新农村建设的历史依据和资料来源。笔者调查时遇到永济辛营村村长，他正在用清朝时期的滩地册与土地局和邻村商议黄河滩地归属问题，"有了这些老资料，我们和人家打官司也不至于胡闹"；再如现今农村选举、人口、婚姻、就业等很多重要问题，都需查阅村庄历史档案了解具体数据。最后，农村档案是开展学术研究的资料支撑。为强化实证研究，理论结合实践加快产学研步伐，很多学者坚持"走向田野与社会"的治学理念，前往基层开展口述访谈、实地观察等，农村档案搜集也成为社会调查的重要工作。没有历史文献的支撑，学术界难以做出客观真实、全面科学的学术研究。

如何开展乡村历史文献的保护？笔者认为：第一，各级政府应制定完善的档案管理政策法规和舆论宣传引导机制，明确保护工作的责权界定，明晰档案资料的类别划分，增加管理保护的政策支持和经费支撑，加强档案管理的业务指导，严厉打击非法商贩利用档案开展谋利行为。村级组织应开辟专地、指定专人严格建档，完善档案资料的代际传递和交接手续。这样才能明确乡村历史文献有何类别，如何管理，谁来负责。第二，社会各界尤其是农村社会，应树立档案意识，充分调动村级组织、宗族、家庭和乡村精英的积极性，把档案资料视为村庄的传家宝细心呵护，代代相传。第三，学术界应发挥其在搜集、保护、研究乡村历史文献档案中的先锋作用，加快研究利用步伐，以问题意识为中心不断发掘扩充农村档案的历史延展、学术意义和文化价值，并为档案管理在防火、防盗、防光、防虫、防潮、防尘、防腐等方面提供科研技术支撑。

欲亡其国，先灭其史；欲灭其族，先灭其文化。乡村历史文献档案作为乡村文化的坚实载体，新农村建设的历史依据和学术研究的资料支撑，其丰富多彩的面貌相容和生动活泼的历史再现必将继续引起社会各界的高度关注，不断催生学术研究的增长点和创新点。现实是历史的延续，习总书记关于改革开放前后"两个三十年"的重要论述，要求我们找到二者的内在逻辑结点。因此，政府、农村、社会和学术界应树立"大档案"意识，形成乡村历史文献档案保护的协调联动机制，建立覆盖农村各方面和广大农民的档案资源体系，不断加强档案的收集管理、保护利用和研究工作，为新农村建设提供坚实的历史依据和路径选择。

韩阳镇和卿头镇的乡村聚落考察

边 疆 王 堃 李佩俊[*]

一 引言

永济市，地处华北、西北、中原三大地域连接处的山西省西南端，是晋、秦、豫"黄河金三角"区域的中心，西与陕西省大荔县、合阳县隔河相望，南依中条山与芮城县接壤，东邻运城市区，北接临猗县。

永济历史悠久，文化灿烂，历史沿革可上溯至古唐虞时代，秦汉以后，长期为古河东地区的政治、经济、文化中心。漫长的文明积淀与地处中原黄河流域的优越地理位置，辅之以当时温润的气候，丰富的物产，让永济具备了发展农业生产、铸造农耕文明的优越地理环境，因而在华夏文明起源及其发展的历史进程中占有重要的地位。苏秉琦曾经说过"小小的晋南一块地方曾保留远自七千年前到距今二千余年前的文化传统。可见这个'直根'在中华民族总根系中的重要地位"[①]。而作为古河东地区中心的永济市无疑是这个"直根"的根尖。

2014 年 5 月底，山西大学永济国家级校外实践教育基地挂牌成立，我们在李嘎副教授的带领下，组成了一个历史地理专业调查组，对永济

* 边疆，山西省五台县人，2013—2016 年就读于山西大学中国社会史研究中心，获硕士学位。

王堃，山西省太原市人，2009—2013 年就读于中国矿业大学，获学士学位；2013—2016 年就读于山西大学历史文化学院，获硕士学位；2016 年至今，为中国人民大学在读博士。

李佩俊，山西省太原市人，2010—2014 年就读于山西大学初民学院，获学士学位；2014—2017 年就读于山西大学中国社会史研究中心，获硕士学位。

① 苏秉琦：《华人、龙的传人、中国人》，《中国建设》1987 年第 9 期。

市韩阳镇和卿头镇所辖的 50 余个行政村进行了初步的田野调查，希望能够在收集田野资料的同时，能够运用历史地理学的田野调查路径，实践聚落地理的研究方法与内容，为加快今后中国农村的发展贡献一份力量。

二　田野调查所见之聚落地理特征

1. 村落行政隶属的更易

沿革地理是现代历史地理学的前身，主要记述并考证了历史时期疆域和政区等的沿袭与变革。沿革地理在中国起源很早，成果丰硕，长期以来是中国历史地理学研究的主干。不过前辈学者的研究大多属宏观区域，如谭其骧先生编纂的《中国历史地图集》[①] 就是其中的集大成者；但是对于一个微观区域的历史沿革情况却鲜有涉及，而研究乡村聚落的历史沿革意义重大。冯骥才说过"深不见底，浩无际涯的传统村落文化是一本厚重的书，每一个传统村落都有独特的风土民情，选址、格局有自己的特色和历史"。这次我们在永济市的韩阳镇和卿头镇直接深入农村，就是要从地理学的角度，来了解中国最基层的乡村聚落情况。

在中国，村落分为两种，自然村与行政村。自然村是以家族、户族、氏族或其他原因自然形成的居民聚居的村落，行政村则是最基层的区域单位，是中国行政区划体系中最基层的一级，我们的研究重点在于后者。在田野调查中我们发现，每一个村落的沿革有着自己独特的历史，或分离或合并，受政策因素影响很大。下面笔者将举两个例子分别论述：

在韩阳镇的东北部，紧邻运（城）风（陵渡）高速的中条山西麓分布着下寺村、南郑村和北郑村，三个村之间比邻而居，如果不是当地村民的提醒，我们会以为这一片聚落属于一个大的行政村。因为这三个村之间距离很近，最远相隔不过 100 米，村与村之间都是居民的房屋。而事实上，这三个村在历史上确实同属一个村级行政单位，在集体化时代，三个村之间的所有事务统一经由设在下寺村的大队集中处理，直到 1978 年，南郑村和北郑村才先后有独立的村委会。根据当地村民的介绍，结合对当地村落的自然地理的考察，综合认定，三个村之间的结构布局在

---

① 谭其骧：《中国历史地图集》，中国地图出版社 1982 年版。

半个世纪之内没有很大的变化，于是笔者结合 Google 地图绘制出了三个村的相对位置。在图 1，我们可以清楚地看到三个村之间在地理空间的密切联系。

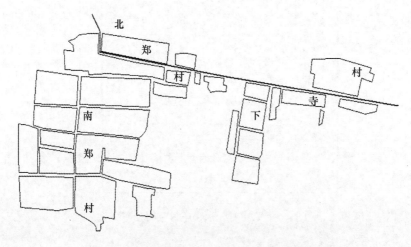

图1 下寺村、北郑村、南郑村地理空间分布图

同时，在卿头镇，我们还看到了另一个与上述三村相反的情况：空间上紧相毗邻的村落，在历史上却没有任何行政关系，甚至分属不同的县份。永喜庄村位于卿头镇的中部地区，下辖一个自然村——万家庄，历史上永喜庄与万家庄长期分属不同的县，1961 年之前，永喜庄村属于永济，而万家庄村属于解县，即今运城市盐湖区。我们在图 2 中可以清楚地看到，两个村之间的空间关系十分紧密。据当地的村民介绍，历史上两个村就在一起，属于同一个聚落，两村之间的婚丧嫁娶等风俗也一模一样，但是由于行政区划的设置，同一聚落的居民却没有一样的户籍。直到 1961 年，解县的万家庄在政府的干预下，归属于永济，已经形成一体性自然聚落的它们才同属一个村级行政单位——永喜庄行政村。

从这里我们可以看到，研究一个村落的行政隶属是有必要的，村落之间的行政沿革看似微观，其实关乎到一地居民自己切实的日常生活和对地方行政中心的认同，而政府对这一村落行政沿革具有重大影响。

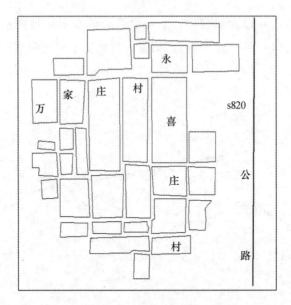

图2　万家庄村、永喜庄村空间分布图

2. 乡村聚落群体的空间布局

"聚落"一词源于德文①，意思是居住地，是人类成集团的在地表上生活的状态。"聚落是人类活动的中心，它既是人们居住、生活、休息和进行各种社会活动的场所，也是人们进行生产劳动的场所。"②聚落有乡村和城市之分，聚落地理学也分为乡村聚落地理和城市地理学两大部分，第二次世界大战后，城市地理学发展较快，形成了一门独立学科，而乡村聚落地理研究则较少。我们调查小组走进农村，就是希望实践这一领域的基本研究内容，用历史地理学的角度来审视乡村聚落。

图3和图4是我们在永济调查时所拍，这两张照片展示了永济村落的景色，我们可以看到村落的街道和院墙，而这深受地理的影响。

法国人文地理学家阿尔贝·德芒戎曾经在对农村居住形式的起源和原因的研究中指出，聚落的空间布局受地形、地表的结构、水资源等自

---

① 即最早使用的德文 "Siedelung" 的字意。

② 金其铭：《聚落地理》，南京师范大学出版社1984年版，第6页。

图 3 永济村落之景

图 4 永济村落之景

然条件的重要影响。[1]

　永济市的韩阳镇和卿头镇有着不同的自然条件，因而乡村聚落的形

---

① ［法］阿尔贝·德芒戎：《农村居住形式地理》，氏著：《人文地理学问题》，葛以德译，商务印书馆 1993 年版，第 151—216 页。

态也大不相同。韩阳镇东靠中条山，西边是黄河滩，东西窄，南北长，呈扁长状，西北部属于运城盆地的最西端，有部分平地，而南部则属于中条山区，地形崎岖。所以决定韩阳镇聚落分布的重要自然条件是地貌因素。韩阳镇的乡村聚落主要分布在中条山的西北部地区，以韩阳镇政府以北的李家巷村为中心，周围集聚了韩阳镇60%以上的村落，而南部的村落较为稀疏，只是零星的分布在一些山地坮塬，如图5所示：

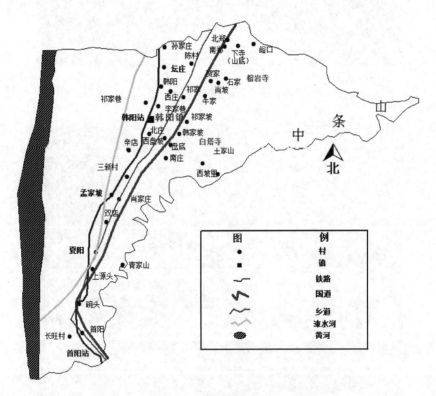

图 5　韩阳镇简明图

卿头镇与韩阳镇相比则情势不同，如图6所示：卿头镇位于运城盆地核心地带，平原面积广大，地势中间低而南北高，中间是著名的姚暹渠。姚暹渠因公元605—607年（隋大业年间）都盐吏姚暹为保护盐池重修而得名。[①] 但是沿姚暹渠的两岸是大量的盐碱农地，且夏秋之季容易形

———————————

① 姚暹渠来源于《宋史》卷九十五《河渠志五》，中华书局1977年版，第2366页。

成涝灾，不利于农业开发，因此决定卿头镇村落分布的重要自然条件是地形和地表结构。在土质较好的南北两地聚集了几乎全镇所有的村落，南部乡村聚落群体号称"十里九村"，中部则仅有桥上一个村和四个国营的董村农场。

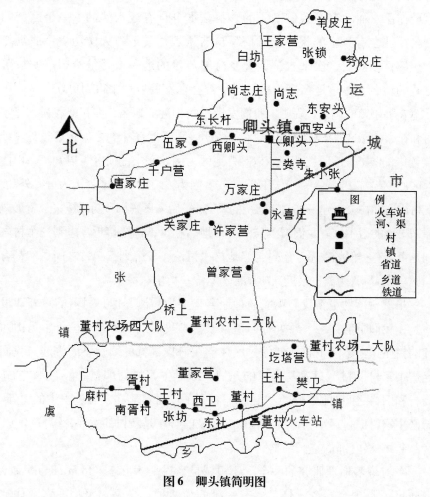

图6　卿头镇简明图

在短短的五天调查中，我们对乡村聚落空间布局的分析更多是建立在自然条件之上，其实对村落居住形式的分布还有社会条件的影响，在某种程度上，社会条件的影响甚至大于自然条件，如在韩阳镇靠近中条山麓的村庄，由于受"农业学大寨"运动的影响，几乎每个村都向山区有所延伸，不适宜居住的地区也有了村民的活动。

3. 村落更新

地名是人们对具有特定方位、地域范围的地理实体赋予的专有名词。[①] 我们认识一个地方最重要的是识记它的名字，因为一个区域的地名往往反映这个区域的特色，这对于我们加深对这个区域的直观印象有着重要作用。而地名是人们赋予的，不是本身自有或天然的，一个区域的命名往往会有一定的规律，或描写自然景观，或记叙人文历史，或寓托思想感情。我们这次来永济调查乡村聚落目的之一，就是希望落实村落之间的地名，透过地名来分析村落是否会在发展过程中得到更新。

在韩阳镇的调查过程中，我们发现一些相近的地名，如祁家巷村、祁家村和祁家庄，这三个村都是以"祁"字开头，并且三个村之间距离很近。结合《传统堡寨聚落研究——兼以秦晋地区为例》一书的研究可以知道，山西地区的一些村在发展到一定规模后，或者因为人口增加，或者因为抵御外敌，在村周边往往会兴建一些与之密切的堡寨。[②] 后来堡寨御敌功能褪去，就形成原来村落的衍生村。我们看到这三个村地名相近，位置接近，想到三个村之间是否会有类似的关系。经过与当地村民讨论，了解到三个村之间虽然都有"祁"字，尽管距离也很近，却没有"本源—衍生"关系。

虽然村落的更新我们不能通过地名来妄加猜测，但是村落的重新建设还是让我们眼前一亮。譬如韩阳镇牛家村，我们发现了这个位于中条山西麓的村庄正在不断下移，新的村民住宅在海拔稍低的新村不断崛起。我们走进牛家村旧村，只发现零星的几户人家。牛家村新旧村相隔百米左右，新村和旧村之间对比强烈，这让我们看到了乡村聚落在发展过程中的更新。想必牛家村旧村迟早会遭废弃，待之而来的必然是新村的发展升级。

4. 村落内部的空间结构

乡村聚落地理研究的一个重要领域是乡村聚落形态（form of rural settlement）。[③] 现今的乡村聚落形态一般分为两种：一是集聚型，多数住宅

---

① 华林甫：《中国地名学源流》，湖南人民出版社 2002 年版。

② 王绚：《传统堡寨聚落研究——兼以秦晋地区为例》，东南大学出版社 2010 年版，第184—198 页。

③ 指乡村聚落的平面展布方式，即组成乡村聚落的民宅、仓库、圈棚、晒场、道路、水渠、宅旁绿地以及商业服务、文化教育等公用设施的布局。参见左大康主编《现代地理学辞典》，商务印书馆 1990 年版，第 99 页。

集聚在一起，称为聚居；二是散漫型，住宅零星分布，有的完全离群独处，其间距则因地而异，被称为散居。法国人文地理学家阿尔贝·德芒戎[①]将法国乡村的聚落形态分为长形的村庄、块状的村庄、星形村庄和趋向分散的阶段。这对我们了解永济的乡村聚落形态具有重要的启发意义。

我们几乎走遍了韩阳镇和卿头镇的所有行政村，直观的感受是山地地区的乡村聚落内部的空间结构较为分散，而平原地区的乡村聚落较为规整，多呈块状分布。

韩阳镇的南部，地处山地与黄河滩地的中间，有许多村落处于山地之间，村落地形复杂多变。受地形的限制，农宅间距大，呈错落分布，村落布局较为松散。图7所示为韩阳南部山区独头村的内部空间布局图，类似的长旺村、夏阳村也是同样的布局。

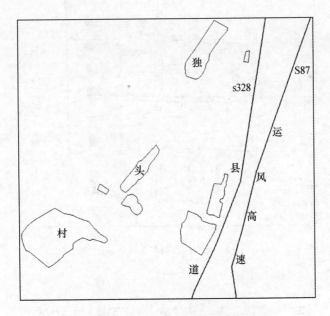

图7 独头村内部空间布局图

而卿头镇地处盆地核心区域，土地平整，面积广大，村落一般沿公

---

① ［法］阿尔贝·德芒戎：《法国农村聚落的类型》，氏著：《人文地理学问题》，葛以德译，商务印书馆1993年版，第279—317页。

路分布。因为土地条块有序，所以村落布局较为规整，以团聚状的较大聚落为主。图8为卿头镇曾家营的一个内部空间布局图，类似这样的村子在卿头镇有很多，如三娄寺村、西卿头村、许家营等村。

总之，永济这两个镇的乡村聚落内部空间结构具有以下两个特征：乡村平原村落布局较为规整，呈聚集型，而山地村落布局较为松散，呈分散型。同时这也直观地反映出乡村聚落内部空间受地形因素的影响很大。

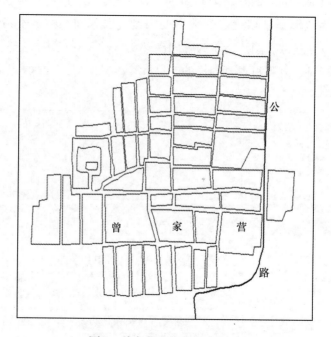

图8　曾家营内部空间分布图

三　田野资料解读：以永喜庄村的《阶级成份登记表》为例

1963年到1966年，中共中央在全国城乡开展了社会主义教育运动。一开始是在农村"清工分、清账目、清仓库和清财务"，后期在城乡中表现为"清思想、清政治、清组织和清经济",统称为"四清"运动。①
"四清"运动开展的一个重要成果是对民众进行了广泛深入的调查,形成
了《阶级成份登记表》。收集资料是我们在永济开展田野调查实践的重要
内容,而《阶级成份登记表》因包含个人家史、家庭社会关系等丰富内
容而成为我们收集的重点。下面笔者将以收集到的卿头镇永喜庄村的资
料为例,从历史地理的角度解读这份《阶级成份登记表》。

图9是永喜庄的《阶级成份登记表》(部分),本文所写内容便依据
于此。

图9　《阶级成份登记表》封皮

这份《阶级成份登记表》内容较为完整,包括永喜庄第一生产队52
户、第二生产队40户、第三生产队31户和第五生产队36户,其中第四
生产队41户的资料空缺。

---

① "四清"运动来源于《辞海》,中华书局1989年版。

1. 由外而内：村落人口之内附

人是一切社会关系的总和①，是一切社会经济、政治、文化活动的创造者。人口的发展变迁和空间分布变迁，是影响中国传统社会发展的一个十分重要的主导因素。"特别是在以农为本的中国，一定数量的劳动力是发展农业的必要条件，直接关系到地区经济的发展，因此，在我国历史地理变迁中，人口地理的变迁占有十分重要的地位。"②

永喜庄村③位于卿头镇东部，处于运城市和永济市的中心地带，东邻石眉线，西与许家营村相连，南距曾家营村 500 米，北离卿头村 1 公里。地势平坦，水资源丰富，农业主产小麦、玉米、棉花。那么在这样一个典型的农业村落，永喜庄会出现人口地理方面的变迁吗？我们来看《阶级成份登记表》的内容。

表1

生产队 籍贯户数	第一生产队 （共 52 户）	第二生产队 （共 40 户）	第三生产队 （共 31 户）	第五生产队 （共 36 户）	总计
户主籍贯为永喜庄	36	28	25	34	123
户主籍贯为永喜庄以外的山西	5		1	1	7
户主籍贯为河南	8	9	4	1	22
户主籍贯为山东	2	2	1		5
户主籍贯为陕西		1			1
户主籍贯为江苏	1				1

根据统计，第一生产队共有 52 户，其中河南籍 8 户，其中 3 户来自获嘉县，1 户来自唐河县，其余 4 户不明；山东籍 2 户，来自成武；江苏籍 1 户，来自沛县；还有 1 户来自邻县的万荣，有 4 户分别来自同镇的张坊、西卫、圪塔营、曾家营，其余 36 户为本地人。第二生产队共有 40

---

① 《马克思恩格斯选集》第 1 卷，人民出版社 1995 年版，第 56 页。
② 邹逸麟：《人口的增长、分布和迁移》，《中国历史地理概述》，上海教育出版社 2007 年版，第 215 页。
③ 永济县志编撰委员会：《永济县志·大事年表中》，山西人民出版社 1991 年版。

户，其中河南籍9户，其中4户来自唐河县，孟县、卢氏、鄢陵、襄城各1户，另1户不明；山东籍2户，鄄城、东明各1户；陕西籍1户，具体地点不明，其余28户为本地人。第三生产队共有31户，其中河南籍4户，其中3户来自唐河县，1户来自洛阳；山东籍1户，来自郓城，还有1户来自同镇的三娄寺村，其余25户为本地人。第五生产队共有36户，其中河南籍1户，具体地点不明，1户来自同镇的千户营村，其余34户为本地人。

而从上述的统计结果中，我们可以看到如下几个特征：

其一，永喜庄并不是一个纯粹由本地人组成的村庄，而是包含了大量外来居民。从各个生产队的统计来看，除第五生产队几乎全由本地人组成之外，外来户在第一生产队占三成以上；第二生产队占30%；第三生产队占两成左右。可以说外来户在永喜庄的人口结构中扮演了重要的角色。

其二，河南籍在外来户数中占有重要地位，高度集中在唐河籍。在永喜庄的外来户统计中，山西籍以外的户数占8成以上，而其中又以河南籍户数为多，共22户，占全部户数3/4以上。山东籍以5户次之，陕西籍和江苏籍各1户。而唐河籍共有8户，为河南籍外来户最大源头。

其三，外来户大多是贫苦农民，被迫迁到永喜庄。从统计结果来看，山西本地籍的外来户除有3户属于过继之外，其余4户全部是由于生活所迫来谋活路，如我们可以在个人的《家史》中看到"家境贫寒，在外做工"和"无房无地给人熬活"的字眼；在山西籍以外的河南籍、山东籍和江苏籍、陕西籍外来户大多是因为涝灾和兵灾被迫远离家乡。

2. 由内而外：民户的离村以及村民营生方式的多元性

在传统的农业社会里，农民是完全被束缚在土地中吗？土地中的粮食产量能够保障村民的基本生活吗？如果不能，是否在村落中也存在"打工族"，即类似现在的"农民工"？我想这些问题的核心在于民户的离村。农村人口的发展变迁和空间分布变迁，深深影响着中国传统的农业社会。让我们以永喜庄为例，透过《阶级成份登记表》来用历史地理的角度来考察民户的离村及他们在外多样的营生方式。

表2

谋生地生产队	第一生产队（共52户）	第二生产队（共40户）	第三生产队（共31户）	第五生产队（共36户）	总计
户主有除在永喜庄以外的山西地区谋生经历	3	2	4	5	14
户主有在陕西地区谋生经历	3	1	2	16	22
户主有在河南地区谋生经历	2	4	1		7

需要说明的是：其一，表2只统计了户主有在外谋生经历的户数，在本村做长工、短工的人员则不列入统计；其二，有的人在多地谋生，只统计一次，以其在外谋生时间最长的地方纳入统计范围；其三，当地村民被抓壮丁，在外当兵的人员不列入此表。

根据统计，第一生产队共有52户，户主在外有谋生经历的有8户，占全队户主的15%以上；第二生产队共有40户，户主在外有谋生经历的有7户，占全队户主的17.5%；第三生产队共有31户，户主在外有谋生经历的有7户，占全队户主的2成；第五生产队共有36户，户主在外有谋生经历的有21户，占全队户主的近六成。

从上述的统计结果中，我们可以看到如下几个特征：

其一，永喜庄村并不是一个封闭的村子，村民多有外出谋生的经历。从各个生产队的统计来看，第一、第二、第三生产队的户主在外谋生的比例在15%—25%之间，并且多集中在山西省内，能够说明永喜庄的居民并不封闭。但由于户数并不是很多，也说明本地农业生产关系较为稳定；不过第五生产队是一个例外，户主有在外谋生经历的占全部户主的近六成，并且跨省流动的户主占到3/4以上，这说明这个队村民之间的空间流动性非常大。

其二，永喜庄村户主在外谋生多集中在陕西。从上述表中我们可以看到，在陕西谋生的户主占全部在省外谋生户主的3/4，尤以第五生产队为最，竟占到100%。在河南谋生的户主多集中在第二生产队，占八成。这一方面说明永喜庄与陕西之间的空间流动较为密切，同时也说明了户主在外通常是有集群效应的，翻开第二生产队在外谋生的户主《家史》，发现他们都姓戈，并且都在河南唐河县做生意；打开第五生产队在外谋生的户主《家史》，发现他们大多在西安当学徒，集中于刘、崔等少数姓氏。

3. 民众之间的婚姻圈

聚落之间的交流是通过人来实现的，而人与人之间的交流多体现在婚姻关系上。婚姻圈的大小可以反映聚落之间的关系。下面让我们以永喜庄为例，利用《阶级成份登记表》来考查当地的婚姻圈，来进一步了解村落之间的空间交流。

表3   永喜庄村民的婚姻表

妻子籍贯 数量生产队	第一生产队 （共 52 户）	第二生产队 （共 40 户）	第三生产队 （共 31 户）	第五生产队 （共 3 户）	总计
永喜庄本地	9	1	8	6	24
永喜庄同镇的其他村	23	16	10	14	63
与永喜庄同县不同镇的其他村				1	1
与永喜庄同市不同县的其他村	2	2	1	3	8
与永喜庄同省不同市的其他村	2	1			3
河南	2	4		2	8
陕西	1			1	2
山东	1		1	1	3
甘肃				1	1
江苏	1				1
四川			1		1
空缺	11	16	10	7	44

需要说明的是：其一，表3只是统计户主妻子的籍贯，不包括儿媳等其他女眷的籍贯。一般依据在《主要经历和主要政治表现》中写的妻

子籍贯，如"1947 年由永喜庄嫁来，一直务农"或"1956 年随其母从河南来到山西，1957 年结婚"等字眼；其二，如果没有直接的证据说明妻子的籍贯所在地，我们可以在《家庭主要社会关系及其政治面貌》中找到，或者称为户主的岳父，或者是户主的"内弟""内兄"，这些人与户主妻子的籍贯是一致的；其三，表 3 表头所指镇、县、市、省是按照今天的行政区域划分的；其四，如果原表中没有妻子籍贯，同时也推断不出妻子籍贯，那么列入空缺一栏。

根据统计，除去空缺一栏，第一生产队可统计的有 41 户，户主妻子籍贯与永喜庄同镇的有 32 户，占全队 78%。户主妻子籍贯在省外的有 6 户，占全队 15%；第二生产队可统计的有 24 户，与永喜庄同镇的有 17 户，占全队 71%。户主妻子籍贯在省外的有 4 户，占全队 17%；第三生产队可统计的有 21 户，户主妻子籍贯与永喜庄同镇的有 18 户，占全队 86%。户主妻子籍贯在省外的有 2 户，占全队 10%；第五生产队可统计的有 29 户，户主妻子籍贯与永喜庄同镇的有 20 户，占全队 69%。户主妻子籍贯在省外的有 5 户，占全队 17%。此外，从统计中我们可以看到，户主妻子籍贯在省外可统计的有 16 户，其中河南籍 8 户，山东籍 3 户，陕西籍 2 户，江苏籍、四川籍和甘肃籍各 1 户。

从上述的统计结果中，我们可以看到如下几个特征：

第一，永喜庄村的婚姻圈范围较大，包括除山西之外的陕西、甘肃、四川、河南、山东、江苏等 6 个省份，这反映了永喜庄人的地理活动空间较大，与省外的关系较为密切，这进一步印证了永喜庄并不是一个纯粹由本地人组成的村庄，而是包含了大量外来居民的村落。其中又以河南籍最多，反映了当地居民与河南人密切的关系，河南人在当地有所发展。

第二，永喜庄村的婚姻圈范围虽然较大，但本村人的主流结婚对象仍是村落周边的邻村，这一比例在 4 个生产队分别占到 78%、71%、86% 和 69%，反映了在以农业为主的中国传统社会，村落主流的婚姻圈还是狭窄的，试想，如果没有黄河中下游的水灾和民国年间的兵灾，会有这么多的外来户来到永喜庄村吗？

四 结语

在 2014 年 5 月底的永济田野调查实践中，我们小组主要是在历史聚落地理学的研究视野下进行调查，注意聚落沿革地理、聚落地名学等内容的考察，重视现代乡村聚落的行政延续和村落之间的关系；同时又与现代历史地理紧密结合，注意从聚落的外部形态和内部空间结构对乡村聚落加以考察。

以往的历史聚落地理研究重点多在城市，我们这次选择在中国古老的农耕区的乡村聚落，无疑有利于今后历史乡村聚落地理的发展；同时我结合这次在永济收集到的核心资料——《永喜庄阶级成份登记表》，分析了村落由外到内的人口迁入、由内到外的村民营生方式的地域分布以及村民婚姻圈，希望真正做到文献与田野相结合，使乡村聚落地理研究真正具有历史价值，形成经验服务于当地村落发展；此外本文的一个特色是重视利用地图呈现、重视数据分析，力图以直观、真实的事实呈现这一个中国典型农耕区域的乡村聚落。

这次在永济的调查时间有限，我们只是选取了有限的地域进行田野调查实践，其实作为华夏文明的重要源头，中华民族文化传统总根系中的"根尖"，极有必要对永济进行更为深入的调查。希望以后能够继续运用所学的历史地理知识，持续对中国典型的农耕地区的乡村聚落进行深入了解，为聚落地理学的研究进展，为今后中国农村的快速发展贡献一份有益力量。

开张镇、城北街道调查报告

张 力 董秋伶[*]

"上穷碧落下黄泉，动手动脚找东西"是傅斯年先生对历史学学科特色的生动描写。山西大学中国社会研究中心自成立以来，就秉承着"走向田野与社会"的学术理念，在日常的教学和研究活动中，将课本与课堂和广阔的社会相结合，鼓励学生"走下去"。2014年5月下旬，山西大学中国社会史研究中心师生，本着"走向田野与社会"的学术理念，对晋南名城永济市进行了为期一周的历史文献普查及实地调研的社会实践活动。这次田野调查活动主要分为两个阶段：第一阶段为5月26日。上午，我们对永济市近郊具有浓郁历史文化底蕴的普救寺、古蒲津渡（黄河铁牛）博物馆、鹳雀楼进行参观考察，了解自北朝以来蒲州古城在中国历史上的重要地位及影响；下午参加由山西大学副校长行龙教授、永济市市委书记陈杰主持的山西大学历史学校外教育实践基地的揭牌仪式，在永济市教育局举行。第二阶段为期五天，在永济市委、市政府大力支持下，各乡镇密切配合下，社会史中心师生分成五组，对永济市下属各乡镇进行考察。

永济市共有十个乡镇（街道），此次实践活动分组行动为拉网式普查。我们小组由山西大学中国社会史研究中心老师赵中亚，硕士研究生张力、张爱明和董秋伶四名成员组成，负责其中的开张镇和城北街道。

---

* 张力，山西芮城县人，2009—2013年就读于山西大学初民学院，获学士学位；2013—2016年就读于山西大学中国社会史研究中心，获硕士学位；2016年至今，为复旦大学历史地理研究所在读博士。

董秋伶，山西生定襄县人，2009—2013年就读于山西大学初民学院，获学士学位；2013—2016年就读于山西大学中国社会史研究中心，获硕士学位。

我们小组的工作分为两个阶段：第一阶段在开张镇，由于刚开始进行调查，一些操作方法运用尚未熟练，加之村子较多，所以为期三天；第二阶段各项工作已经步入正轨，城北街道离住所较近，所以两天完成了相关调查工作。

在为期五天的田野调查中，我们顺利完成了对历史资料普查的工作，搜集到三袋的农村档案资料，并详细填写了村庄历史文献普查登记表。与此同时，我们虽然不可能向人类学或者社会学那样对每一个村庄进行细致的观察与访谈，但是经过简单的考察和走访，我们仍然获得了不少在学校里不可能得出的认识，进而在关于历史发展的思考中发现一些理论和具体研究的重要衔接点，通过这种理论与经验结合的方式能够让我们更好地从现实的角度理解历史发展的脉络。

一 田野点概况

开张镇位于永济市东北腹地，距永济市区18公里。南北长7.8公里，东西长14.2公里，总面积约110.37平方公里。开张镇东邻卿头镇，西与城北街道接壤，南与虞乡镇毗邻，北与临猗县七级镇相望。现在的开张镇是2001年由原黄营乡和原开张镇合并而成。开张镇下辖26个行政村，含36个自然村。就开张镇的历史文化资源来看，根据案头工作我们了解到，有说法称此地是张氏的起源地之一，但是在后来的田野调查中并未发现进一步的线索，然而关于开张镇的宗族情况颇有收获。开张镇古城村有古解梁城墙遗址。此外，开张镇曾是明代晋府群牧十三营所在地，这一点从各个村名中可以看出。

城北街道位于永济市区北部，东与城东相邻，西、南与城西相隔，北与栲栳相接，运风高速公路横穿城北境内。国土总面积50平方公里，耕地面积60940亩，平原面积大，所处地势平坦，无山、无川。现辖19个行政村，3个社区居委会（府西、迎新、涑水）。1996年，永济撤销城关镇，设城东、城西、城北3个街道办事处。2001年，永济撤并乡镇，撤赵柏乡并入城北街道，城北街道所辖村增至19个。需要指出的是，城北街道赵伊村曾是永济县从古蒲州迁址后的所在地。

二 调查方法

本次考察，属于乡村文献摸底普查性质。

在前期准备中，小组成员一方面通过搜集田野点的相关资料，整体上把握了当地的情况，为实地调查做好了准备工作；另一方面，社会史中心组织了调查培训，介绍了具体的工作流程和注意事项。

进到地方以后，我们通过乡镇文化站长将调查表分发至各村，进行初步的问卷调查；然后，在各乡镇文化站长导引下，各组对所考察的乡镇逐一进行实地走访，访问的对象包括村里的老干部（村长、会计等）、熟稔村史、乡土历史及文化的长者，以及保存、参与编纂族谱、家谱的人士。

在每天工作结束后，小组召开讨论会议，对当天的考察情况进行交流总结，并且总结当天的经验教训。同时小组成员每人撰写田野调查日志以做训练。

三 调查内容

由于我们此次考察以文献普查为主要任务，所以首先要调查的内容是当地明清以后的历史文献资料的保存状况，进行详细的记录。

首先，按照调查表格的细目设计，普查乡村中现存的各类文献：以文献所产生的时代划分，乡村文献分为明清、民国、新中国（土改开始）及改革开放四个时期。其中明清时期分为家谱族谱、契约、碑刻、地亩册、人口册、水利灌溉、其他资料等目；民国时期分为家谱族谱、契约、地亩账册、人口税收、民俗文化、其他资料等；新中国（集体化时期）分为土改资料、"四清"阶级成分登记表、农业社粮食分配、劳动工分登记、社员往来、教育医疗以及其他资料等；改革开放时期分为农业、工业、服务业、教育资料、医疗计生、民俗文化以及其他等目。

由于调查进度有过变更及调整，实际考察时，未能完全比照上述文献类型进行全面深入的访查；此外，因为调查表实际的填写者多为驻乡镇的村官，其填写的内容与实际情况常存在出入。

其次，通过与乡村干部、耆老访谈，了解乡土（乡村）历史、社会变迁、家族制度以及村民对现实政治、经济、文化等方面的认识。

最后，理论与实际经验的对接，通过观察乡村社会的具体实际情况，来反思在课堂上书本上学到的各种知识和理论，寻找学术兴趣和灵感。

四　调查成果

（一）开张镇、城北街道乡村文献

1. 乡村集体化时期的档案

A. 开张镇

开张镇档案室所藏各村生产队《阶级成分登记表》：

黄旗营村：第1、3、4、6、7生产队（村内未发现相关档案）

东开张村：第1、2、3、4、5、6、7、8、9生产队（村内未发现相关档案）

普乐头村：第1、2、3、4、5、6、7生产队（村内未发现相关档案）

宋家卓村：第1、2、3（芦营村）、4、5、7生产队（陈村）（村内未发现相关档案）

西开张村：第3、4、5（下马营村）、6、7、8生产队（村旧大队部有木柜，未知内存物品为何）

常旗营村：第1、2、3、4、5、6、7、8生产队（村内未发现相关档案）

枣圪塔村：第1生产队（村内未发现相关档案）

牌首村：第2生产队（第1、3保存在牌首村旧小学，皆照片存录；该村庄档案存一柜，在该村废弃校舍内）

古城村：第1、2、3、4、5、6、7生产队（村内未发现相关档案）

胜光村：第1、2、3、4生产队（村内未发现相关档案）

杜村：第1（西杜村）、2（东杜村）、3生产队（村内未发现相关档案）

永盛庄：第1、2、3、4生产队（村内未发现相关档案）

朱家庄：第3生产队（村内未发现相关档案）

另有开张公社各大队、社员困难申请救济表及口粮救济花名单

（1966 年 9 月 10 日填，16 件，90 页），另有开张党委、政府文件、上级文件，黄营乡 1962—1977 年，1984—1994 年资料，黄营贪污分子事实意见、黄营乡档案多柜。

后记：5 月 29 日中午，开张组全组用时 1.5 小时，对开张镇档案室档案（存在镇档案室 16 个铁皮柜以及若干木柜中），尤其是《阶级成分登记表》，进行清理，拍下封面及目录页。需要指出的是，在实际调查中，我们发现该乡村庄档案有发生分离的情况，以牌首村为例，该村《阶级成分登记表》，共三册，仅一册存在镇档案室，另两册在牌首村旧小学。此种档案的分离与迁移，发生在 2000 年前后乡镇合并时，有可能导致村级档案遗失的情况；此外，因时间关系，我们对档案室档案的清理也未必完整彻底。

王店村：王店村为移民村，1959 年自韩阳镇迁入开张镇。该村档案自 80 年代以来，为申姓老人个人收藏，因条件所限，遭虫蛀、受潮，损坏甚为严重。除账册、单据外，各种文件资料多带回中心。此外，还照相存录若干土改时期及迁移时的档案，如《王店村土改登记表》（当时王店坐落于今永济市韩阳镇）、《1959 年王店村移民户口登记表》，并有王店迁移前旧村旧影一幅。

牌首村：牌首村集体化时期档案存放于该村旧校舍内木柜，内有《阶级成分登记表》两册，所缺一册存于张镇档案室，已拍照存录。

黄旗营：黄旗营、涑水河人民公社档案；土改时黄旗营第三生产队各阶级家庭状况登记表。

B. 城北街道

赵伊村：保存甚有完整的集体化时期档案。包括党支部会议记录、《阶级成分登记表》、账簿、各种花名册等。照片存录赵伊大队七个生产队（范家、双碾子、索家巷、吴家、杨北、杨南、杨中）阶级成分登记表。

2. 改革开放期档案

东伍姓村：1980—1983 年部分账册，两袋，已存放中心。

主要是席村山西康意制药有限公司的简史，讲述在大搞中草药运动中，乡村赤脚医生对当地草药的研究实验。1969 年成立制药厂，经过 40余年发展，最终发展成为总资产 7630 万元，利税 760 万元，主要产品有六大剂型 50 余个中西药品种的现代化企业。

3. 村史、村志

《常旗营：沧桑六百年》，2010 年。

《枣圪塔村今昔》，2007 年。

《伍姓村志》，2013 年。

《赵伊村志》，2002 年。

申元山撰：《王店村志稿本》，照片存录。

4. 家谱、族谱（共 11 种）

A. 开张镇

高淮村《刘氏族谱》，该家谱在乾隆六年（1741），乾隆四十九年（1784），咸丰十一年（1861），民国十一年至 2000 年五次重修），此次所见者为民国十一年（1923）及公元 2000 年刊本。照相存录为后者。

黄旗营村《李氏家谱》，有民国六年（1917）、1963 年两种抄本，皆照相存录。

民生村古腾西郊《王氏族谱》2010 年重修本。这是该村王氏与山东滕县王氏之连谱。照相存录。

杨村《曹氏族谱》，宣统二年（1910）抄本，照相存录；2011 年刊本为实物。

枣圪塔《叶氏族谱》及族训（皆当代撰），照片存录。

B. 城北街道

席村《寇氏宗谱》，为乾隆二十五年（1760）抄本及 1991 年印本两种，仅摄下两种家谱序言及前言。

赵伊村《梁氏族谱》，2013 年印本。照片留存。附有梁家村不同历史时期村民居住图（1932 年、1955 年、1990 年、2012 年）。

5. 清、民国及中华人民共和国契约①

其中曹忠义先生有 20 世纪 50 年代初土地证、房窑证各一份（时为永虞县）；20 世纪四五十年代初房地契约 12 张。照片留存。

申元山先生收藏的晚清、民国时期契约 60 余页。照片留存。

6. 民国时期其他史料（皆照片留存）

黄营村：中药行——保和元流水账四册；

---

① 主要摄于开张镇王店村申元山及城北街道赵杏村曹中义两位先生的个人收藏。

图1　城北席村寇氏族谱

1936年暂行账大义会、花名册；

1922年盘头会流水账；

国民学校捐款底簿。

周四分收利课洋流水账，1933年。

7. 碑刻史料

胜光村：村委会广场有一块咸丰元年的碑，文字漫漶不清，难以辨识。

普乐头村：在废弃的古戏台的墙上嵌有两块石碑，一为光绪二十一年（1845）所立《合村五甲源流大小差徭□□碑记》；二为同治三年（1864）《募化官银碑记》，似为关帝庙募捐，捐款人名部分文字漫漶不清。

下麻坡村：在该村康乐园门口地上有块明代万历年间的墓碑，记述对象为明某藩王的妃子。

东信昌村：清咸丰年间三观庙创建碑，存放于私人院中（碑很大，长期被砖石覆盖，用水清洗后，照相效果不理想）。

东伍姓村：有碑两通，其一为明代万历三十三年（1605）的风伯雨师庙碑，一座为清代嘉庆十一年（1806）重修临湖寺碑；现均镶嵌于该村幼儿园墙壁内（碑文可辨，《村志》有收）。

此外，东伍姓村村委会内有抗日纪念碑一座，西开张村有永济第一

图2 开张镇普乐头村戏台

个党支部纪念碑一座，普乐头村有地下联络站纪念碑一座。

8. 戏台

三义村：戏台建于1968年，仿古建，横梁上有"文化大革命"时期标语。

普乐头村：有一座古戏台，戏台墙壁上有始建于明天启年间的文字。同治、光绪年间两次重修。

宋家卓村：也有戏台一座，现为仓库。

土桥村：戏台建于20世纪70年代末，仍在使用。

9. 晋商史料

在席村除发现寇氏家谱之外，还收集到寇氏村民所撰《蒲州商贾在多伦》的短文，讲述清末寇氏在今锡林郭勒盟的多伦及俄国远东经商，以及与蒙古旗盟王参与戊戌变法的事迹，后经清帝恩准与美国德士古远东公司进行贸易。这是当地晚清、民国时期唯一一家与德士古公司合作的商号，可作为晋南晋商参与晚清重大政治、经济活动的一个例证。寇氏商号一直持续到中华人民共和国以后。

（二）调查中发现的几个学术兴趣点

1. 移民问题

开张镇、城北街道的移民村主要有两种类型，一种为灾荒时期远地（如山东）逃荒形成的移民村，以开张镇的田营、民生村，以及城北街道的东信昌、西信昌村为代表；另一种是 20 世纪 50 年代国家修建三门峡水库时的库区移民，以王店、三义村为代表。两种方式的移民都皆很值得研究。

前者，经访谈，可知大约清光绪年间迁来，原目的地为陕西，最终迁居韩阳镇，后因黄河泛滥，再次内迁。此类移民村最值得研究的是外来移民与原住民之间的关系问题。在田营村，我们了解到该村除了田姓外，其他大部分村民是光绪年间从山东省昌邑县和高密县逃难过来的，新中国成立前还经常与山东迁出地有往来（又如民生村王姓，如今与迁出地滕县王姓仍有连谱现象，说明往来仍未断绝）。初到本地时，山东人靠给当地人打工生活，后来由于当地人抽鸦片败家，山东人逐渐从姓田的手中买到土地、房屋，过上富足的生活。可是到土改的时候，又把山东移民定为高成分，从他们手里分了土地房屋给田姓村民。改革开放后，山东移民凭借自己的本事，特别是当地的特色产业——红薯粉条，又逐步富裕起来了，而田姓居民却依然比较贫困。从现任村支书（兼任村长）的表述可知，该村田姓与山东移民关系紧张。在城北西信昌村，情况略有不同，六个生产队中有四个为移民构成，两个为原住民，其印象是山东裔村民勤快，且较为富裕，原住民较易满足，不过两者总体上相处较为融洽。东信昌村则另有不同，村中山东裔村民为少数，故杂处于各生产队之间，彼此习俗更为接近。从上述三村之情况，可归纳出移民村发展过程中的三种形态，很值得进一步研究。可惜的是，这些村基本无家谱以及其他文字资料，也许较为深入的口述访谈，可以弥补文献上的不足。

至于库区移民形成的移民村，也很值得研究。通过对王店村、毛营、南营、三义村的走访，我们了解到三门峡水库移民过程中村民是怎样维系自己的传统。以王店村为例，即便最初分散至周围数村居住，一旦政府将房子建好，仍聚在一起。由于政府规划中邻村挤出交给王店村的土地离村太远，而自行再分出一个村——东王店。西王店与东王店相距五里，中间还隔着其他的村子，但仍断不了王店人的纽带，过去 50 余年，两村一直为同一大队。此外，我们还了解到，王店村初迁入时的当地生态，周围村子由远及近将自己的土地匀给王店村，他们多有不满意。但是移入民的人均土地要少于邻村至少一亩左右。故而有村民回忆道"我们受了很多苦"。除了分配的"不公"之外，王店村的移民事实上证明是政府决策或者工程规划错误所致。访谈得知，三门峡水库由苏联专家设计，按照蓄水高度，王店等村整体迁移，但实际上，从未达到设计的蓄水高度。因为蓄水太高会倒灌西安城，故而王店等村的移民是无意义的举措，改变了几代人的人生轨迹。不过，随着中国国力尤其是财政的充裕，国家也对这类移民开始进行补偿，补偿办法是自某年之前出生者，无论男女老少，每月补贴 50 元。在库区移民村中，王店村申元山先生保存下来部分该村的移民前后的文献，在其他村则未有类似的发现，不过在永济市档案馆，或仍有相关记录，可开展进一步的研究。

2. 晚清以来永济乡土史

在城北街道通过采访下高市村以及赵杏村若干熟稔乡土历史的长者，可以加深我们对庚子事变中慈禧太后在永济的这段经历的了解，同时也可丰富我们对清末永济风俗习惯的一些认识。

开张镇黄营村李青道老人收藏若干民国时期的珍贵史料，如中药行日账，日本侵华时期日军所设立学校的卷册，以及 20 世纪二三十年代当地征粮的册子等。老人年过八旬，精神矍铄，对历史上重大时期的一些事件记忆很深刻，表述也很清晰，是很好的访谈对象，值得进一步研究。

开张镇王店村申元山老人，保存了晚清以来的数十页契约，虽然所述皆非现在王店村发生的事迹，而是迁址前韩阳镇的王店村，却也值得进一步研究。此外，申元山先生对自己村以及申氏家族有着极深的感情，近二十年，行走于河北、河南、山东、山西四省，收集考辩与申氏家族以及王店村村史相关的史料，并撰成王店村村史一部。申先生为 60 年代的海军战士，入伍 7 年，经历很丰富，可作为很好的考察对象。

城北街道赵杏村的曹中义先生，是一名中学退休老师，文字功力很强，熟悉整个永济的历史，曾参与编纂《永济县志》，现又投入新的《永济市志》的编纂工作中，他还负责编辑出版《运城市志·人口志》，上下两册，近百万字，体例严谨，论述精辟。老人还熟悉永济乡土历史，对永济的地名也颇有研究。就该村而言，村名最早是赵朝，后来改成赵幸，解放前属于第二管理区，1962 年要登记村名时，登记的人嫌笔画太多，改成赵杏村。他如今正计划撰写一部更为准确的永济地名录。先生还对永济当地名人，中华人民共和国成立以后永济各地发生的大事件，也了解甚多。他曾在运城、永济两地的报纸以及《中国人口报》发表文章数十篇。

图3　城北街道赵杏村曹中义家中资料

3. 永济引黄工程

据曹中义先生介绍，永济引黄工程对永济当地的经济发展，尤其是对农业增产增收起到了很大的作用。该工程始建于 20 世纪 70 年代末 80 年代初建成，工程浩大，被当地人视为是可以与河南林县红旗渠媲美的水利工程。也是很值得进一步研究的课题。

4. 集体化时期的赵伊村

赵伊村有非常详细的集体化时期的档案，有甚为热心的村干部，还有新修的《梁氏家谱》。这对于我们了解中华人民共和国成立前后赵伊村从县政府所在地，到乡镇再到城中村（完全无土地）这 60 年的变迁很有帮助。

5. 宗族研究

据我们访查，开张、城北街道两地，现存清以来家谱至少 11 种，内有新修家谱 5 种，并见到新修柳氏祠堂一座。当地人不仅自己修谱，也注重与外界联系，有"联宗"的现象，开张镇枣圪塔村的叶家有着来自世界各地的叶家联合会。可见当地人民的家族、宗族观念，值得进行考察。

6. 国家政权建设的基层实践

我们进行考察的五天，基本上是由当地文化站站长陪同。通过文化站长我们了解到许多关于国家对于社会主义精神文明建设的情况。但是我们通过观察发现，乡村社会传统文化并未因中华人民共和国成立后的改造运动而销声匿迹，两种力量的对比情况值得探讨。此外，我们可以看到两个镇都在进行新农村的建设，一进入村子，一眼望去是整洁的柏油路，路旁有完善的下水排泄设施（有的村子正在修建）和郁郁葱葱的林木，房屋大多是齐刷刷的小二层楼，很是气派，村委会都有书籍摆放齐全的图书室和活动中心。

相比而言，位于市郊的城北街道各个村庄的新农村建设更加完善，具体表现为大多数村庄都建有新修的村委会和健身器材，以及环境优美的小花园。在城北街道席村的东边，坐落着全市唯一一家医药生产企业——康意制药有限公司，它的总经理以前曾是赤脚医生，20 世纪 50 年代国家提倡"土法上马"的时候建立，生产的药物主要治疗风湿跌打损伤，公司现有职工 200 余人，解决了剩余劳动力 60 余人，产品远销全国各地。在开张镇，虽然由于经济情况的原因，较为逊色，但是仍然可以看出在这方面的努力。位于开张镇田营村由村长冯随成组织成立的田营红薯种植加工专业合作社，以田营食品有限公司为依托大力发展红薯粉条加工，使得田营村成为远近闻名的富裕村。根据访谈得知，国家每个月为每位 60 岁以上老人提供 60 元人民币，可见国家在农村社会的努力。

但与这些繁华相对应的是，留在村里的村民大多是老人和小孩，青壮年很少，与村民交流后了解到年轻人大多出去打工赚钱。劳动力的流失，不免会使新农村建设显得后继无力。同时，老年人和孩子需要的不仅仅是远方汇来的钞票，更是家人的陪伴。怎样能把劳动力留在村里，使村民在家就可以生活富足，使老有所养，幼有所依，或许是新农村建设下一步要解决的问题。

7. 农村基础教育状况

我们走访了几所废弃的农村小学，里面荒草丛生。据称由于计划生育，农村孩子的数量变少，同时多数年轻人已经外出打工将孩子带在身边，再加上教育资源向城市流动，经济条件许可的往往把孩子送到城市上学，导致生源匮乏，所以这些小学很难维持下去。近代以来量和质的问题一直是中国基础教育发展相互斗争的两个点，现在城镇化进程中农村基础教育问题值得深思。

图4　开张镇南营村毛泽东思想大学校

（三）教学实践成效

本次考察活动，本组师生共4人，在开张镇、城北街道两位文化站长帮助下，历时5天，本着严谨求实的态度，对两地47个行政村进行了实地走访，不仅了解了当地不同历史时期乡村文献的保存情况，而且对每一个村落的人口、经济、政治文化等基本情况有初步认识。

此外，我们还在与村干部、地方文化人士的交流过程中，选取了一

图 5　城北街道下高市学校

些比较好的访谈对象，做了较长时间的访谈。

　　在开张镇王店村，与申元山先生交流过程中，我们了解到王店村在水库移民过程中的各种实景，如如何举家、全村搬迁，初至现居地时的生态，生活问题如何解决，与邻村的关系等，此外，我们还帮助申元山老人整理、清点集体化时期的档案，给他讲解档案保存的相关知识等。在黄旗营，在与李青道老先生的访谈中，了解日据时期当地学校的情况，了解中华人民共和国成立以后成分划定以及其本人进行会计培训等情况。而在东陈村，遇到一位在农业战线辛勤工作近 60 年的老人，大半辈子在夏县从事农业技术的推广活动，近 80 岁才回到故乡，管理图书室。

　　在赵杏村，与曹中义老师交流晚清以来尤其是慈禧太后西狩过程中在当地发生的故事，听他讲述中华人民共和国成立后历次运动中永济发生的大事。询问他关于永济历代名人的一些事迹，此外，还了解到他的一些写作计划，如《运城市志·人口志》的撰写过程等。在三张村，听赵姓老人讲他的育人事迹，作为一名教师，村里几任干部都是他的学生。老人还是永济市老年人乒乓球比赛三届冠军，也是永济及运城市较为著名的书法人士。

在访谈过程中，指导教师赵中亚也努力提出一些较有启发的问题，引导学生进行提问、记录，并就有关问题做适当地展开以及讨论；所有同学也积极主动的参与其中，积极提问，积极讨论。本组师生在访谈过程中，不仅有知识储备上的提升，而且也积累了一定的田野考察以及口述访谈的经验。

虽然这次考察历时仅有 5 天，对大家的影响还是很大，大家在观察、访谈、讨论总结各个阶段的参与思考过程中，在发现问题、思考问题以及解决问题等学术研究的不同环节上都得到一定程度的训练，起到了较好的效果。

五　田野调查感悟

在经济建设的大潮下，历史学通常被认为是无用的学科。我们在乡村走访的过程中，往往进行自我介绍后，会因被一些人认为所学经济发展无用而以冷面待之。这很容易让人想到在中华人民共和国成立以后，苏联教育模式的影响下形成的"减少难以使用的文科生"的教育发展战略。但是，随着近些年来经济的发展，越来越多的人们意识到文化事业的重要性。我们走访的乡间也不乏一些对历史文化具有浓厚兴趣并且身体力行的民间学者。他们虽然多是出自个人爱好，但也多有为地方、为国家做出应有贡献的精神。这种精神也时刻感召着我们，让我们思考如何通过"究天人之际，通古今之变"，为当地的社会发展（不仅仅是经济发展）建言献策。其实这也是从一开始我们进行田野工作的题中之义。

收集保护乡土文献是我们此次调查的首要任务，也是我们在与村干部以及当地文化人士、文化站长接触过程中反复陈说的内容，希望引起足够的重视，主要是在档案保存方法以及环境条件上给了他们一些建议。比如在王店村，我们翻开申姓老人保存在仓库一角的柜子，发现里面的大部分资料已经被老鼠啃成碎渣，仅留下一些封皮较硬的账册和包裹在资料中间的票据。看到这样的保存状况老人也感到很无奈，他说没有人愿意保存这些资料，嫌其占用地方，有人曾经建议将其烧掉或者卖掉，但是被老人阻止。但是老人对于资料的保存也没有更多的经验。我们通过整理，将资料进行分类，并且向老人介绍了一些防潮和防虫等资料保存的基本知识。这种状况并非独有，在牌首村，我们碰到了相似的情况，大批档案放在废弃的小学里无人问津，他们缺乏保存的意识，又无保存的条件和知识。在其他一些村庄，珍贵的碑刻资料被当作垫脚石，一些历史文物被做成桌子摆放在乡村公园，这些都对历史文物造成一定的损坏。通过讲解，我们唤起了村庄对资料的保存意识，并且在达成协议的情况下拿回许多资料帮助他们进行整理与保存。

如何用历史专业知识帮助农民提高经济生活水平也是我们思考的重要问题。在开张镇，我们发现果树种植业甚为发达，但是通过访谈发现，虽然果树收入在村民总收入中占到很大比例，但是人们仍然抱怨当地的发展不如更北边的临猗县好。他们认为缺少发展资源是其中主要的障碍。我们也发现一些村庄通过合作社的组织形式很好地解决了这一问题。结合课题，我们可以对集体化时期生产组织方式进行深入的研究，从中总结经验教训，寻找农村经济合作发展的良好途径。又如，"一村一品"的发展战略中，仅靠动脑筋找出路的方法很难寻找合适的项目，但是我们可以通过历史文化资源的发掘，为村庄的项目选择提供方案，这些做法对于促进经济发展都具有重要的作用。

此外，在社会主义建设中，只有物质文明和精神文明建设共同发展，才能真正达到构建和谐社会的目的。在社会主义新农村建设中，形成学术文化机构和地方社会的互助是促进乡村社会精神文明发展的良好机制。乡村社会为学术机构提供研究资料和研究课题，学术科研机构帮助地方文化事业的发展，这是一个双赢的过程。我们与王店村申元山先生的交流中，答应会帮助他审校村史书稿；与曹中义先生的交流中，双方一致同意，保持长期密切的联系，要对双方关心的地方文史问题经常交流意见。

最后，虽然我们这次田野调查的主要目的是对地方文献进行普查，但遇到合适的口述对象时还是会挤出时间进行访谈。这里所谓合适的口述对象通俗来讲就是"有得说，愿意说，说得出"的地方民众。一般先从询问家庭等情况这样的"拉家常"的方式开始，可以拉近原本陌生的人际关系，接下来就开始问村里的资料情况。然后会针对口述对象的具体情况问些特定问题。但怎么问，问什么，得到答案应该如何使用，如何与史料结合也是值得思考的问题。例如，通过口述与家谱，我们知道了叶姓的起源、迁移、发展等状况，也对叶氏宗族在传统时期宗庙、祭祀活动有所了解，但如何将这些资料真正应用到具体研究中还是需要进一步的思考。田野调查与学术研究之间的嫁接点是问题意识。通过调查我们才发现"问题意识"对于研究的重要性，只有功夫下在平时，多看著作和文献，才能培养问题意识，才能真正做好田野，最终写出好的成果。

蒲州镇及城东街道考察报告

郭心钢　武丽伟　高　婧[*]

一　田野考察"一思"：出发前的准备工作

在山西大学和永济市政府合作的教育部历史学大学生实践基地项目的推动下，山西大学中国社会史研究中心的师生以小组的形式于 2014 年 5 月 26—31 日对永济市下辖的各乡镇和村庄展开了为期 5 天的校外实践考察。在蒲州镇及城东街道的党委和政府的协助下，我们组一行 4 人对有着悠久历史的蒲州镇辖下的 31 个行政村以及城东街道辖下的 16 个行政村进行了拉网式普查。这次普查围绕两个中心展开，一是历史时期的蒲州和城东街道及其所属乡村现存的历史文化遗迹与民间文献（包括家谱、契约、碑刻等在内）；二是 1949—1982 年亦即集体化时代（或农业合作化时期）各个村庄现存的社队文书档案资料（包括会计档案、"四清"运动材料、阶级成分登记表、计划生育材料等在内）。

田野考察需要充分的前期准备，一方面是对考察地点历史和现实情况的了解；另一方面是携带必要的记录设备和随身用品。首先，我们结

---

* 郭心钢，山西曲沃县人，2009—2013 年就读于山西大学初民学院，获学士学位；2013—2015 年就读于山西大学中国社会史研究中心；2015 年至今，为山西大学中国社会史研究中心在读博士。

武丽伟，山西省朔州市人，2010—2014 年就读于山西大学历史文化学院，获学士学位；2014—2017 年就读于山西大学中国社会史研究中心。

高婧，山西省阳泉市人，2010—2014 年就读于山西大学初民学院，获学士学位；2014—2017 年就读于山西大学中国社会史研究中心。

合《蒲州府志》《永济县志》、"永济文物地图与名录",以及永济市百度搜索和农廉网上的公开信息,对永济的历史发展脉络和现实状况进行了了解。

永济,古称蒲坂,传为舜都。汉初建县,清代改为永济。旧治蒲州城紧邻黄河,"控据关河,山川要会",古为畿辅重镇。扼蒲津关口,当秦晋要道,西卫京师,东保三晋,历代兵家必争。曾两建中都,州、府、郡衙皆置于此,是全国六大雄城之一。1912 年废府存县,1958 年其与安邑县、解虞县、临猗县合并为运城县(现运城市)。1961 年复置永济县。1994 年 1 月撤县设市,目前隶属于地级运城市。

永济市下辖蒲州镇。蒲州镇位于中条山下,黄河岸西,全镇有 31 个行政村,75 个自然村,面积 129.1 平方公里。这里在唐代曾做为府地,境内有中国四大文化名楼鹳雀楼,《西厢记》故事发生地普救寺,国宝唐朝开元大铁牛,中条第一名刹万固寺以及蒲州古城等旅游景点,是一个旅游名镇以及全省重点小城镇之一。而城东街道则是中国山西省运城市永济市下辖的一个乡镇级行政单位。其下辖以下地区:杏南社区、杏北社区、东环社区、铝电社区、四冯村、孙李村、榆林村、赵坊村、马铺头村、吴村、干樊村、新街村、郭李村、孙常村、平壕村、王朔村、侯孟村、南郭村、南郭沟村、荣盛庄村。

在开展调查时,除了准备一些日常生活用品之外,主要是携带田野考察必备的相机、录音笔等设备和办公用品。我们师生一行 20 余人,分成五组,每组由一位老师负责带队,每组负责一个乡镇和街道办的考察任务。我们制定了考察提纲,初步的目标是对永济当地的历史文献和遗迹的普查。原本计划各组师生住在各乡镇,以便就近了解当地民情,后出于安全考虑,我们住进了永济市的电机宾馆。这对经常下田野的人来说已经是莫大的享受了。我们这组四人,包括张俊峰老师、郭心钢、武丽伟、高婧,负责考察蒲州镇和城东街道办的 45 个行政村。

进村的前一天晚上,结合整个考察计划,我们小组商定根据村庄地理位置的分布情况来确定考察顺序的先后,以避免将过多的时间浪费在行路上。27 日我们先后考察了蒲州镇北部(县道 823、828 沿线)和东南部(县道 582 以南、S87 运风高速沿线)的 15 个行政村。28 日先后考察了蒲州镇西部和西南部(县道 852 以南、县道 823 沿线)的 12 个行政村。29 日主要考察了蒲州镇南部的重点村庄。30 日和31 日主要考察了永济市城东街道办事处下辖的 16 个行政村和伍姓湖地区。最终的调查结果显示，集体化时代的蒲州镇村庄档案资料大多数已经散佚，31 个村庄中只有 5 个村庄可见少数社队档案资料。其余村庄的档案资料则在城镇化建设过程中遗失不存。相比之下，蒲州镇的历史文化遗迹和民间文献还

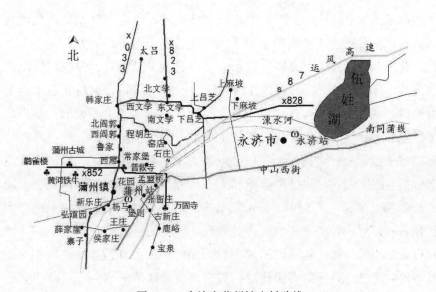

图1—1　永济市蒲州镇乡村路线

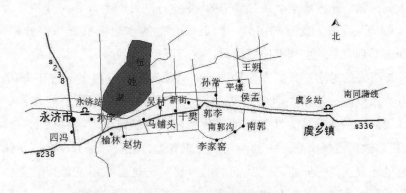

图1—2　永济市城东街道

图1　永济市蒲州镇和城东街道办事处的村庄交通路线图

比较丰富，具有重要的研究价值和旅游开发潜力。作为小组的成员，在考察中也积累了很多宝贵的田野经验，可以准确把握不同的地方性知识以及提高自己的理论思考能力与问题意识。

二　田野考察"二思"：基层档案的存与亡

山西大学中国社会史研究中心历来重视地方历史文献尤其是集体化时代农村基层档案的搜集和整理，一方面是出于保护；一方面是为了利用。此次考察过程中，确实发现了一些珍贵的文献资料，但保存情况不容乐观。考察的第一天，我们在蒲州镇鲁家村（下辖鲁家村和后坡两个自然村）找到了该村生产大队旧址。尽管大门紧锁，房屋破旧，我们却依然能够感觉到集体化时代所带给这个地方的印迹。房顶上的一对扩音喇叭似乎穿越来召唤我们。我们必须进去看一看！于是，我们设法找到掌管钥匙的主人。大队已经卖给私人作为养殖场。当我们推门进去，随地堆砌着旧家具、干柴火、废纸箱等杂物，还养着马、猪、鸡、鹅、狗等牲畜和家禽。对面是一个废弃的舞台，历史的话剧曾在这里上演。感叹过后，我们开始在院子两侧的废弃瓦房内一一仔细搜索。然后，便在其中的一间已经漏顶即将要倒塌的破房内，发现了散落一地布满土渣的档案资料，有的已然成为碎屑。历史便被埋藏在这些土渣之中，等待有心人的挖掘。屋内墙壁上还挂着1986年8月制订的会计和财务档案管理制度条文。后来，我们又在另一间破房角落的木箱内发现了部分档案。然而，看到农村基层档案保存情况，我们不免担忧起来。

接下来的考察让我们大为挫败，而又无奈喟叹。西文学村在2002年撤乡并镇以前，是原文学乡人民政府所在地。至今在该村还能看到"西文学大队"的遗址，大队外墙的宣传栏两侧赫然雕刻着毛主席七言律诗《人民解放军占领南京》中的两句"虎踞龙盘今胜昔，翻天覆地慨而慷"，不远处还竖立着一座水塔。我们的第一感觉是这里很可能保留着集体化时代的档案资料，甚至比鲁家村还丰富。然而，当我们千辛万苦找到当事人的时候，被告知就在一个月前，村内的所有档案资料全部被卖掉，整整一大车！真是万分可惜。旧大队已经承包给私人，现在是养鸡场。我们带着无比遗憾的心情黯然离开。接下来的几站，我们几乎无任何收获，时间太过紧张也难以进行有效的口述访谈。大队档案资料或者被卖掉，或者被烧掉，剩下的则无从知晓。

图2　鲁家村党支部旧址院内

相反，在一些曾经担任大队干部的私人手中，或多或少保存了部分档案资料，这与他们的个人情感或集体责任感有很大的关系。比如，鹿峪村已经退职的吴书记，曾在20世纪八九十年代负责村里的计划生育工作，而且成绩斐然。在他手中至今仍然小心保存着有关该村计划生育工作的统计材料。在他看来，这段任职与工作经历是他人生经历中最重要的组成部分，并以此为豪。再者，就是一些老会计，他们手中多保存着财务和会计资料，这当然与资料本身的重要性和会计本身的职业有关。这些与中国集体化时代联系紧密的特殊人群，对那个时代有着自身特殊的情感体验和回顾反思。

（一）永济市蒲州镇和城东街道资料存废情况

1. 蒲州镇资料保存的情况

蒲州镇相关村庄档案资料消失的原因具体可以从以下几个方面分析。首先是村委会的搬迁。在蒲州镇辖下的31个行政村中，保留有旧大队部的村庄屈指可数，如鲁家村、西文学村、上麻坡村、石庄村、古辛庄村。其余村庄旧村委均已消失，消失的主要原因有：在旧址上建设新村委大楼，在旧址上建设学校以及承包转让给私人另作他用。在此过程中，村委的搬迁和工程修建，导致集体化时代的档案资料流失。

其次是个人原因，致使这些历史资料或被当作废纸卖掉，或被当作废品烧毁，或因个人恩怨、村庄内部矛盾遭到毁坏，或因发生火灾、雨淋等意外被毁。其中，蒲州村的档案资料原本保存的非常完好，但在2001—2003 年街道拓宽时因村会计将其付之一炬，令人扼腕。此外，鉴于部分村庄长期存在着内部矛盾和对立情绪，致使调查工作未能有效展开，如寨子村、张留庄村、窑店村，特在此说明。有关各村庄和其资料遗失原因的对应关系，参见表1。

表1　　　　　　　　　　　蒲州镇资料情况说明表

资料遗失原因		村　　名
旧村委会变迁	村委翻新	西厢村、东文学村、张留庄村、薛家崖村、新乐庄村
	拆旧建校	王庄村、花园村
	承包转让	西文学村、上麻坡村、宝泉村、侯家庄村
个人原因	当废纸卖掉	西文学村、西阎郭村
	当废品烧掉	孟盟桥村
	个人恩怨	蒲州村、南文学村、北文学村
	发生意外	上麻坡村、新乐庄村
村庄历史遗留矛盾		寨子村、张留庄村、窑店村

2. 关于城东街道资料保存的情况

在蒲州镇，发现有档案资料或线索的村庄有 5 个，此外，说明城东街道办事处的档案室中完整的保存了集体化时期的各种资料，具体可以分为以下四种类型。

一是保存在旧大队的档案资料，以会计凭证和账册为主，资料类型相对单一，主要分布在鲁家村和王庄村。其中，鲁家村现存会计资料数量较大，但保存现状堪忧，基本上处于废弃状态。旧村委大队残破不堪、杂草丛生、布满灰尘、禽畜满地、浊气扑鼻。有幸被我们发现的这批资料，也已很久无人问津，散落满地，任由风吹雨淋，虫吃鼠咬，若不采取措施，增强保护意识，必将消失殆尽，步其他村庄之后尘。王庄村得益于该村会计的重视，保存状况尚可。

二是保存在个人手中的部分档案资料，如鹿峪村和石庄村。1934 年出生的鹿峪村前副书记保存了该村有关党支部建设和计划生育的档案资料，但数量太少。在石庄村原第三小队队长王普轩已经废弃的老房子中，我们抢救出该小队的部分会计凭证，但已经严重破损，可利用程度不高。

三是杨马村的档案资料。该村书记说，集体化时代的档案资料尚存，只因掌管钥匙的副书记出差在外，无法查看，只能以后重访。

四是城东街道办事处的档案资料。保存完整，数量较多，类型丰富。关于存有档案资料的村庄的具体情况，如表 2 所示。

表 2 城东街道资料情况说明表

资料保存村庄	资料保存所属人	资料类型	资料保存条件	可利用程度	现存属地
鲁家庄	旧大队	会计凭证、账册	差	低	山西大学中国社会史研究中心
王庄村	前任会计	会计凭证、账册	尚可	高	王庄村
鹿峪村	前副书记	党支部建设、计划生育的档案资料	尚可	高	鹿峪村
石庄村	废弃旧宅	部分会计凭证	差	低	山西大学中国社会史研究中心
杨马村	副书记	待查	待查	待查	杨马村
城东街道	街道办事处	集体化时代的档案资料	好	高	城东街道办事处档案室

（二）关于历史遗迹：家族墓地调查情况

在对蒲州镇进行考察过程中，我们发现不少村庄的人口以某个单姓家族为主，而且拥有规模不小的家族墓地、家谱和铭文碑刻。我们调查到的家族墓地主要有：杨氏家族墓地、张氏家族墓地、王崇古墓地以及孟桐墓地。这些家族墓地主要分布在蒲州镇。

首先是杨氏家族墓地情况。杨氏家族墓地主要分布在杨马村、襄毅庄和四郎坟等村庄。其中分布在杨马村的是杨博祖父和祖母的坟地。墓地中遗留有石羊和石马，其相关的碑刻在集体化时期被砌于旧队部的仓库的墙上和地上，有史记载约 16 通。而杨瞻和杨博的墓地则位于襄毅庄村南的田地里，襄毅庄因杨家九世祖杨博的谥号而得名。杨瞻、杨博墓地存有墓碑 10 通，7 通完好，3 通损坏严重。这些碑刻高大厚实，气势雄壮。碑文内容主要是皇帝敕封的全文，其首云"奉天承运，皇帝诏曰"。杨瞻、杨博系父子关系。杨瞻曾任四川按察佥事，累赠光禄大夫、柱国，少保兼太子太保，兵部尚书。杨博曾任少保兼太子太保、吏部尚书。《明史》有《杨博传》记载，他是嘉靖八年（1529）进士，大学士翟銮称其"可属大事"。此后，杨博兴民利、镇边防、固京师，功绩显赫。与当时的严嵩、高拱、张居正等人均有紧密的联系。杨博死后，皇帝赠其太傅，谥号襄毅。襄毅庄村可能因此得名。据杨氏后人称，杨博有八子，五个亲生，三个收养。其中，以四子杨介庵（俊卿）最有名气，曾任明代右军都督府，死后葬于现在的四郎坟村。长子、二子、七子、八子，官衔较小，死后葬于韩阳镇的陈村。长子杨俊民，《明史》亦有传记。从碑文和相关的历史资料可知，杨博在明代嘉靖、万历、隆庆朝任吏部尚书，地位显赫，其父杨瞻生前任四川按察佥事，死后以子博贵，追封吏部尚书。杨氏家族因此也成为当地的名门望族。

而位于四郎坟的墓主杨介庵（即杨俊卿）则是杨博的第四子，官至右军都督府佥事。与此相关的是，位于韩阳镇陈村和下寺村的墓地，分别是杨博的长子和第五子，即杨俊民和杨俊臣。杨氏后人也在积极进行家族的重建，成立了杨氏家族文化研究会，印刷有《河中飨杨氏文化》一书，实为杨氏家谱。

此外，在距离襄毅庄村北不远的杨马村，有杨博祖母的墓地，也有相关碑刻，可惜在集体化时代被当作房基使用，至今尚未清理出来。据杨氏后人回忆，襄毅庄村在抗日时期就已存在，日军也曾挖掘墓地。村中曾有杨家祠堂，位于墓地北方五十米处。祠堂里有石人、石马等石像，后来全被毁掉了。为了建设变电站，还霸占了杨博墓地。现在只是在春节和清明时期，到墓地进行祭祖，并不清楚以前是什么情况。杨马村的杨氏墓地属于杨氏的祖坟，周边住的人最早应该是守墓人，杨马村的姓氏因此比较杂。襄毅庄村最早只是住着杨姓十三户的小村，都是三房一院。周边村子如常家堡子、新乐庄等村的贫苦农民往往在这里杂居，后来，土改时划分财产，这些来自别处的贫农就合理地占据了本是租借于杨家的财产。而现在，杨家连自己的祖坟都无法进行保护，杨马村杨氏家族的那些碑刻还掩埋在私人的宅院里。因此杨老先生最大的愿望是能够恢复祖先的墓地。

其次是张氏家族墓地与王崇古墓的相关情况。张氏家族墓地主要位于蒲州镇最南端的侯家庄，其墓主人分别是张允龄和张四维父子。村内500余人，以侯、李、张姓为主，而张姓在以前就是村内的大地主。在该村东北300米处有张允龄墓地。现存碑刻9通，另有一通断裂破损，只剩基座，多为功德碑和皇帝饬令嘉奖。碑文常以"奉天承运"开头，碑顶也刻有"奉天诰命""奉天谕祭"等字样。在该村东南500米处是张四维及其家族墓地。张四维乃张允龄之子，是明嘉靖三十二年（1553）进士。《明史》称其"倜傥有才智，明习时事"。"（张）居正卒，四维始当国。"由此可知，张四维是继杨博之后的另一位重要政治人物，其同样在明万历时期官至吏部左侍郎，张居正死后出任内阁首辅，力反张居正改革。其与张居正的关系在《明史》中有论述。张四维父张允龄系蒲州盐商世家，舅父王崇古官至兵部尚书、陕西总督，善谈兵事，对张四维影响甚大。

在蒲州镇东北的常家堡村西200米处，有王崇古及其家族墓地。王崇古乃张四维的舅父，是明嘉靖二十年（1541）进士。《明史》载其曾"击倭夏港""偕俞大猷追倭出海"。又"巡抚宁夏"，"身历行阵，修战守"。而"寇屡残他镇，宁夏独完"。由这些家族遗迹和史书记载可知，张氏家族在本地有着极为辉煌的历史，也与山西乃至明代历史的发展进程有着密切的联系。

以杨博墓为中心的杨氏家族墓地和以张四维墓为中心的张氏家族墓地，显示了明代中晚期蒲州地方豪族昔日的辉煌成就，是蒲州作为历史文化名镇的一个重要文化资源，亟待保护和开发。

图3 侯家庄张允龄墓地

最后是孟桐墓地的相关情况。孟桐墓位于王庄村，孟桐同样是明代嘉靖、万历年间的一位杰出人物，曾官至礼部尚书。孟桐墓现存墓碑8通，封土4座，墓地四周砌有围墙，北部有高大的门楼，石牌坊1座，系省级文物保护单位。王庄村民家中还存有民国十三年《蒲阳孟氏族谱》9本。

关于蒲州镇的家族墓地，我们做了详细的考察，发现这些家族墓地的主人都是出身显赫，其家族也是当地的名门望族，而且这些家族墓地都集中出现在明朝的嘉靖、万历和隆庆时期，这也是后期需要我们进行相关讨论的一个重要问题。

相对于蒲州镇的名门大族，城东街道的宗族则显平民化，类型多为庶民宗族。如侯孟村的王氏宗族，现保存有明代至民国时期的家谱。该家谱经历多次续修，分别为同治六年（1867），光绪十七年（1891），光绪三十四年（1908），民国十六年（1927），民国三十五年（1946）和民国五十一年（1962）。在其家谱中我们发现了"民国五十一年"（1962）的记载，至于如此记载的原因，需要进一步讨论。

在郭李村则分布有侯姓和郭姓两大姓，各占村中人口的30%—40%，自古有"南侯北郭"之说。其中侯氏有新修家谱和残存的旧谱，但其祭祖的祠堂在"文化大革命"中被毁。郭氏之前保存有祭祖的"奶爷轴"，后被郭园的郭氏一支偷走。两姓现在均在坟地祭祖。无论是侯孟村的王氏还是郭李村的郭氏和侯氏，其家族史上没有出现过显赫的人物，只是在村中人口的比例较大，因此都是庶民型宗族。此外同类型的宗族还有赵坊村的谢氏和新街的邓氏。

总体印象：第一，集体化时代结束距今已经30余年，那是一段绕不过去的历史，但是作为村庄曾经走过的一段轰轰烈烈历程。当下人们严重缺乏保护意识，不尊重历史，何以继往开来？希望从今日起，蒲州镇政府及各村庄能够增强资料保护意识，为后世留下宝贵的历史资料和历史记忆。据我们对山西基层文书档案保存状况的调查，但凡资料保存完善、系统的村庄，在所属乡镇或地市中往往也处于先进行列，这一点必须引起高度重视，希望蒲州镇政府能够建立起村镇二级档案室，以便更加科学高效地开展工作。

第二，河东地区的家族文化如此兴盛，应该将此作为该地区的重要地域特征而加以重视。这不仅能传承当地优秀文化，也可以为推进学术研究的良性发展。

三 田野考察"三思"：考察后的收获与反思

为期5天的课外实践，不仅仅是进入村庄找资料的过程，更是一次深入了解农村现状的宝贵经历。我们在调查走访中经历的事，遇到的人，交谈中说过的话，都给我们留下了深刻的印象。回顾5天的实践经历，既有收获也有对某些现象的反思，将在下文一一进行总结。

（一）关于风景名胜遗址变迁的思考

实践活动正式开始前，我们有幸游览了永济市的三大风景名胜——普救寺、鹳雀楼和唐开元大铁牛。游览的过程中，见证名胜魅力的同时也引发了一些思考。

第一，关于名胜旧址的变迁问题以及在其变迁过程中出现的文化嫁

接现象。以鹳雀楼为例，其在唐代时处于极盛时期，游人络绎不绝，名
振京华。五代以后就逐渐冷落下来。发展到金代明昌年间（公元 1190—
1193 年），鹳雀楼仍然耸立在黄河之中的高阜处，并有河中府录事李逵书
写的"鹳雀楼"匾额高高悬挂在楼上。元至元九年（1212）平阳总管府
判官王恽到此游览时，该楼已经倾毁，仅存故址了。到明代初年，楼址
依稀可辨。此后故址消失在时间的长河中。改革开放以后，鹳雀楼得以
重建。重新展现在我们眼前的鹳雀楼雄伟壮观，高耸入云，但是对其的
解释却只剩名胜这一层含义。古时的鹳雀楼是文人墨客登高抒发壮志的
场所，而今的鹳雀楼却是宣传改革开放、国家兴盛的象征场地，我们不
禁要问：鹳雀楼在重现的过程中保留了什么，又失去了什么？

第二，关于现存风景名胜的意义的思考。现存的风景名胜向我们展
示的象征意义，是其自身魅力的影响还是现实人为的建构和选择的结果。
无论是出于对历史文化保存的目的还是由于经济发展的刺激，我们不断
人为地开发一些旅游资源，但是在对其开发的过程中，是否尊重了资源
本身所蕴含的历史意义；人为建构的过程，是否在尊重其历史蕴意的基
础上进行的延伸。

（二）关于历史遗迹与旅游开发的思考

蒲州镇以蒲州古城、普救寺、唐开元大铁牛和鹳雀楼最为世人所知，
并成为永济这一优秀旅游城市的名片，调查中这一点令人印象深刻。但
是，现已开发的旅游项目的受益范围有限，并不能惠及更多的村庄和人
群，也未能使蒲州现存的历史文化资源得到充分的开发。在本次调查中，
明代蒲州镇的历史名人和家族墓地在数量和价值上均非常突出。在新一
轮申报国家级历史文化名镇项目中，理应发挥其积极有效的作用。

明代的蒲州可谓人才辈出，人杰地灵。无论是杨氏、张氏、王氏，
还是孟氏，他们一个共同的特点是，均集中出现于明代中晚期，何以在
同一时期集中出现这种人才济济的现象，非常值得研究。因此，我们认
为，当地政府在下一步蒲州镇旅游开发规划的过程中，是否可以考虑建
立一个集实物（包括碑刻、家谱等）、图片、影像于一体的"明代蒲州家
族历史文化"博物馆。山西大学中国社会史研究中心可以在学理上提供
帮助。由此形成以唐代河中府、鹳雀楼、唐开元大铁牛为代表的唐代历

史文化旅游板块和以普救寺、明蒲州古城、明代蒲州家族历史文化博物馆为代表的明代历史文化旅游板块，进一步增强蒲州旅游资源开发的广度和深度。

"欲穷千里目，更上一层楼。"蒲州镇的旅游开发和未来发展，一定要建立在对文化内涵和本土资源的深度挖掘提炼和建构的基础之上，期待蒲州迎来更加美好的明天，实现"宜居蒲州，美丽蒲州，文化蒲州，魅力蒲州，和谐蒲州"的宏伟蓝图。

（三）关于基层新农村建设与文化建设脱节现象的思考

在考察中我们发现大多数的村庄响应了国家新农村建设政策的号召，其标志性的成果就是新建的村委会。国家在新农村建设中，由于多数村民没有对历史资料进行保存的意识，所以，在建设新村委会的过程中，对旧的村委会和其中遗留的历史资料随便遗弃。结果，集体化时期的相关资料大多数遗失不存。而保留下来的，无论是数量、质量还是种类都非常稀少。反思新农村建设和历史资料的保护现状，我们在调查的过程中深感国家政策的实行，应综合多方因素考量，雄厚的经济实力固然重要，但是相对落后的文化建设也应引起重视。城镇化建设过程中，如何对传统文化进行保护，这不仅反映了人们对历史的尊重程度，也展示着一个国家的发展的文明程度。

（四）关于调查者身份的思考

由于此次的课外实践活动是学校和政府的一次"合作"行为，所以我们进入村庄调查的身份，既是学校里的老师和学生，某种程度上也是政府工作人员的"化身"。各小组在调查中遇到的尴尬之事不在少数，听闻抱怨声的同时我们是否想过：我们在"合作"中被定义的身份和形象，可能会带来很多麻烦？如果我们只是单纯以老师和学生的身份进入调查目的地，地方政府和基层百姓又会如何看待我们？

（五）关于民间信仰现状的思考

在与侯家庄的妇女主任兼民办教师的访谈中，我们深为其坚持进行实践教育的精神所感动，但是与蒲州镇领导交流的过程中却了解到前者进行的实践教育可能是某些国外组织进行文化渗透的一个渠道。如何正确的理解和评价基层中类似的民办教育和文化渗透的关系？地方社会在国家普及义务教育的过程中，应该扮演一个什么角色？是柔和的引导还是强制性的命令？同时，我们了解到现在农村中存在某些邪教组织，如全能神教，其已经在悄然危害农民的切身利益和基层社会的安定，但是政府应该如何引导农民树立正确的信仰观？如何对基层实施有效的管理等都是应该进行深入思考的问题。

（六）个体在田野考察中的收获与反思

以前，总觉得田野很难做，一开始很胆怯，只是在村里村外的街道上来回游荡，东瞅西瞅。而且还发现村民们总是投以奇怪的眼神，甚至被当成来此踩点的盗墓者。之后，我们硬着头皮在街道上与陌生人闲坐下来聊天，从他们口中获得自己想要的信息，并顺藤摸瓜，拉出一连串的线索来。这个过程是需要循序渐进的，不可能一蹴而就。有时候，单是表明自己的身份和目的就需要耗费半天的时间，更不要说取得对方的信任了。而较为便捷的方式是通过村委会介绍而直奔主题，这样固然不失为途径之一，但也不是没有缺点。一旦行政权力介入，原本单纯的学术考察很难说不会变成政治任务而流于表面化。

从田野考察的角度讲，一个陌生的人在短时间内是很难"进入"乡村的，除了一些语言障碍外，更为重要的是"熟人社会"文化所形成的对外来人的警觉和排斥。当我们走入村庄，闯入村民们的熟人圈子，他们会敏锐地发现我们是外地人，并用奇怪的目光打量着我们这些背着书包，手拿相机的人。但我们不可能一直在外围观察，而应真正参与到他们的实践活动当中。我总是有个疑问，为什么有的人每次下田野必有或大或小的收获？后来，才发现是自己将收获的含义狭隘地理解为文献档案资料的获得，而丢掉了对农民生活中一些新事物、新问题的体验和领悟。比如，为什么有的村庄多种果树而有的村庄多种蓖麻或者小麦？为什么村里开始大兴庙宇和祠堂？

我们习惯将准备好的调查提纲一个接一个询问考察对象，问完之后发现没什么可问的了，就拍屁股走人。回来后，仔细想想，不过是了解了一些村庄概况，譬如人口多少、土地多少、经济收入的来源是什么等肤浅的答案。田野考察前的一系列问题准备固然重要，但我以为，万不能因为有准备就按部就班，忘记去好奇，去发现，去发问。甚至应该对一个问题连续发问，刨根问底。田野考察若要有收获，不仅仅要依赖程式化的方案，也需要缘分，需要运气，而这种缘分和运气是在复杂多变的考察过程中慢慢积累而形成的。田野考察的难易与否，在于如何看待田野。

在这次永济田野考察过程中，自己得以近距离请教各位老师的田野经验，学习其他同学田野过程中的方式方法。更为重要的是，体验到了永济当地独特的风土民情，丰富和深化了自己对中国乡村社会和农民生活的理解。这些对我们今后的学习生涯必然十分有益。我们试图从以上三个方面总结这次田野考察的收获，但事实上的收获则远多于此。我并不想把此次田野考察作为永济考察的终结，而是试图以此为开始，进一步深化对山西区域历史的研究。

虞乡镇田野考察报告

李晨阳　陈　霞　侯峰峰[*]

　　2014 年 5 月 26 日到 6 月 1 日，山西大学中国社会史研究中心师生一行共 20 人，奔赴永济进行资料、档案、文献摸底情况。本调查组由 4 人组成，带队老师为郭永平，队员为学生侯峰峰、李晨阳、陈霞。调查地点为虞乡镇。该报告由五部分组成，前四部分试图对虞乡进行一个比较全面的阐述，第五部分是对田野的反思。

一　虞乡的历史沿革

　　虞乡位于山西省永济市东部，南依中条山脉，北有涑水河横亘于境，山麓与河之间是一马平川。民国《虞乡县志》里这样形容："虽弹丸小邑，而形势、人情殊堪艳羡。王官悬瀑布，五老耸插云，洵占中条之胜境，遏渠贯中央，涑河横北带，胥沐水泽之秀灵。"① "阻中条以为险，扼

　　* 李晨阳，山西省长治市人，2009—2013 年就读于山西大学历史文化学院，获学士学位；2013—2016 年就读于山西大学中国社会史研究中心，获硕士学位。2016 年至今，在太原市社会科学院工作。

　　陈霞，山西省阳高县人，2010—2014 年就读于山西大学历史文化学院，获学士学位；2014—2017 年就读于山西大学中国社会史研究中心，获硕士学位；2017 年至今，为南开大学历史学院在读博士。

　　侯峰峰，山西省泽州县，2010—2014 年就读于山西大学初民学院，获学士学位；2014—2017 年就读于山西大学中国社会史研究中心，获硕士学位。

　　① 民国《虞乡县志·序》，《中国地方志集成·山西府县志辑68》，凤凰出版社 2005 年版，第 206 页。

解芮而通关，远控虞城，近掣蒲坂，数县之隘，塞一郡之中权"①，可谓冲要之地。

光绪《虞乡县志》清楚地记载了虞乡县在清代的范围："虞乡境在蒲州东六十里，东至解州界席张镇二十里，州治四十里。西至永济县界榆林村三十里，县治六十里。南至中条山横岭，解州芮城县界三十里，县治五十里。北至涑水河临晋县界四十五里，县治六十里。"② 东、西、南、北分别与解州、永济、芮城、临晋为邻。基本上相当于今天永济市境内榆林村以东地区。"东西广五十里，南北袤七十五里。"③ 在不同历史时期，"虞乡"的管辖疆域范围有所差异。"虞乡"这一地域概念，随着历史变迁而不断变化。但总的来说，虞乡这一区域大致范围包括：山西南部中条山北麓距黄河约五十公里，方圆百里的区域。

虞乡的历史大体可以粗略分为"上古时期""解梁时期""唐宋虞乡时期""元明和临晋时期""清代民国虞乡时期""永济时期"六个历史时期。

1. 上古时期

虞乡是黄河文明的发源地之一，有着悠久的历史。上古时代，"虞乡"常以部落或者诸侯的名字出现，或曰有虞氏，或曰虞国。"虞境在上古时为舜远祖虞幕所封之国，此虞之源也。"④"周初武王克商，封周章之弟于虞，是谓周虞。"⑤

这个时期的虞乡深受早期黄河文明的影响。虞乡"唐尧建都平阳，去畿数百里，故仍其名。舜受尧禅，建都蒲坂，国号虞者，仍其旧也。舜肇分十二州，冀为王者之都虞境实属畿内之地夏禹都安邑，距虞未远，境址仍属畿内。商汤都亳以来，史传不记郡名，无从考查沿及商未存"⑥。

---

① 乾隆《蒲州府志》卷之一《形胜》，《中国地方志集成·山西府县志辑66》，凤凰出版社2005年版，第52页。
② （清）周大儒纂修：光绪《虞乡县志》卷之一《地舆志》，《中国地方志集成·山西府县志辑68》，凤凰出版社2005年版，第20页。
③ 同上。
④ 民国《虞乡县志》卷八《沿革考》，《中国地方志集成·山西府县志辑68》，凤凰出版社2005年版，第406页。
⑤ 同上。
⑥ 同上。

古时的平阳大致在今天的临汾，蒲坂大致在今天的永济，安邑大致在今天的夏县。也就是说在上古时候，除了商代以外，虞乡皆为畿内之地，或近畿。可以说是文明中心，或者离文明中心不远。

此外，很多文献也不乏对"虞"的记述。《诗经》里的"虞芮质厥成"事件、《左传》中的"假道伐虢"即假道于虞以灭虢，都与"虞"有关。虽然两件事情大抵指向今天的平陆地区，但上古时的"有虞氏"或者"虞国"的势力范围或疆土延展到平陆，当时可能把平陆一带认为是虞的一部分。由于双重分封，周代的虞国有两个地方，"蒲之虞乡与解州平陆皆古虞国也"①。虞乡、平陆皆又为周时之虞国。

不过这些记载并不严谨，不能真正说明"虞"的确切历史，但从这些只言片语中，也能够说明"虞"的文明之久，积淀之深。

2. 解梁时期

虞乡真正的历史起自战国，"虞属魏，按春秋闵公元年，晋作二军以灭耿灭霍灭魏以魏赐大夫毕万。又按春秋列国图有解国与魏邻、是魏先并解，解梁之名始"②。其实，这个时候的解梁还仅仅指解。"此后秦人王官，见其城垣颓圮，即统以解梁名。此为虞解合一之始。"③到秦国吞并解与虞的王宫时虞与解才糅合在一起。解梁的称谓在春秋时期已存在。秦国时期，解梁却已成废墟。废墟上的人口必较以前大为减少，门槛人数不足设县。也许出于节省行政成本的考虑，把虞并入了解梁，形成新的解梁。

秦始皇统一六国后实行郡县制，此时虞解不分家，虞乡附于解梁之内。"始皇二十三年分天下为郡县，解属河东郡，此时虞附解梁之内。"④继承了战国时解梁的建置。

这个时期所不同的是，虞乡作为统一国家的一个普通县，随着中央置州的变化又有着不同变化。"西汉高祖二年，韩信定魏地，置解县。武

① 乾隆《蒲州府志》卷一《沿革》，《中国地方志集成·山西府县志辑66》，凤凰出版社2005年版，第48页。
② 民国《虞乡县志》卷八《沿革考》，《中国地方志集成·山西府县志辑68》，凤凰出版社2005年版，第407页。
③ 同上。
④ 同上。

帝元封五年，分天下为十三部，部置刺史各一人。此时虞属司隶校尉，河东郡。昭帝始元元年，改为并州刺史部，此时虞乡属并州刺史部。新莽天凤元年，改河东为兆阳郡，置州牧部，监辖属兆阳郡。东汉光武建成元年，复废兆阳为河东郡，领县十解居第三，此时虞属京师司隶部河东郡。魏少帝正始八年，分河东置平阳、河内、河东、弘农为部，司州领之。此时虞属河东郡。晋武帝太康元年，分天下为十九州，省司隶仍置河东郡时领县九，解居第七，此时虞仍属河东郡。魏武帝始光元年，魏别将取蒲坂。改河东郡，置秦州析解县，置安定属秦州。安定仍解之故地，城在今之临晋亭束。后为北解。此时虞境仍属安定，西魏高祖太元中，改安定为南解，仍属河东郡。虞始有南解之称。"① 但大体以长安为中心，是畿辅地区。

这个时期，虞乡并不是独立的行政区域。今天的虞乡范围内平川百里，北部、东部没有明显的山川河流作为自然分界。可能建置初期，在行政划分上是任意划分，并不大考虑山川形便。

虞乡所在的"解梁"也是几经变迁，从春秋时期的王官，到秦国的解梁，再到汉代的解县，再到北朝的安定与南北解。经历了五个阶段的变迁。南北解的建立也成为虞乡单独置县的序幕。最终于隋唐时期在原来解梁范围内分割出较稳定的新的县域范围。

3. 唐宋金时期的虞乡置县

从北周明帝开始就有了虞乡县，"后周明帝武成元年，改秦州，置蒲州，此为蒲州之始。改南解，置绥化郡。北解属焉，未几又改绥化为虞乡。虞乡之名始也。隋文帝开皇十六年，改蒲州置司隶刺史部 斯时罢州为郡，虞乡为县属刺史部。大业九年，从虞乡于今解县治，属河东郡"②。

唐袭隋制，虞乡县置县，但并不顺利。"唐高宗祖武德元年，改河东郡为蒲州。置总管府，以治之。复改虞乡为解县，属虞州（今安邑）。更于解县西四十里，别置虞乡于今县治。属蒲州，虞解分为二。贞观十七年，废虞州，省解县入虞乡。虞解复合为一。二十二年，复省虞乡入解

① 民国《虞乡县志》卷八《沿革考》，《中国地方志集成·山西府县志辑68》，凤凰出版社2005年版，第407页。

② 同上。

县。隶河中府（今蒲州）。天授二年，复析解县置虞乡县，虞与解复分为二。"①

但是经唐初虞解几次分合，至天授年间虞乡最终置县。在这个时期独立置县是有原因的，唐初几个朝代相对持续的政治稳定，经济发展，人口增殖。虞乡已经成为狭乡。加上唐明皇李隆基拟建虞乡的上级治所蒲州为中都（虽然中都的建设计划最后被搁置），虞乡必然迎来发展的重要机遇期。虞乡的置县也能从中找出政治上的原因。随着以蒲州为首的河东在唐代迎来历史上的最繁荣期，虞乡也进入繁荣期。

> 五代并有河中府，朱梁置护国军虞乡，为护国军所辖。宋太祖至道三年，分天下为十五路。属陕西永兴军河东路，置防御庆成军，虞乡属焉。金初建五部，置十四总管府，是为十九路。虞属河东南路，天会六年置蒲州防御使，大定元年置陕西元帅府，虞乡属焉。②

不过随着中央朝廷都城东迁北移，河东地区近畿的地位没有了。失去重要政治地位的同时，再加上战乱的纷扰，虞乡随着河东一起走向了下坡路，最终在金元之际的社会战乱中几近荒废。

4. 元明时期虞与临晋合并

金元大战使河东大地惨遭战火蹂躏，虞乡不免人口凋落，经济水平下降。再加上虞乡临晋本来就相去不远，为节省行政成本，或者出于管理之便利，并县成为可能，即为这个时期的事实。

> 元立中书省，统山西之地。谓之复裹，有路府州县四等。虞乡属中书省晋宁路。至元三年省虞乡入临晋，又无虞乡之名。明太祖洪武二年置山西承宣布政史司，改晋宁路总管府为平阳府。河中府为蒲州，此时虞乡附临晋。③

---

① 民国《虞乡县志》卷八《沿革考》，《中国地方志集成·山西府县志辑68》，凤凰出版社2005年版，第407—408页。

② 同上书，第408页。

③ 同上。

虞乡的政治变迁还有个很重要特点就是"由秦入晋"。元朝为巩固地方统治，进一步消除割据可能，在实行行省制度的同时，很多地方打破山川形便的传统，把原本属于不同地域的地方拆分，重新整合为新的区域。具体到虞乡就是"由秦入晋"，虞乡在元代之前，一直处于关中文化圈的辐射范围。随着政治中心的北移，虞乡的政治地位下降，与周边州县一样变成了"山高皇帝远"的地方。河东的上级中心变成了并州的太原，河东开始成为山西文化的一部分。按今天的话语说来就是，元明以前省会是在西安，元明以后的省会是在太原。直至今日，虞乡和汉中等地"由蜀入秦"一样形成了一个"由秦入晋"的变迁过程。

上级行政变化的特点是由秦入晋，司隶校尉到山西行省，从中央到地方，从拱卫京师的一级单位到地方行政区划。

5. 清代虞乡复县

康熙盛世政治稳定，财富积累，人口增殖，虞乡又具备了成县的资格。

前清初因明制，雍正初升蒲州为直隶州，又升为府。至雍正八年复设虞乡，于今治，自是永奠焉。民国肇与仍因旧制为虞乡县。①

当然唐代的虞乡县与清代虞乡县的疆域比较，唐代的虞乡县地域较广阔。《虞乡县志》记载："至唐时之虞乡，西尽雷首山，北有桑泉地。今则纵自横岭，而讫涑河横由草坪而界，红脸此又幅员阔狭今昔不同也。"②

纵观虞乡的历史，大体可以说从北朝周明帝武成元年（559）开始到民国三十六年（1947），除了元明的四百年。虞乡作为县或者县名出现经历了多个朝代，总共有一千多年的历史。

---

① 民国《虞乡县志》卷八《沿革考》，《中国地方志集成·山西府县志辑68》，凤凰出版社2005年版，第408页。

② （清）周大儒纂修：光绪《虞乡县志》卷之二《建置志·沿革》，《中国地方志集成·山西府县志辑68》，凤凰出版社2005年版，第42页。

6. 永虞合并

随着中华人民共和国的成立，晋南各县也掀起合并浪潮，永济与虞乡合并，临晋、猗氏并为临猗，赵城洪洞为洪洞，万泉、荣河为万荣等等。虞乡解放初期，即民国三十六年（1947）同永济县合并称永虞县。而后于 1950 年永虞县分置，复设虞乡县。1954 年同解县合并为解虞县。1958 年随解虞县入运城县。1961 年析运城县，复设永济县，原虞乡县境入永济县。

1984 年改为虞乡镇。2001 年，永济撤并乡镇，将原 6 镇 10 乡 3 个街道并为 6 镇 1 乡 3 个街道办事处，清华乡也并入虞乡镇，全镇共辖 37 个行政村，55 个自然村，224 个居民小组，41501 人。

如今的虞乡镇位于永济市东南方，南靠中条山，北邻运城盆地大平原，东与运城、解州关帝庙接壤，西与普救寺相连。镇域总版图 170 平方公里，东西跨度大约 14 公里，南北 12 公里，耕地面积 6.3 万亩。镇域内历史人文资源和风景名胜景点颇多，如历史悠久的春秋扁鹊文化的扁鹊庙，唐代司空图文化和王官风景名胜区，清代古色典雅的阎敬铭避暑山庄（又称王官别墅），国家级风景区五老峰，"唐宋八大家"之一柳宗元的故里。

虞乡镇除了历史的悠久，以及诸多的旅游景点外，可能最为奇特的就是"倒座衙门"。为何虞乡是"倒座衙门"？史书上并没有记载。不过在当地方民众口中却流传着一个"倒座衙门"的传说，据虞乡镇虞乡村村民王存保口述①：北周武帝保定年间（公元 561—566 年），刚开始建县衙时，虞乡衙门也和全国其他地方一样，按"天下衙门朝南开"的规范要求，坐北朝南。但自唐代天佑末年后，虞乡衙门来在修建时候改成了坐南朝北，这明显不同于其他地方的衙门。相传唐代天祐末年唐哀帝李柷听说虞乡匪多祸起难以治理，原任知县才疏学浅不能胜任，遂派一姓李的官员到虞乡接任知县，李奉旨赴任后，巡视全县各处发现黎民百姓喊冤不止，怨声载道，经细查暗访原来是有 36 件血案弄得人心慌慌，民不聊生。从此李知县下定决心要侦破这些积案、要案，并当众发出誓言：

---

①　参见王存保《虞乡"倒座衙门"实在值得开发》，《运城日报》2002 年 6 月 27 日第 3 版。

"一年不破，衙门倒座"，谁知经过一年多的密探，直累得他焦头烂额，一件案子也未破获。李知县是个心高气傲之人，为了信守诺言，遂将"衙门"改为"倒座"。"倒座衙门"修成后，李知县侦破这批血案的决心更大了，又经过数月微服私访，36 件血案件件查得水落石出，但使他为难的是：件件血案都与上司各级官员有关，在好判难断的情况下，只得上奏皇上，李柷皇帝为了稳定民心，使天下太平，江山牢固，根据虞乡县衙的特点，遂赐李知县"木铡七口"以示正法。这七口木铡的造型分为龙头、虎头、狗头三种，寓为"三级七品"之意。这七口木铡如同尚方宝剑，有上打君下打臣，孤王头上管三分之权威。从此虞乡县衙除了具有和其他县衙一样的刑具外，还多了七口木铡。李知县因为办案有功得到皇封，深得百姓敬仰，大家把李知县称为"李青天"。那时候虞乡地区匪寇逞凶，洪水淹田，祸患交加，人无宁日，李知县以"为官一任，造福一方"为己任，为了防匪和排洪，他发动群众在原有城墙的外围，连挖两条间隔距离不等的护城河，并在通四门路口架桥八眼。从此，这两条护城河常年有水，蛙鸣鱼跃，犹如两道光环把虞乡城紧紧素裹。至今虞乡人民一代又一代还留传这样一首赞誉虞乡的民谣："四门八桥水围城，倒座衙门显威名，七口木铡神鬼惧，惩恶扬善断案清。"如今的衙门早已被拆毁，难以再寻踪迹。

二　集体化时代的记忆

在虞乡镇走访的五天里，我们见到了很多老干部、老党员，以及普通民众。经历了沧桑的岁月，他们如今大都是在家安享晚年的老人。没有我们的到访，他们的生活也会在平淡中安然度过，而我们的到来给他们平静的生活增添了一丝涟漪。

我们访谈了许多老干部，他们对"四清""学大寨"等运动都有深刻的印象。他们个人的生命成长就是伴随着新中国的诞生和发展而发展的。经历了旧社会的"苦"，他们对新社会带来的变革抱有极大的感激之情，也正是缘于这份感恩，他们将饱满的热情投入自己的工作中。政治上，他们积极宣传中国共产党的思想方针，努力发展党员数量，充分发挥党员的模范带头作用；经济上，他们鼓足干劲，学习大寨，平整土地，尽

图1 访谈申家营的申建英老人

心竭力地投入农业生产中，努力提高村里的收入；生活中，我们见到的很多村里的老党员如今依然居住简单，生活简朴；思想觉悟上，让我们感到非常震撼的是，他们对党十分忠诚，不仅对过去党的政策方针铭记在心，对自己当时开展的工作如数家珍，也对当下的社会现实有自己的见解。他们对毛泽东时代的无限向往给我这个聆听者留下了深刻印象。对于我们这些没有经历过那个年代的年轻人来说，如果将他们的慷慨陈词换作学校的思想教育课，或许我们会抱着一种抵触心理，认为这些无非陈词滥调，于自己本身并没有多大的意义。但当我面对的是一个个真真切切从那个特殊的年代走过来的老人时，听完他们谈话，内心由衷佩服这样的信仰。可能从某种意义上来说，有信仰的人，都是幸福的。如果我们按照现在人的观念去强制改变他们这一代人的思想，对他们而言应该是残忍的，这样的信仰对他们来说已经内化成他们的潜意识，是他们迟暮之年的精神支柱。

通过对集体化时代的村干部进行简单访谈，我们已感到开展田野口述工作的紧迫性。这一群体作为当时历史的亲历者与见证者，在告别那个年代后，尤其是进入人生的晚年，他们大多都有倾诉的欲望。而当下快节奏的生活，村中大量年轻劳力的外流，导致村中出现"空巢"老人的现象，他们缺少了听众。随着年龄的增长，他们的记忆也在逐渐消褪。而这些记忆，较之书本上的知识，由于其依附的个体所具有鲜活性和多样性，更显得弥足珍贵。我们的访谈打开了他们记忆的大门，也使得曾经的历史以另一种方式呈现出来成为可能。

三　生计方式的变迁与延续

一个地方的生计方式与当地的生态环境和资源物产密切相关[1]，它是当地自然规律、经济规律和社会规律共同作用的结果。谈及永济虞乡，亦是如此。

虞乡南靠中条山，北临涑水河，为盆地地形，地貌包括山地，山前冲积扇和平地。土壤质量也因地形的不同而有较大差别，中条山麓一线的村落，多砂质土，土层较薄，不适于发展传统农业，但寸土寸金，也为发展果木种植提供了条件，例如种植核桃树、柿树、杏树等。我们行走在虞乡的各个村落，因山麓坡地的原因，好多村子依这样的地势而建，村子的街道及各家的房前屋后，核桃树、柿树随处可见。与永济市其他乡镇以传统种植农业为主的产业结构有所不同，虞乡镇整体产业结构也因此呈现出多元化的特征。《虞乡县新志》记载："果木：枣，出姚暹渠北村者居多。杏，出东坦朝、南梯村一带。桃出牛臂岭及近城各村。梨，出南郭、柏梯、石卫、土乐各村，有青红黄三色。柿，出山下诸村，有镜面、牛心、珠柿数种，可做饼亦可作醋酿酒。桃树，多出山峪内。沙果、喝果、蜜果、苹果、林漓、奈子、樱桃、石榴、枸桃、李子、羊失枣、木瓜、白葡萄，藏葡萄种，自西藏来者。"[2] 虞乡物产之丰富可见一斑。在《永济县志》中有"山条山区：位于县境南部，包括沿山的清华、虞乡、郭李、城关……首阳 8 个乡镇的部分村庄。有耕地 3.28 万亩，占

---

① 郭家骥：《生计方式与民族关系变迁——以云南西双版纳州山区基诺族和坝区傣族的关系为例》，《云南社会科学》2012 年第 5 期。

② 《中国地方志集成·山西府县志辑·虞乡县新志》，凤凰出版社 2005 年版，第 286—287 页。

全县耕地的 4.1% 。是全县的棉麦低产区。林、果、牧业发达"①。这样的记载，也进一步证实了虞乡农业发展的特点。

基于这样的农业生产特点，虞乡人民的生计方式为此受到很大影响。在《虞乡县新志·生业略》中记载："虞邑地瘠民贫，素守勤俭，虽生业无多，尚可支持。惟自改革以来生活程度日见增加，而生业程度未能进步，入不敷出，十室九空，长此不变，前途堪虞……"为此在"所望有责者早注意焉"的呼吁下，积极寻求生业方式。"现在各村均按百户培植苗圃一亩，每年清明，人各植树一株，是以林业已有萌芽。"此外，在当地知事的倡导下，还创办了女子养桑传习所，令各村选送妇女一人入所学习，并发各村桑苗人各一株，于是养桑颇有普及。以手艺及经商为业者，也不在少数。"工业，则木匠三百五十人，瓦匠、油匠二百四十人，画匠百二十人。商业，则全县商户三百八十二家，一千零二十五人内除外省外县商人四百四十六名，本县商人仅有五百七十九人，上有在秦二百八十人，在豫百二十人，在运解三百余人，其在城镇乡间营商、开店、屠兽、烧酒以及肩挑果菜，贩卖食物。农时则农，农隙则商，未能确定其数也。"② 最后一句话道出了虞乡农民生计方式的主要特征。

下面是自中华人民共和国成立以来到 20 世纪 80 年代末，永济全县农村农业产值结构及农业所占比例的数据一览表。

表一　　　　永济县全县农村经济总收入收益分配表（1949—1986）单位：万元；%

年份	总收入	农业	林业	牧业	副业	农业收入百分比
1949	1331	1277	1	50	3	96
1956	2579	2435	13	127	4	94.4
1958	3726	3404	38	8	182	91
1978	4647	3883	102	25	298	83.6
1984	15357	9136	257	598	1619	59.5
1986	18894	11630	161	672	61	61.6

资料来源：根据《永济县志》相关数据绘制。③

----

① 永济县志编撰委员会：《永济县志》，山西人民出版社 1991 年版，第 75 页。
② 《中国地方志集成·山西府县志辑·虞乡县新志》，凤凰出版社 2005 年版，第 283 页。
③ 《永济县志》，山西人民出版社 1991 年版，第 93—94 页。

从表一数据可以看到，中华人民共和国成立以来全县农村经济总收入整体呈现上升趋势，农村经济收入来源一般分为农业、林业、牧业、副业及其他收入。农业产值在 1949 年所占比例为 96%，此后的几十年里，农业收入绝对值是逐年递增的，但是农村经济总收入所占比例是呈下降趋势的。与之相比，以林业、牧业及副业为主的经济收入在农村经济总收入所占比例逐年递增。由此也可想到虞乡农业的发展结构。

永济各村地方特色显著，从居民日常生活中也可体现出来。至今这里流传着一些耳熟能详的谚语和顺口溜，如"桃三杏四梨五年，枣树当年就还钱"。再有"南郭柿子北梯梨，枣圪塔小麦没有皮"。以及"屯儿里葱，马铺头蒜，五十骨都一大瓣"。① 各村具有代表性的产品已经成为众所周知的事，并形成了一种区域文化。

反观现在虞乡镇农业产业的发展结构，可以看到这一继承性以及新时期条件下对传统优势资源的再开发、再利用。其中以"一村一品"特色产业发展模式在虞乡的推广为代表。

"一村一品"，是指根据一定区域的资源禀赋和特点，以市场为导向，变资源优势为产业和品牌优势，使其逐步成为具有区域特色的产业链或产业集群。这已成为新农村建设有关农业产业发展的一个新思路，并在全国广泛推行，目前已有许多成功的例子。永济市政府顺应新形势把农业产业提升作为新农村建设的重点来抓，大力实施了"个十百千万"工程，即"一村一个主导产业工程、十大特色产业壮大工程、百个创业基地工程、千户企业孵化工程、万户农民进城工程，围绕养猪、养鸡、养牛、养鱼，种棉花、种芦笋、种双孢菇、种蔬菜，栽植青苹果、栽植速生杨的"四养四种两栽植"十大农产品生产基地建设，加快发展现代农业②。为推动"一村一品"发展，永济市坚持政府和市场两手抓、两手硬的发展模式，扶持发展"一村一品"主导产业和主导产品，并制定了《永济市农村"一村一品"项目建设补助资金管理办法》，对"一村一品"专业村逐村进行查验和辅导。同时，引导大型龙头企业与特色产业

---

① 《永济县志》，山西人民出版社 1991 年版，第 509—512 页。
② 《一村一品作支撑 创新模式改村容 永济新农村建设百花竞放显特色》，山西新闻网，《山西农民报》2008 年 3 月 4 日。

示范村进行产业链接，通过村社互动、村企互动，提升了"一村一品"发展水平。使永济市基本形成以设施蔬菜、林果种植两大产业为主，粮食、食品加工、特色养殖等产业为辅的"一村一品"产业格局。①

在永济市政府的领导及相关政策的支持下，虞乡镇农业产业化步入正轨，并向专业化、科学化、规模化方向发展。2013年年底虞乡镇镇长许管哲在全镇经济工作会议上的讲话指出，全镇依据各村的优势资源及实际情况，结合果、畜、菜、苗木四大支柱产业的发展方向，形成了具有本村特色的产品种植及开发结构，初步具备"一村一品"的特点。具体表现为"在干果经济林方面，充分利用沿山洪积扇适宜核桃栽植的优势，大力引导，集中连片种植，2013年新栽核桃3000亩。目前全镇累计栽植面积达16000亩，已形成三窑、石卫、风柏峪、东、西源头三大基地；在畜牧养殖方面，目前全镇蛋鸡存栏43.7万只，肉鸡存栏36万只，肉猪存栏1.5万头，肉羊存栏1.3万只。形成粟海肉鸡、林农种鸡、舜鑫龙肉猪养殖、北梯养猪合作社、西坦朝肉羊等五大畜牧养殖龙头；在设施农业建设方面，洗马村2013年扩大绿色大棚西瓜230亩，全村已达870亩；雷庄、屯里两个村与山东永旺温室有限公司联姻，带领发动广大农民发展大棚温室设施蔬菜栽植产业，截至目前雷庄村已建成温室大棚31个，经济效益可观，屯里已建成22个正在准备菜苗种栽；在花卉苗木栽植方面，山西绿风园林绿化有限公司计划利用三年时间流转土地3000亩，累计投资1.01亿元，按照'公司＋基地＋农户'的经营模式，建设山西南部最大的花卉苗木基地。2013年，已完成投资3000余万元，流转土地1000亩，栽植花卉苗木1000亩，50000余株，涉及树种20余种。全镇已形成绿风园林、南梯、罗村三大花卉苗木基地，成品规模近1500亩"②。

此次田野之行目睹了虞乡镇农业发展的状况，并真切地感受到农业产业发展的创新对于本地、本村人民生活的影响。下面仅以西坦朝村及洗马村特色产品的发展为案例进行简单阐述。

---

① 和平论坛之运城论坛：《永济"一村一品"铺就农民致富路》，2013年9月5日。
② 《一心一意谋发展，认认真真抓落实 以目标责任化为统领全力推进虞乡转型跨越》，虞乡镇镇长许管哲在全镇经济工作会议上的讲话，2013年12月，虞乡镇政府提供。

图2　西坦朝村委会

　　西坦朝，位于中条山麓，享有"三晋柿子第一村"的美名，临近公路的村口就立着题有这几个字的牌楼，由此也可看出柿子对于西坦朝村的意义。西坦朝南靠中条山，因此村南多砂质土地，且为坡地地形，水利灌溉条件较差，不适宜传统农作物小麦、玉米的生长，反而适宜柿树、杏树等果木植物的种植。村北地势平坦，土层较厚，灌溉条件较好，是种植粮食作物及经济作物的主要区域。这样的土地生产条件，使得西坦朝村的农业生产结构不是单纯以农耕作物为主，当地人利用村南土地条件开发了适宜山地的果木经济作物，即柿子树。《蒲州府志》中有："柿为蒲人利。如古所谓木奴者矣。其植多者千树，少犹数百株。"[1] 可知柿树种植在当地早已有之。本中心的硕士研究生张磊，其硕士学位论文《土改后至高级社前家庭经济分配研究——以山西永济西坦朝为例》就是以1966年4月所建的《虞乡公社西坦朝大队阶级成分登记表》为主要研

---

[1] 《中国地方志集成·山西府县志辑·光绪蒲州府志》，凤凰出版社2005年版，第154页。

究资料来论述的。文中第二章详细介绍了西坦朝自然条件与其农业生产的关系，并指出柿树经济在西坦朝农业生产结构及农村家庭经济中所占重要地位，"以柿子树为代表的果树在西坦朝乡村家庭经济中扮演重要角色"①。在集体化时期，西坦朝村划分阶级成分，果树与土地一样成为影响阶级划分的依据。"从不同阶级所拥有的土地与果树的平均值看，土地、果树越多成分越高。""从西坦朝大队阶级成分划分的实际来看，果树的占有量对西坦朝阶级成分划分起着重要作用。"② 柿树经济在当地人生活中扮演着举足轻重的地位。西坦朝村目前已成为柿子收购运销集散地，每年发往浙江、江苏、广东等地鲜柿 600 万公斤。

2012 年，永济市"设施蔬菜百万棚行动计划"工作实施过程中，虞乡镇作为设施蔬菜重点发展区域之一，在抓好"一村一品"建设的基础上，结合各村实际发展开来。洗马村瞄准特色设施产业，将大棚西瓜作为一项主导产业并大力发展。并在"早"字上做文章，先后从外地引来"黑美人""无籽一号"等多个优良产品，吸引了众多外地客商，仅此一项年产值达 300 余万元。2013 年洗马村扩大绿色大棚西瓜 230 亩，全村已达 870 亩。政府经济工作报告中指出，在 2014 年继续发展洗马村高效无公害西瓜种植，力争使绿色西瓜种植达到 1000 亩。洗马村已成为拱棚西瓜的生产基地，也是设施农业建设的中心村落。

这次田野之行，洗马村作为虞乡的一大行政村是我们重点要走访的村落。接待我们的是洗马村的郭书记，给我们作向导的李博，就是本村人。听他说，打从他小的时候这位郭书记就一直在任。郭书记自己也向我们介绍，1973 年，他 20 岁，参加工作至今已有 40 个年头，在河津市像他这样的干部只有两个，在永济市也是屈指可数的。回村之前他分别担任过团支部书记、队长、副主任及治保主任等职；1981 年调回本村工作。据郭书记介绍，该村在过去多洪泉，晋文公偶来此地，并用泉水洗马，故得此名。也有一说是洗马村因古时官职"洗马"而来，想来是因本地有一官职为"洗马"的人。由此可以想到，洗马村的党政班子应该

---

① 张磊：《土改后至高级社前家庭经济分配研究——以山西永济西坦朝为例》，山西大学硕士学位论文，第 16 页。

② 同上书，第 20 页。

图 3 洗马村戏台

是比较稳定的，村里发展的九个党员中，七个是由郭书记发展的，资格
之老，可见一斑。在新农村建设中，推行"一村一品"的特色农业发展，
郭书记抓住机遇，带领全村种西瓜。西瓜种植最难的是嫁接，郭书记为
此举办 21 次种瓜培训班，自己带头种瓜，并把镇上配给先进村干部的、
自己的车充作公用。在镇上举办文化活动时，郭书记也动员村民，代表
本村积极参加，共超过 400 多户参加，唱三首红歌，分别为《团结就是
力量》《东方红》《五星红旗迎风飘扬》，郭书记对此还做出了自己的解
释，说明了自己对如何团结群众的想法和看法。此外，郭书记就公私之
事，理法之事以及教育问题等谈了自己的看法，诉说了基于村落本身的
世界观和人生观。①

　　在进村之前，我们就看到公路边上有许多卖西瓜的小摊，公路两边
的田地里多小型温室大棚，李博说这都是种瓜的大棚，在村头，他还请
我们吃了一颗西瓜，比我们在市里买的要好吃，而且也正如前面所说

---

① 永济虞乡访谈资料，访谈时间：2014 年 5 月 30 日；访谈人：郭永平、李晨阳、陈霞、
侯峰峰，被访者：郭管管。

是无籽西瓜。来到郭书记家里，还没说几句话，郭书记就抱进来两颗小型西瓜，皮球大小，一绿一黄，不由分说直接切开给我们尝鲜，郭老师忙把其中一颗西瓜拿到外屋，说着我们吃过了。郭书记也没有坚持，只是切瓜。那瓜是黄皮的，瓤是红色的，之前我还没见过这样的瓜，吃起来水水的特别甜。正当我们赞叹时，郭书记从外屋又抱进来两颗小西瓜，都是绿皮的，大小和刚切开的那个一样。郭书记笑吟吟地说："好吃吧，来再尝尝这两个，看看滋味有啥不同。"我们被郭书记的热情打动，不好推辞，也就敞开肚子吃了起来，并品味其中滋味的不同。说到西瓜，我们也向郭书记询问了目前村里种瓜的情况。郭书记告诉我们村里有 900 亩西瓜，共 100 多户种植，约占全村户数的1/5。书记家里种了 3 亩，一般来讲一年能收 3 万—4 万元。2013 年因为行情好，种瓜收入超过 10 万元的就有 25 户。利润大，投入也大。郭书记说，他们村引进的西瓜品种，平均每一粒西瓜种子是 4.5角，购买一袋子西瓜种子是 90 多元。900 亩瓜田，成本可想而知。据说，这种西瓜一般能卖到 4—5 元，市场紧俏之时价格就更高了。在虞乡镇，运风公路以南区域，洗马村算是比较富裕的村子了。进村以前，我们参观了坐落于村口公路对面的扁鹊庙，据介绍，扁鹊庙是当地"三村四社"所建，其中洗马村因经济实力超过与之合伙的雷家庄和石卫村，所以洗马一村承担扁鹊庙修建费用的 1/2，每年以扁鹊庙为中心的庙会，洗马村独占鳌头，占尽了周边十里八村的风头，李博也对此津津乐道，很是自豪。现在的洗马村，不可避免地陷入城镇化趋势的洪流中，村中部分人口外流，或在外求学或打工或经商。留在村的村民则适应农业产业化的发展方向，抓住永济市提倡发展设施农业建设的大好时机，发展西瓜种植，村民的经济收入有了很大增加，生活水平也得以提高，因此，发展特色农业，优化村内产业结构，是实现当地由穷至富，以及可持续发展的重要途径。①

历史悠久的文明之乡，因占据得天独厚的自然地理条件而孕育出灿烂辉煌的文化，培育了一代又一代杰出的子孙，置身于古老河东大

---

① 永济虞乡访谈资料，访谈时间：2014 年 5 月 30 日，访谈人：郭永平、李晨阳、陈霞、侯峰峰，被访者：郭管管。

地，其深厚的文化底蕴也使人如沐春风。从虞乡当地人民生计方式的
演变历程中，我们可以看到，当地人民是如何积极发展生产的。这是
一个历史进程的延续，依靠当地资源，发展特色农业，古已有之，而
今天的虞乡做得更加出色，并深入每个村落的发展。"一村一品"是
现实发展的需要，也是虞乡整体发展的大好方向。

四　旅游与地方文化

　　虞乡镇，位于永济市东部 20 公里处，南依中条山，北接卿头镇，
西与城东街道相连，东与运城市盐湖区接壤。境内有国家级风景名胜
区五老峰、王官峪，以及扁鹊庙、阎敬铭别墅等历史文化遗存和古建
群，旅游资源十分丰富。

　　1. 五老峰

　　五老峰，位于山西省永济市市区东南 16 公里的中条山脉，地处
晋、秦、豫三省交会之黄河金三角。景区面积约 200 平方公里。向东
20 公里处有全国最大的武庙关帝庙、黑泥漂浮浴场——有"中国死
海"的美誉；向西 20 公里处是《西厢记》故事发生地普救寺、中华
瑰宝唐代黄河铁牛以及全国四大文化名楼之一的鹳雀楼所在地。

　　五老峰山势秀丽壮观，险峻雄伟，千百年来久负盛名，可与庐山
五老峰相提并论，与西岳华山争相媲美。据山上现存康熙二十三年
(1684)《重修观音阁碑》记载："条山秀甲三晋，五老峰嶙峋萃律更
甲条山。"《水经注》中对中条山五老峰的风景有"奇峰霞举，孤标
秀出，罩络群峰之表，翠柏阴峰，清泉顶灌"的描写。这里不但有奇
峰林立，巅岭峭壁的险峻之美，而且有松涛、云海、流泉、飞瀑的飘
逸之美。"无处不绿，无处不松"是五老峰风景的一大特点。而奇形
怪状的顽石，配以玉瀑险峰，远望云烟缭绕，真有恍如仙境之感。

　　五老峰由玉柱峰、东锦屏峰、西锦屏峰、棋盘山和太乙峰组成，
最高处海拔 1993.8 米。而五老峰之"五老"，据称是源于传说中的天
神伏羲传授《河图》《洛书》的五老，故名五老峰。或说，主峰玉柱
峰，峰如其名，恰似一根拔地而起的玉柱直插云霄，且其他四峰罗列
四隅，远望犹如五位彬彬有礼的老人，列座厅堂，侃侃而谈，故称

图4 五老峰云雾胜景

"五老峰"。不论是何缘由，总之，五老之名，天下传矣。

这里层峦叠嶂，古木参天，各种野生植物覆盖着整个山野。花红草绿，山光水色，风光旖旎非凡，故谚云："北有五台观庙宇，南从五老看风光。"清代诗人王含光曾题："虞乡西南五老峰，一峰一朵玉芙蓉。层城乱插樱桃树，绝顶斜参罗汉松。"诗句写实，亦称妙笔。正是这鬼斧神工般奇景的写照。

主峰玉柱峰，石壁如削，形同玉柱，直插云霄，又名"云峰""灵峰"。峰顶上有约3000平方米的坦地，北高南低。又有七大人文景点，分别是：南天门、灵宫庙、菩萨殿、秀士殿、千子堂、祖师庙等建筑及遗址。

以玉柱峰为中心，左有东锦屏峰，峰腰建药师洞；右有西锦屏峰，峰下有雷公洞；北为太乙峰，有五老殿、玉皇殿；南为棋盘峰。还有五指峰、笔架峰等大小山峰31座。其间寺庙观宫星罗棋布，共有64座。以及洞穴12个，源泉9处。仙人洞、雷公洞、水源洞、（留有马蹄印的）张果老洞等洞穴深造幽静，形状各异，对地质、气象、水文、生物等学科，都有巨大的研究价值。五老峰山高水高，飞瀑溪流甚多，泉水清洌甘甜，长流不息，也是一山水福地。其中著名的有很多，如陡台天险瀑布、南寨子水晶泉、石人沟芙蓉泉以及一碗泉等。然而，最饶有趣味的要数这一碗泉了，泉水清澈见底，任凭多少人舀也舀不干，可是如果无人去舀，它也不往外溢流，实在神奇。

山上的古建、遗址中，有南北朝的石雕佛像，有唐代的细绳纹砖，宋代的方形花砖，明代的彩塑人像，以及大量的碑碣石刻，说明古代五峰山早为游客的流连忘返之所，更是佛道隐修之地。

总之，五老峰之美，之奇，之绝妙，非亲临其境不能得其真味。

2. 扁鹊庙

扁鹊庙位于县城东部28公里，清华村东，占地6000余平方米。然而始建年代不详，据碑刻记载，曾于明万历二十八年（1600）重修。

现存正殿三间，偏殿两间，献殿五间，砖木结构，单檐歇山式屋顶。庙内有碑刻六通，其一上刻太史公（司马迁）《扁鹊列传》全文。殿内有扁鹊塑像一尊，高大魁梧，虽久经岁月而色泽未减，两旁各立有五尊历代名医像。庙西有扁鹊墓，旁有大槐一株，古老苍劲。

关于扁鹊其人，《史记》中有明确记载："扁鹊者，勃海郡郑人也，姓秦氏，名越人。少时为人舍长。舍客长桑君过，扁鹊独奇之，常谨遇之。长桑君亦知扁鹊非常人也。出入十馀年，乃呼扁鹊私坐，间与语曰：'我有禁方，年老，欲传与公，公毋泄。'扁鹊曰：'敬诺。'乃出其怀中药予扁鹊：'饮是以上池之水，三十日当知物矣。'乃悉取其禁方书尽与扁鹊。忽然不见，殆非人也。扁鹊以其言饮药三十日，视见垣一方人。以此视病，尽见五藏症结，特以诊脉为名耳。为医或在齐，或在赵。在赵者名扁鹊。"（《史记》，《扁鹊太仓公列传》）由此可见，扁鹊此人，真实名字乃是秦越人，扁鹊或是其行走他乡的化名。他年轻的时候有过奇遇，所以精于医术，主要是以诊脉著名于世的。可是扁鹊明明是一个"渤海人"也就是现在的河北人氏，又为何其庙宇和墓地会在晋南永济呢，这就与当地流传颇广的一个传说有关了。

传说在很久以前，永济地区曾有过一场大瘟疫，前前后后死了很

图 5　扁鹊庙

多人，恰巧扁鹊和他的两个徒弟云游到此，见到此般惨象，立即停留暂驻，入南山采药，在山下就地治病，这才控制了肆虐的瘟疫。后来扁鹊又云游到咸阳，因为医术精湛，遭到秦太医李醯的嫉妒，便派人刺杀了扁鹊。当消息传到永济百姓的耳中，他们在哀伤恸哭的同时，便自发地将扁鹊安葬于永济，还在扁鹊当年行医和休息的地方分别修了庙宇，四季供奉，以表恩情，这就是后来的西庙和东庙了。当年永济是否有过瘟疫现在已经无从查考，不过据史料记载，扁鹊确实是死在了咸阳，而且是被人刺杀的。《史记》有言："扁鹊名闻天下。过邯郸，闻贵妇人，即为带下医；过雒阳，闻周人爱老人，即为耳目痹医；来入咸阳，闻秦人爱小儿，即为小儿医：随俗为变。秦太医令李醯自知伎不如扁鹊也，使人刺杀之。至今天下言脉者，由扁鹊也。"（《史记·扁鹊太仓公列传》）

　　如此看来，扁鹊也不是没有可能在永济待过的，而这庙和墓也更增添了几分历史谜案似的韵味。因此更值得我们去凭吊，去思考。

图 6 清华乡扁鹊陵

3. 王官谷

王官谷，俗称王官峪，位于县城东南 30 公里，王官峪村南，中条山北麓。唐末诗人、诗论家司空图曾隐居于此。其为河东著名的风景区之一。电影《涧水东流》曾在此拍摄。

王官谷内山幽壑深，奇峰异石，古树参天，其间又有溪水潺潺，俨然一个"世外桃源"。有"平台步月，林影参差，遥峰隐隐，清景如绘"之誉。

谷内还有双瀑。东瀑飞流，远望如垂天白练，近之则凉爽如秋，落差可达 48.64 米，是王官峪水的主流。西瀑喷雪，水落入石岩进雪，可惜的是今已断流。两瀑汇为一流，松竹翠柏共映于水，为一奇景，因而有"绿玉峡"之称。"绿玉峡中喷白玉，溉田绕竹满平川"（宋·雷临《王官瀑布》），"晚来鸥鹭侣"（清·吴雯《王官谷》），"飞瀑两垂虹"（清·周景柱《王官谷怀司空侍郎》）。足见王官谷内风景之美。溪侧有天柱峰，顶天立地，蔚为壮观。还有拴鹤峰高耸入云，意为可拴飞来之鹤。"水珠垂帘"更为奇特，东瀑左侧的突出山

图7　王官峪村王官谷景区

岩，为绿苔覆盖，水从石出，似珍珠落地，人在其下，如同雨降。

　　然而，令王官谷闻名遐迩的不仅仅是它美丽的自然景色，还有深厚的文化底蕴。《旧唐书》中便记载了这位唐末大文豪与王官谷的不解之缘，而且这种缘分并非一蹴而就，是经过了父子两代人的经营的。史载"司空图，字表圣，本临淄人。曾祖遂，密令。祖象，水部郎中。父舆，精吏术。大中初，户部侍郎卢弘正领盐铁，奏舆为安邑两池榷盐使、检校司封郎中。先是，盐法条例疏阔，吏多犯禁；舆乃特定新法十条奏之，至今以为便"（《旧唐书》，《文苑下》，"司空图"）。史书明确记载了其父司空舆当时就在河东任职，且颇受当地百姓信赖。司空图从小跟随父亲，对王官谷的感情应该是从小便埋下了根，所以才能在唐末的动乱中，一次次地选择留居于此，更在晚年受到排挤之后，弃官隐居在王官谷，史载"图有先人别墅在中条山之王官谷，泉石林亭，颇称幽栖之趣。自考槃高卧，日与名僧高士游咏其中"（《旧唐书》，《文苑下》，"司空图"）。由此可见，司空图之与王官谷早有渊源，这从"有先人别墅在中条山之王官谷"就可看出。

图8 横卧王官谷中的溪流上的碑刻

王官谷之景美，王官谷之人文更美，这正是一个人文与自然完美结合的典范。

4. 王官别墅

王官别墅，位于县城东25公里，清华乡楼上村。清光绪二十六年（1900）始建，历时5年建成。乃是清户部尚书、大学士阎敬铭第六子阎乃竹所建。

别墅是中条山麓一座清代建制的城堡式民居建筑。城堡依山傍水，城墙雄伟壮观，城头雉堞林立，城楼高耸。亦是我国乡村独具特色的清代建筑群。

整个建筑群占地160亩，建筑面积40余亩。是一座楼、堂、庭、阁俱全的城堡式建筑群。外围护墙为土石结构，内以5孔石窑起台，周围青砖围裹，窑洞上建有院落、房屋，砖木结构。进南门为二道门，上书"王官别墅"四个大字。登上26级青石砌台阶，即为主建筑群，前排有楼房13间，进楼门，是5间会客厅，再后为11间厅房，中间门上有慈禧太后亲笔："岁岁平安"（已丢失）。两边各有一院，均建有房屋。西围墙北端建有书斋，斋下为后花园。

这座庄园是阎乃竹为纪念其父阎敬铭建造的。阎敬铭（1817—1892），字丹初，号约庵，陕西朝邑（今大荔）人，道光二十五年（1845）进士。历任翰林院庶吉士、户部福建司主事、湖北前敌后路总粮台、湖北按察使、湖北布政使、山东巡抚、户部尚书、兵部尚书、军机大臣、东阁大学士等职。他任山东巡抚期间，告病回乡休养，侨居永济虞乡屯里村，曾设学堂收徒讲学。光绪丁丑（1877）至戊寅（1878）年间，山西遭了荒灾，他奉命稽查山西赈务。严格执法，尽职尽责，灾民皆额手称庆。他不但在虞乡建立学校，而且扫除积弊，减免繁苛的差徭赋税。同时，大力提倡栽桑养蚕，戒种罂粟（即俗称的大烟），出版发行格言 17 种及司马温公《资治通鉴》《涑水纪闻》等书，深受人民赞颂。光绪九年（1883），阎敬铭以户部侍郎之职奉诏进京，不久晋升尚书、军机大臣，拜东阁大学士。他在万忙之中，还不时关心着虞乡人民的生活疾苦。光绪二十年（1894），即在阎敬铭逝世后的第三年，虞乡县知事曾荫，依照人民的意愿，在县城东街二重门内，建置"阎文介公祠堂"（阎敬铭，死后谥"文介"），以示永久纪念。

王官别墅景区正面照壁上有"他人气我我不气，我本无心他来气；倘若生病中他计，气下病来无人替；请来医生把病治，反说气病治非易；倘若不消气中气，诚恐因病将命弃；我今尝过气中味，不气不气真不气"的不气歌谣，是阎敬铭得罪慈禧太后被革职留用后，目睹晚清官场的腐败和黑暗，而又深感回天无术的慨叹，亦是自我宽心的话，其被后世传为劝世、养生的格言。

走进别墅庭院，院门、正厅、楼堂，穿廊明柱之上挂有楹联板对，均为阎敬铭留给子孙的处世格言和警句。我们在欣赏这一奇特建筑之余，还可以从这些仿佛家训的联语中感受到中国传统家庭教育和儒家人文思想的浓浓味道，深切领受做人做事的哲理。

王官别墅内城北向七眼长窑洞上的四合小院，是阎氏家族主人居所，也就是主院。主院门额上"孚德素望"四个大字是当地百姓送给阎大人的，意为"令人信服的德行一向深受公众的敬仰"。院门楼与后面各厅堂前的楹联均为阎敬铭教育子孙的警句格言。主院内是三座

连在一起的三到头小院。东套院北面堂屋是内宅会客的地方，名为
"五福堂"。五福：一曰寿，二曰富，三曰康宁，四曰修好德，五曰考
命终。五福堂匾后面的"祖宗虽远祭祀不可不诚，子孙虽愚经书不可
不读"匾，是阎敬铭的亲笔，语出《朱子家训》。

中间院子的北房是阎氏祭祖的地方，名曰祭祖堂，堂前的楹联
是："读书非慕荣名，励廉耻，重伦常，孝悌学文，恒为士类；治生
戒图厚积，知艰难，力勤俭，农桑守业，勉作好人。"祖堂内的暖阁
上题有匾文：德厚流光。匾文昭示其祖德高厚，与日月同辉。暖阁两
旁的楹联是："使有菽粟如水火；先知稼穑之艰难。"上联选自《孟
子》：孟子曰："圣人治天下，使有菽粟如水火。菽粟如水火，而民焉
有不仁者乎?"下联选自《尚书》：周公曰："君子所其无逸！先知稼
穑之艰难乃逸，则知小人之依。"

西套院与东套院布局一样，只是北面的堂屋名曰"三泽堂"，是
光绪皇帝的老师翁同龢的亲笔。翁同龢与阎敬铭私交甚好，阎敬铭被
革职留用后，继任户部尚书的就是翁同龢。这个牌匾题于光绪丁亥年
六月，即1887年，正是阎敬铭官复原职的那一年。这个牌匾也同时
见证了王官别墅的建筑历史。

中院正厅是阎家正式会客的地方，厅门上的匾额是：踵事增华。
意思是承继先业更加兴昌，以启后世业绩丰茂。厅堂左右是一副长
联：士农工商之无业，孝悌勤俭之弗知，此生何事；困心衡虑而不
作，微色发声而莫喻，下愚难福。正厅中堂是一幅木雕的岁寒三友
图，上面的"岁岁平安"匾是慈禧太后于光绪八年（1882）亲笔题
写。时阎敬铭66岁，钦命户部尚书，慈禧太后与阎敬铭诚勉谈话时，
阎敬铭力陈户部时弊，颇得太后欣赏，亲笔题写"岁岁平安"，含祝
平安之意，鼓励阎敬铭大刀阔斧对户部进行整顿。可惜好景不长，史
称"时上意将修圆明园，而敬铭论治以节用为本，会廷议钱法，失太
后旨，因革职留任。十三年，复职，遂乞休，章四上，乃得请"
（《清史稿》卷四三八《列传二百二十五》，"阎敬铭"）。阎敬铭因修
园一事得罪慈禧太后，匆匆结束了自己的政治生涯，也没有保个"岁
岁平安"。

虞乡的景色之美，文化之深厚，五老峰、王官谷、扁鹊庙以及阎

敬铭别墅正是其中的代表。这里不仅是自然山川的博物馆，更是中华五千年文明源头的所在地之一。

五　田野的反思

1. 怎样进入历史现场？

这次永济虞乡考察的主要目的就是对资料、档案、文献进行摸底与收集。针对我们这次普查，市委、市政府已经给相关的职能部门和各乡镇开过专门会议，要求各乡镇密切配合，完善好后勤保障。因此，这是一次由上而下的活动，由于得到地方政府的大力配合，所以开展工作较为容易。

美国传教士明恩溥于1827年来华传教，第一次世界大战后离开，在中国长达三十余年生活中，他认为"对中国人进行研究，必须揭开一片瓦，或者在窗户纸上点破，形成一个小孔。还不要惊动里面的人"。而实际上，当我们进入一个点的时候不可能以这种理想意义上的状态存在。因为，作为一个外来者，当我们进入一个社区，闯入当地人生活的时候，当地人不可能无动于衷，我们在观察当地人，当地人也在观察我们。二者之间互相作为"想象的他者"而存在。

后现代以来，这种研究方法逐步地受到批判，因为违背了学术伦理。如果要对当地人进行研究，最好是要对当地人的日常生活进行参与观察，参与观察不可能在屋子的外面徘徊，而是应该走进当地人的生活中去。

当我们决定并被获准到某一个社区从事研究时，首先面临的一个问题是以何种方式进入被研究对象居住的社会。通常而言，可以通过两种方式进入田野：一种是通过正式行政体制自上而下进入。如早期的人类学者可能会以殖民地政府官员或管理地方事务机构委托的身份，经由地方管理机构进入当地人居住的部落进行田野工作。这种进入田野的方式其优点在于能够得到地方管理当局的认可和支持，从而容易得到管理者所掌握的相关资料。其缺点在于自上而下进入点，资料或事实常因研究对象的敬畏或疑虑而遭到掩饰或更改。另一种进入田野的方式是通过非正式的渠道进入。例如可以通过熟人介绍进入点，在于某个对象建立良好的个人关系之时，得以深入当地社区生活之中。人类学者采用此种进入方式能够比较容易得到研究对象的信任与合作，建立起亲密的人际关系，有利于田野工作的顺利进行。但这种方式由于跨越了当地政府，所以要得到政府的帮助比较困难。其实没有一种进入方式是完美无缺的，而对于我们这次考察来说，也别无选择，这是一次从上而下的路径。

2. 在田野中寻找历史

众所周知，如果从知识考古的角度而言，田野作为一门学问与人类学的起源有密切关系。也正是在人类学这一学科的发展过程中，田野的规范也一步步地建立了起来。田野的演进大致可以划分为三个时代：第一个时代是田野的古典时代，大约从 17 世纪开始到 20 世纪初，当时人类学家是自发性的、随意性的和业余性的，如进化论学者。第二个时代就是可以称为田野的"科学性"时代，这个时代与自然科学的极大推进密切相关，在这个时期出现了经过专业训练的人类学者。在深入考察的基础上，来撰写民族志，民族志的发展就进入了一个新的时代。奠定这个时代的学派是功能主义学派，代表人物是马林诺夫斯基和布朗。尤其是马林诺夫斯基通过自己的经历，于1914—1918 年在西太平洋岛屿上所进行的四次考察，时间大约为两年半，以及在此基础上 1922 年出版的民族志《西太平洋上的航海者》标志着现代人类学的诞生。在这本书里，他提出了人类学田野的三个标准：时间要至少一年、掌握当地人语言、采用参与式观察。虽然不是每个学者都可以做到这三点，然而这样的标准所蕴藏的价值与意义早已得到了学界的认可。第三个时代大约从 20 世纪 60 年代开始，是从反思功能主义，以及功能主义人类学开始的，其实就是针对田野中的"客观性"而提出的。

对于人类学来说，田野被称为是其"成年礼"，或者说这个专业立身之本。而对于其他专业，如政治学、历史学、社会学等学科来说并非如此。因此，不能用人类学田野的方法来要求其他学科。就以历史学学科为例，"走向田野与社会"是建立在历史学为本位基础上的。历史学就是一门资料学，因此走进历史现场是为了收集资料，而非为了深入了解当地人的生活。就以这次永济之行来说，"进村找旧村委会""进旧村委会找旧柜子""打开旧柜子找档案",其实这只是"进村找庙、进庙找碑"的翻版。也就是说,走向历史现场除了要找材料外,也是为了更好地理解这些传世文献史料。而事实上,我们应该在收集资料的基础上拓宽思路,因为史料新未必意味着将来文章也会给人耳目一新。有新的史料固然好,怎样理解史料才是第一位的,寻找新材料只是一个手段。因此,在田野中发现历史也就是需要注意以下几个方面:第一,除了收集政府文献外,也要注意民间文献的收集;第二,除了文字的材料外,也要对传说和故事进行知识考古;第三,要搞清楚资料的第一现场在哪里?即便是第二、第三现场也要了解清楚为什么是在这里,什么原因致使资料不在原处。

除此之外,最为重要的是要了解当地人的日常生活、地方村落的历史、地方族群文化的变迁,因为田野中的历史也是一个整体,且历史文献只有还原于地方历史情境中才能够深刻地解读。因此,史料要尽量在历史现场进行解读。

在此情况下,时间必须保证。短期的只是一种直观的感受,到底这种感受正确与否,我们无从判断。

3. 谁的历史?

人民创造了历史,然而到底是谁的历史?如果对此问题的探寻,只是为了撰写一部增加更多历史素材的作品,那么这样的历史仍然并非"人民的历史",而是一部换汤不换药的所谓"村庄的宫廷史"(孙立平语)。

为了摆脱这种宏大叙事的危险性,杜赞奇提出了"分叉的历史",因为"在线性历史的暴政中,历史的多样性、复杂性消失了,只剩下围绕单一的民族认同组织起来的封闭叙事,这种叙事的封闭策略拒绝理解那些没有历史的人们的生活,而'分叉历史'却要充当那些被压制的声音的喉咙"话语。通读《从民族国家拯救历史》全书,这样的理想状况显然并未达到,因为,在书中充斥着仍然是国家语言,正如李猛所说:我们只能"看见杜赞奇作为原告和被告双方的律师,代替所有人在发言。在"分叉历史"中,真正的原告实际上依旧在法庭的门外徘徊"。这也如巴什拉尔(Gaston Bachelard)所指出的,认识论的障碍总是成对出现,如果不改变批判的模式,批判者会和他指控的对象堕入同样的陷阱之中。到底怎样书写一部人民的历史，这样的宏大构想显然超出了我所能达到的能力，我以为当我们从"想象的异邦"进入"他者的世界"的时候应该树立一种多元史观的理念。不论是收集资料还是为了口述史的访谈，首先应该做到的是去倾听他者的声音。只有学会倾听，才有可能改变我们固有的一些观念。在此基础上，呈现出历史才会是一种多元的叙事。①

而如今的田野大多采取由上而下的路径，走向历史现场只是为了收集资料。并且为了出行便利，一般情况下都要有当地政府部门人员或者地方文化精英陪同。姑且不论收集回来的资料，尤其是集体化时代的资料，除了一些零散的个人笔记、日记外，大多都是按官方套路写就的文献资料的可信度有多高。更大的问题在于，在那个年代的高压运动的态势下，很多人写一些揭发材料都并非出于本心，而是时事所迫。我们在面对这些材料的时候如果不加辨别，就会掉入历史的圈套。在此基础上我们书写的历史仍然是官方史、国家史、上层史，而非真正的人民的历史。

4. 怎样发现历史？

历史的遗迹包括两种形式：一是文本的历史，也就是以档案文献呈现的形式；二是口述者历史。先说档案文献的历史，在当下的乡村，主要有家谱族谱、地契。以及集体化时代的档案材料。现如今，经历过集体化时代，能够留存到今天的族谱、家谱已经很少。在"文化大革命"的"破四旧"中，这些原本记载着历史的载体已经被扔进了历史的垃圾堆而难见踪迹。如果能留存到今天，就是作为文物而存在了。且近年来，随着文物贩子活跃在乡村，更加剧了这些资料的流失。更有一些文物收集者，充当了小偷的角色。所以在当下的乡村，没有熟人的介绍，这些族谱的持有者更不会轻易将这些东西示人，更不用说易人了。这些侥幸被乡村民众保留下来的历史遗迹，普通民众也充分地"文化自觉"了，想将其作为历史材料进行研究的办法就是拍照，而后进行口述史访谈。

在村落这个场域中，能够以纸质文献追溯的历史主要也就是集体化时代。在那个时代，村里保留了大量的档案材料。如四清档案，工分本等物件。可实际上能保留到今天的并不多见，大概十之二三。在广大的

---

① 李猛：《拯救谁的历史？》，《二十一世纪》网络版，2003年7月号，总第16期。

乡村，集体化时代每个村都积累了大量的档案文献，然而对于这些档案的管理长期以来游离于我们的视野之外，且在国家的档案法里面，也并不包括村落档案的收集与整理。加之在传统社会以来，村落民众大多没有保存这些东西的意识。随着时间的推移，这些档案越来越少。现如今能够保存下来的大致有四种情况：一是村落干群关系融洽，村干部的新旧交替较为融洽；二是村落较穷，村委会几十年来一直没有更换办公地点；三是村领导有意识地保留档案文献；四是档案文献一直保存在个人手中（如老会计）。如果符合以上几种情况，集体化时代的档案文献可能还在，这也算是我们收集档案文献的一些经验吧！

历史学科认为，没有历史材料就不能讲话，因此很注重历史文献的收集。在历史文献的收集过程中也需要口述史的访谈。因为有些历史文献是靠聊出来的，而不是简单凭问出来的。在找寻这些材料的时候还需要注意以下问题：

（1）先找干部。干部包括现任干部和老干部。老干部又是一个极其复杂的群体，从1988年《村民委员会组织法》开始试行以来，2014年12月举行了第九届换届选举。三年一换届，很多干部难以连任，就这样被换下去了。相比较而言，集体化时代的干部群体比较稳定，那时的干部连续在村里工作二三十年的也不在少数。怎样定义干部又是一个问题，在这里我对干部的定义范围比较大，只要是担任过小队长、会计、保管、队长、村书记都可以被认为是干部。之所以这样定义，是因为对于档案资料的保存情况，具体内容，会计、保管在很大程度上比队长、书记更为清楚。进村首先应该通过现任干部找老干部，尤其是在集体化时代和后集体化时代过渡时期的干部，这些干部对当时历史资料有着较为清楚的掌握。而现任干部，主要是年轻干部，对于集体化时代大多没有什么印象，他们大多只对能够产生经济效益，以及在此基础上村落的发展感兴趣。正因为如此，他们将目光聚焦于怎样招商引资建设新农村。在当下的乡村，自从2006年取消农业税以来，大多村集体也就没有了公共资金积累。虽说国家会拨付每个村转移支付，但是转移支付也只够村集体日常办公费用。为了村落发展，干部们将眼光瞄准了外部，能从外面引来资金的干部被认为是村落中的"能人"。显然，这些旧资料并不能起到这样的作用，自然也就不会进入他们的视野。虽然现任村干部不熟悉历史材料的存放之处，也无意去花时间找寻这些材料，但是对于他们的访谈也是必不可少的。因为即便有资料，这些资料大多在村委会，你要见到这些资料还需要征得现任干部的同意。

（2）怎样面对陌生人。田野中，我们遇到的都是陌生人，而如果不能赢得陌生人的信任，田野很难真正进入。因此在面对陌生人的时候怎样访谈就成为一个很重要的问题。为了消除被访谈者的警惕心理，我们应该先从了解他们的家庭情况开始，从对其家庭的了解中寻找共同的话语。在拥有了共同的话语后就可以逐步地接近主题了。在访谈的时候也要讲究一些技巧。近年来，学界对于"四清"档案情有独钟，所以搜集"四清"档案也就成了研究集体化时代的重要内容。然而在进入村落，面对村民的时候我们一般不直接问："你们村有无'四清'档案？"如果很直接的这样说，那么村干部就会说都没了。因为即便有，他们也不敢直接告诉你。其主要原因在于刚才发问的时候，让村民产生了警惕心理。即便是集体化时代退出历史舞台已经三十余年了，当谈到那个时代的时候村民们仍然心有余悸。集体化时代具有明显的时代特征的词语，一经进入这些村民的视野，他们便会不自觉地产生警惕心理。较为合适的问法应该是："咱村毛主席时代的档案资料在哪里？"

（3）重在强调保存文化、保护历史。我们要让地方民众、尤其是村干部认识到进行此项工作的重要意义，在这里也不要被村民误解资料会产生文物一样的价值。我们是这样说的："书记（村长），您好！我们是山西大学中国社会史中心的老师和学生，我们想看看咱村毛主席年代的档案资料在哪里？我们准备对这些档案资料进行扫描，不然以后这些资料就难以保存下来了。毛主席的年代离现在也已经四五十年了，这些档案资料也急需进行扫描处理。不然随着老年人的离世和档案资料的丢失，以后咱村里的孩子们想研究咱村的历史，就找不到依据了。就说写村志吧，很多村就是因为没有保护好毛主席年代的档案资料，所以连村志也无法写了。我们已经给很多村的档案资料进行了扫描处理，这些东西以后就存到电脑上了，再也不会丢失了……"通过这种方式，触及了老百姓个人的利益，也许他们并不关心村志的编写这样的属于"公"的事情，但是面对私的领域，他们被唤醒了，积极性也被调动起来了。谁家没有孩子，哪户没有后代，谁家也不愿意留给自己子孙后代的历史文化是一张白纸。也正是通过这种方式，地方民众认识到了保护档案资料的重要性。在此情况下，他们打开了自己尘封的记忆，将向我们诉说着那个历史时代的故事。

（4）很多档案文献是"磨"出来的。毕竟集体化时代结束已经三十余年了，村干部也几经易人，即便这些资料存在，想要找寻到也需要下大功夫。我们在摸底中采取了察其言、观其行的方式。作为带队老师的我在拜访者的时候一般是走在队伍的前面，然而在访谈结束后，我一般是走在队伍的后面。这是因为村落也是一个复杂社会，有些事情访谈者无法在众人面前讲述。多人在场，尤其是现任村干部在场的时候，这些老干部可能有所顾忌。所以，走得慢些，也许在其他人已经走出院门，只剩下你和这位老干部的时候，他能为你提供一些材料，告诉你一些村落背后的故事，这些收获是一般人所想不到的。另外，即便是村干部说档案资料都没了，我们还是尽量要找到第一现场。有时候村干部不理解，房子都没了还去干啥？我们就说，去拍张照片，留个纪念。也许去了第一现场你也会发现一些历史的遗迹，而这些遗迹对于我们的研究也许会有很大帮助。这次我在永济的三个村就是通过这种方式，发现了许多珍贵的资料。

5. 田野中的人文关怀

在田野中，我们很容易犯自我中心主义的错误。也就是说总以为我们的知识比他们丰富，我们的知识是正确的。正所谓：我们"走进他者，但是又看不起他者"。学界经常举的一个例子是，某位教授带着一群学生到了一个地方去做田野。在丁字路口看到墙上刻着"泰山石敢当"的字样，教授站住了，问村民这个（泰山石敢当）有什么作用？没等村民开口，队伍里一个学生马上把话茬接了过去，他按教科书上对于"泰山石敢当"的一套描述做了解答。事后这位学生受到了严厉的批评。我们走向田野，走进他者，是为了寻求当地人对于文化现象的地方性表述。这套地方性知识往往与教科书上的表达有一定的差异。我们要弄明白的是这样的文化现象在地方民众中起着什么样的作用或功能？作为文化持有者的地方民众是怎样表述的，为何会这样表述而不是那样表述？背后有什么动因？按照格尔茨的话语来说，我们探寻的是"解释之上的解释"。而要想不犯这样的错误，首先要树立一种理念：我们走近田野是向民众学习去了，因此要有甘当小学生的精神。在此基础上，从客位的视角进行研究，以主位的视角进行与观察。

作为一种学术理念（走向田野与社会），社会史的研究只有走进"他者"、关怀"他者"、体贴"他者"、倾听"他者"、欣赏"他者"，秉持"我者"和"他者"平等的理念，尽量为"他者"服务，才能实现学科的终极关怀。正所谓"如果你想要理解别人的价值观，请你走进田野"，但是"如果你不能容忍别人的习惯和行为，请你不要进入田野"。田野中的我者和他者永远是平等的。田野中，我们经常去访问老人，且不说我们的到来打乱了"他者"的生活。即便是他者很欢迎我们的到来，我们最起码也应该在语言上、动作上对他者表达谢意。

我的经验是除了礼貌的称呼外，也可以有身体的接触，就是去主动和你的访谈对象握手。在访谈结束后，离开的时候也要再次和他（她）握手，有的时候采取拥抱的方式也未尝不可。这些被访谈者，年龄一般都超过六十岁了，古语言："五十不交钱、六十不交言。"即便今天的人们寿命延长，在村落社会一般也是"七十不交钱、八十不交言"了。意思是说，随着年龄的增大，行动迟缓，记忆力衰退，耳聋眼花，村里没有人想和老人共事，连和老人们说话的人也越来越少了。加之人老了，衣服不经常换洗，身上容易产生一些异味，且居住环境也不符合现代人对于卫生的要求。即便是孝顺的儿女们，也只是负责这些老人们的柴米油盐，很少会关心他们的内心世界，而随着同龄人一个个相继离去，更增加了老人们的孤独感。作为一个受过高等教育，接受过学术训练的大学生来说，如果能坐下来去倾听老人诉说他们的人生经历，岁月更替，其实对于老人来说是一种心灵的极大安慰。最起码让他们觉得受过高等教育的人素质高，懂得去聆听他们的内心世界。如果临走的时候再去握一下那双瘦削的双手，再拥抱一下，我相信这将会成为他们一辈子的记忆。而走进他者、倾听他者、关怀他者本就是我们人文学科最为重要的人文关怀！

南梯村治

武学茹*

　　这次田野调查集中于永济虞乡南梯村。在出发前我只在山西地图上找到了大致位置。田野归来它已在我脑海中铺张开来，堪比一张纵横交错的蜘蛛网，水泥路是网丝，学校、村委会、那些被访谈的民众便是结点。年鉴学派的马克·布洛赫曾指出"唯一真正的历史就是总体史"①，肖文评对此作过这样阐释："总体史"包含两层意义，空间历史与时间历。②在时间上对区域史进行细密的整理，在时间上对事件史做广阔的收集，田野调查功不可没。在此思想指导下，我对南梯村有了新的认识。如果从空间坐标来看，14个生产小队从最北面开始，按顺时针方向向东逐渐排列分布。具体来说，一队在正北，八队大致在正南，十二队在西北偏北。老戏台、村委会、水井、石磨、曹施厚的坟头、张志杰老书记家、李崇兴老人家……错落有致。如果从时间坐标来看，抗日战争时期日本人的安营扎寨，国民党、共产党、土匪的相继占领，解放前张金的富甲一方，土地改革时轰轰烈烈的政治运动，批斗"四清"运动时的重点对象，人民公社时期的饿肚子，"文化大革命"时期，南梯村的政治运动无疑轰轰烈烈，虞乡镇（县）也成为一系列政治运动的中心地。为展现一个南梯村的整体史，本文将从两个角度展开：空间上的南梯村、时间上的南梯村。

---

　　* 武学茹，山西省清徐县人，2012—2016年就读于山西大学历史文化学院，获学士学位；2016年至今，为杭州师范大学在读硕士。

　　① ［法］保罗·利科：《法国史学对史学理论的贡献》（导言），上海科学出版社1992年版，第5页。

　　② 肖文评：《白堠乡的故事》，生活·读书·新知三联书店2011年版，第463页。

一 南梯概况

南梯村，隶属于山西省永济市虞乡镇，地处永济市南部虞乡镇的西南端，向南 5 里便是中条山。"东至西源头三里，西至南郭里六里，南至小柏峪三里，北至北梯村二里，东南至庙儿峪 13 里，东北至县城 3 里，西南至张家窑 4 里，西北至吕家窑 5 里。"① 虞乡全镇所辖 37 个行政村，55 个自然村，224 个居民小组，41501 人，隶属于其的南梯村现有 14 个居民组，963 户，3056 多人，耕地面积约 3500 亩。它是虞乡镇第二大行政村，占虞乡镇人口的 7.4％。与当今我国的许多乡村一样，南梯村人地问题突出。南梯村现人均耕地面积一亩多。处于中条山下，山体自然延伸，南向耕地被分割成若干小块，崎岖不平，大规模的机械难以进入，现代化种植难以开展。南梯村耕地有旱地与水浇地之分，靠北的水浇地能够得到井水浇灌，收成尚可，而南面靠山的旱地则浇灌不上，处于靠天吃饭的被动局面。随着城镇化的发展，紧靠虞乡镇的南梯村不断被"蚕食"，现在虞乡镇西的镇区占用的全部是南梯村的耕地。南梯村的大街小巷，看到的都是三五成群的老年人。改革开放以来南梯人民的生活方式发生了显著的变化。年轻一代有的选择远去异地打工，有的在公路边上或在虞乡镇上从事小买卖，年纪大的则留在村里务农、照顾小孩。玉米与梨树种植是现今南梯村农民的主要种植对象，这样的种植结构具有历史传统。据村民讲，南梯的梨一直名声在外，以前曾是贡品，有"南梯的梨子上太原"一说，为此南梯村赢得"草帽村"② 的美誉。走在南梯村的街头，我发现这里的百姓似乎很注重房屋建设与生活品质，基本上家家大门都很讲究，瓷砖砌墙，门墩上几乎都有自己编的或织的垫子。这是一个深受城市化影响，同时又保持着些许乡村文化传统的村落。

---

① 周振声等修，李无逸等编：《山西省虞乡县新志》，台北成文出版社 1968 年版，第 124—125 页。

② 因为南梯村种植梨树的人多，而且走村转巷卖梨子的南梯人都会戴一个草帽，故而附近村民叫南梯村"草帽村"。

　　这个村较为独特的是，它有明显的大家族势力：张姓、李姓、曹姓、师姓、杨姓五大家族。翻阅民国九年的《虞乡县新志》，我发现光绪三十二年（1906）一月，南梯村第一国民学校在李氏家庙兴办；民国八年（1919）一月，南梯第二国民学校在师氏家庙兴办，[①] 从中可以窥探到李姓与师姓作为大姓在南梯村由来已久，是有史可考的大户人家。此外在访谈中我也了解到解放前张姓有钱，李姓有势。民国初年张家曾一度有人在西安国民党军阀中任职。据说土地改革时期人民政府从张家大院挖出 12 个元宝，4 万多个银元。解放前李家有两代人担任过临猗县县长，有一个人做过三青团团长。土地改革以来，曹励成先后做了 30 年的书记，师月旺也先后当了 30 年的村长，而杨生学也从 1961 年起开始一直在村里任职。

　　南梯村虽然历史久远，但是关于其村名的来源却没有确切史料可依。访谈中我获得两种说法：一种是出自杨生学书记，"南梯，指的就是这个村靠近中条山，往南看土地都是一坡一坡的，又因为种植果树多，所以看着一塄比一塄高"。另一种说法出自南梯普通村民，"有个人背着个东西到了北面，因而就说北面是'背的'（笔者猜是谐音'北梯'），背到南面就感慨'难背的'（笔者猜是谐音'南北梯'，因为有了北梯，故而南面就叫'南梯'）"。此外我在图书馆也查到了一个关于北梯村村名的探究，移花接木，估计对南梯村村名的考究也有所启发。古时北梯村与南梯村之间有一条官道（现在的太原至风陵渡公路），这条官道带动了村里经济与社会的发展，百姓虽生活的不算富裕，但也可称之安居乐业，唯一苦恼的是村子没有名字。有一天一对夫妇农作归来在一棵连理树下休息，一阵凉风吹来，注意到了这棵树的特别。它从根部就开始分出了杈，两个大树杈互相缠绕，成交叉状的往上长，像极了家里用的梯子。后来结合村子的地形与地理位置，取名"北梯"。[②] 南梯、北梯相对而居，是否也影射着南梯村名的来源呢？

---

　　① 周振声等修，李无逸等编：《山西省虞乡县新志》，台北成文出版社 1968 年版，第765—766 页。

　　② 张民省：《北梯模式》，山西人民出版社 2009 年版，第 39—40 页。

二　南梯村治

中国自古以来重视对乡村的治理，1931 年山东乡村建设研究所成立时其宗旨就曾指出："只有乡村安定，乃可以安辑流亡；只有乡村自治当真树立，中国政治才算有基础；只有乡村一般的文化提高，才算中国社会有进步。总之，只有乡村有办法，中国才算有办法，无论在政治，经济，教育上都是如此。"① 因此了解中国就要懂中国农村，要了解 20 世纪后半叶的中国史就要懂这个时期的中国农村政治。下面我将对收集到的信息做一个时间脉络上的梳理。

1938 年 2 月，日寇从太原举兵南下，不久就侵占永济县城。② 日本人占领永济期间，有 770 人被杀，千余间房屋被毁，发生了张营、东伍姓、西夏等 7 起惨案。③ 当然南梯也难逃厄运，由于南梯距县城近，瓜果资源丰富，日本人便在村口建食堂，驻军队。然而早前中国军民已进入战前准备，1937 年 9 月 29 日，毛泽东致电周恩来等人，"预测山西将成为华北的特殊局面，这根本上是因为有红军，其次则是阎锡山与我们结合起来。由于这两个力量的结合将造成数百万人民的游击战"④。山西牺牲救国同盟会与战地委员会相继成立，然后全民动员抗战。当时，靠近南梯的雪花山上还驻扎着以杨振邦为首的一帮土匪。由此可见当时在各种势力交织，各方兵力的角逐之下，南梯村被拉锯占领。每次日本人"扫荡"，村民便携家带口往五里外的中条山逃命，中条山附近的村庄大抵也是如此。⑤ 后来国共关系破裂，土匪归顺了八路军，南梯陷入两党势力的拉锯占领中。⑥

解放后，南梯依照有无雇工，雇工数量的多少，房屋的多少划分了

① 朱宕潜：《今后乡村教育之动向与动原》（南京），《教育与中国》1933 年第 2 期。
② 张成德、孙丽萍：《山西抗战口述史》，山西人民出版社 2005 年版，第 4 页。
③ 同上书，第 709 页。
④ 《毛泽东文集》（第 2 卷），人民出版社 1998 年版，第 28 页。
⑤ 樊吉厚、张铁锁：《日本侵晋实录》，山西人民出版社 2005 年版，第 491 页。
⑥ 山西省地图集编撰委员会编：《山西省近现代史地图集》，西安地图出版社 2011 年版，第 28—33 页。

地主、富农、中农、贫农等阶级成分。在访谈中得知，其实有些家庭根本就不是严格意义上的地主，当时只是凑指标而已。大地主只有张金一家，他在虞乡有当铺，在村里有至少100亩地，有不少于3处院落，有自己的卫队，娶了3房太太。相传在他家搜出了12个元宝，4000多个银元，铜钱玉器更是不计其数。当然，这些全数交给了公社，后来公社拿这钱盖了村里的老戏台，那时张金儿子张卓当家，他不敢要回老戏台，更不敢拆了老戏台，直到"文化大革命"结束后平反，老百姓这才开始公开谈论老戏台是张家的钱盖的。

土地改革是土地在各阶层的重新配置或社会资源在各个阶层的重新整合，通过这样的方式进一步强化了农村经济，阶级成分呈现出"中农化"的特点。从各阶层升降关系看，地主、富农纷纷向中农转化，贫雇农等底边的阶级纷纷向中农转化，中农队伍像滚雪球一样越滚越大。[1] 土改之后，在南梯村发展最快的就是中农，生产热情最高的也是中农。随之而来的农业合作化，是国家对乡村社会的一次外部整合与国际理想目标的逻辑展开，是"把绝大多数的中国人置于社会主义组织形式之下的社会和制度改造的一个巨大成就"[2]。从总体上，为引导农民走上合作化的道路，国家制定了"三步走"的战略。第一步是通过劳动力入股建立农业生产互助组，由政府提倡，农户临时性的按生产需要、自然便利条件，及农户间的关系，将自己的农具、劳动力、牲畜自愿结合而成。第二步是初级农业生产合作社。第三步是高级农业生产合作社。但是事实上却出现了农户不愿意入社，甚至退社、消极怠工等现象。一开始南梯村民加入互助组还挺积极的，因为各家农具本来就不全，土地改革后又分得部分土地，憧憬着互助组可以实现资源共享，提高土地产量。后来随着三大改造的深入，南梯村民表现出不愿意入社的倾向。"土地刚归入个人没几年就又要归国家，谁愿意呀！"但政策之下干部强行要求入社，第一次不愿意入社，大队就命人没收你部分土地，还不愿意，再削……

---

① 张炜、李俊宝：《阅读革命，中共在晋西北乡村社会的经历》，北岳文艺出版社2011年版，第177页。

② ［美］R. 麦克法夸尔、费正清：《剑桥中华人民共和国史：革命的中国的兴起（1948—1956）（上卷）》，中国社会科学出版社2007年版，第99页。

直到你愿意为止。公社时期，大家伙也是消极怠工，磨洋工！有许多年轻人就跑出去打工，赶上"六二压"，村里严格查户口，很多人不得不回到村里参加农业劳动。人民公社作为先进的生产力，崇尚社会主义的老百姓为什么表现出如此大的抗拒力？原因在于老百姓的利益受到了威胁，正如米格代尔所指出的"农民所以对变革充满怀疑，因为他们意识到所谓的进步可能把他们带入比现在还糟糕的地步。对这些挣扎在生存边缘的农民来讲，这是无法承受的风险"①。原因如下：第一，互助组转为初级社的制度设计导致农民更加关注自身利益。② 如果说互助组更接近于传统村落，那么初级社则是朝背离传统的方向跨出的重要一步。③ 在互助组阶段农户对农具，牲畜等生产工具的自由支配权已经转入公社，这是一个根本变化。第二，从初级社转入高级社，由"半社会主义性质"转入完全的社会主义，农民刚拿到的土地再次失去，成为公社所有，农民的生产积极性削弱。第三，在访谈中一个老人也提出了他的解释："要我说，集体化就不行，浪费功夫，浪费人力的，秋收玉米棒子收回来，村民来分，有大的，小的，好的，坏的区别，有时候分不完还得再分，浪费了好多时间。""村里干部太多，干活儿的太少，村长、书记、会计、妇女队长、保管、巡逻队长……这些干部大部分为成年男子。""很多时候成年男性劳动力会被村里安排去做义工，如修路、水库等，到最后田里劳动力的就剩下女性了，怎么能干好？"

至于"文化大革命"，在村里的老人看来这是政治运动自然发展的结果，1962 年的"小四清"，到 1964 年的"大四清"，最后 1966 年开始了十年的"文化大革命"。南梯是"四清"运动的主要监督对象。当时主要是查账目，南梯基本上没什么大问题，即使查出"四不清"干部也仅是做出退赔的处理，没有出现极端现象。那时候让村民觉得新奇的是"四清"下乡干部工作队。他们在村里干部的安排下，留宿在老百姓家，"一家住两个到三个人"且轮流在老百姓家吃饭。下乡干部多选择住在贫农

① ［美］J. 米格代尔：《农民、政治与革命——第三世界政治与社会变革的压力》，李玉琪、袁宁译，中央编译出版社 1996 年版，第 43 页。

② 应小丽：《草根政治：农民的自主行为与制度变迁》，中国社会科学出版社 2009 年版，第 36—37 页。

③ 张乐天：《告别理想：人民公社制度研究》，上海人民出版社 2005 年版，第 53 页。

家里，在生活上要与贫下中农打成一片。他们监督生产，同时也管理村里的事务，在某种程度上也架空了村里原来的领导班子，又搭起了一套新的领导班子。村民谈到下乡干部印象深刻的是："他们监督生产、斗地主、整村干部、打人，什么事都干，他们就是村里的新领导团体。村里的队长、书记一切都要听从下乡干部的，跟着'四清'工作队干"。在有些学者的研究中也提道：区干部每年在村工作时间超过了在区工作时间，稍大一点的事都由区干部领导村干部去做①，以致"磨穿鞋底也忙不过来"②。在下乡干部干活不干活这个问题上南梯村村民意见不一，杨生学与张志杰认为"下乡干部与老百姓同吃同住同劳动"，而身为李崇兴则说他们啥事都管，就是不从事生产。

　　既然要探讨政治，南梯的干部自然是绕不过去的。当问起村干部是如何产生时，普遍认为党支部的正副书记均是由村里的党员选出的，生产队的队长是由党支部任命，村长、会计等职位均由村民或队里的老百姓选出。至于选举方式，也要匿名投票，但由于很多人文化程度低，存在代笔的现象。而不管是写名字还是通过举手表决，候选人基本上都是贫农。贫农在那个时代享有极高的政治待遇。正如毛泽东在《湖南农民运动考察报告》一文中明确指出"没有贫农阶级，绝不能出现现时乡村的革命状态，绝不能打倒土地劣绅，完成民主革命"，"没有贫农，便没有革命。若否认他们，便是否认革命。若打击他们，便是打击革命"。③再一个条件就是党员优先。从土改到改革开放前南梯的村干部主要有：老书记——曹月旺，1900 年生，1989 年去世，享年 89 岁，他育有 4 个儿子，三个女儿。曹月旺，1945 年入党，"文化大革命"后一直担任书记一职。30 年的书记生涯并非一帆风顺，村里流传有"三落三起"一说，具体为老书记是在土改后参加工作的，然而 1958 年"大跃进"及"四清"运动中，身为书记的他首当其冲被组织怀疑，故被免职，"四清"后恢复工作，1961—1963 年间在东坦朝等地任职，"文化大革命"前回到村里组

---

　　① 张炜、李俊宝：《阅读革命——中共在晋西北乡村社会的经历》，北岳出版社 2011 年版，第 259 页。

　　② 《高家村调查资料：政权问题》，山西革命历史档案 A22—1—15—1，山西档案馆藏。

　　③ 《湖南农民运动考察报告》，《毛泽东选集》第 1 卷，人民出版社 1991 年版，第 21 页。

织工作。老队长——师月旺，从 1947—1989 年，他一直担任村里的村长一职。张志杰，当了 30 年干部（解放后才开始任职），先后当过团支部书记，民兵营长，党支部副书记、书记、村长这些职务。杨生学，1943年生，1961 年，也就是三年困难时期，初中毕业后，杨生学回到村里，起初是村里的生产会计，1968 年又出任革命委员会主任。之后又被调到其他县工作，但大部分时间在南梯村任职。村民回忆说，如果曹书记与师队长双方出现争执，多由下乡干部工作队负责调解。但在村民看来老队长与老书记几乎没有大的摩擦，和平共事了 30 年。生产队长要绝对的服从书记的命令，因为书记下辖民兵团，"枪杆子里面出政权"，是绝对的一把手，集体化时代的村干部也会偏袒自家人，但其不会做得很露骨，如很高调张扬地安排自己人做生产队长几乎是不可能的，他只是会在分配活上有所偏袒，给自家兄弟安排个轻活。但在那个动荡的年代，干部是很容易受到冲击的对象。即便如此，干部还是有很多人抢着当。

三 田野中的反思

此次田野调查虽然为期较短，但也让我受益匪浅：第一，走进田野前要做好充足的准备，包括资料准备、物质准备、心理思想准备。出发前相关县志、村志的涉猎是很有必要的，它可以帮助更快地融入找到兴趣点，提高效率。脑袋空空地走进田野，等待来自田野的直觉冲击，灵感固然很多，但它会令你错乱，一时不知从何开始。物质准备方面要遵循"精简"原则，小刀、刷子、手电，这是田野常用的工具。田野调查不是简单的访谈交流，它对体力、耐心都是一种考验。此外，田野调查多在农村进行，对于学生来说也需要一定的心理准备。如遇上突发事件该怎么办。第二，如果找访谈对象，最开始最好要找一个健谈者，访谈期间尽可能不要打断他说话，让受访者自己说，作为"小学生"的我们需要的更多是倾听，通过倾听来了解这些历史事件的亲历者所过往的历史。第三，不要急于进入访谈状态，首先要弄明白被访谈者的生活状况。如访谈妇女，就要弄明白，她是什么时候嫁过来的；访谈移民，就要弄明白他是什么时候落户本村，没有这个时间上与人物关系的对接，得到的信息可能会十分有限。第四，访谈中要做到对于听到的东西要边听边消化，通过滚雪球式的方式不断找到话题，获得信息。第五，提问题要时刻联系被访谈者的信息（姓氏、身份、职位、年龄），如对于张志杰书记的访谈我们就是从他的家庭开始问起，首先，让他讲述张家在南梯村的情况，全村姓张的都是一大家？每一辈大概多少人？哪一辈出过名人？他与张金是否是亲属关系？等等。第六，对于田野调查，提问者的语音、语调很重要，访谈者应该做到，语速慢、吐字真、语调柔和、忌抢话，不要因为担心场面尴尬就急于引导。第七，交流忌选择性问语，这样会给受访者思维设限，错失第三种答案。第八，要善于察言观色，尤其是与老年人聊天要注意时间，70 岁到 80 岁的老人大概 40 分钟为宜。第九，心怀感恩走进田野，感谢每一位受访者。

歌德言"撰写历史是摆脱过去的一种方式"，《礼记》云："往古者，所以知今也。"学界前辈云："我们的研究不可能重现历史，有的只是无限的接近。"田野调查，换个角度看历史，力求展现一个更加完整的过去。

虞乡扁鹊庙的发展与变迁

贾 佩[*]

扁鹊是中国历史上著名的医生，中国人对他敬若神明。在为期三天田野调查中，我们主要走访的是运城市虞乡的洗马村，对虞乡的乡村环境、村中卫生情况、风俗习惯，及附近的扁鹊庙对周围地区的影响做了调查，前后走访了四位村民。我们针对村子的发展历程、人口状况、历史背景等问题对他们进行了访问。邻近洗马村的扁鹊庙也是我们此行的主要调查地点。扁鹊庙作为洗马村的著名庙宇以及运城的旅游胜地，在漫长的历史发展中已经融入了当地人的生活，对周围地区产生了很大的影响。

一 扁鹊的基本介绍

扁鹊，春秋战国时期著名医生，"扁鹊者，勃海郡郑人也，姓秦氏，名越人"[①]。任丘县北废东门外有扁鹊故宅，这个地方又称"卢"。秦越人成名后，也称"卢医"。扁鹊，从字义上分析，是一只鸟——喜鹊之意，扁鹊之扁是"取鹊飞鶣鶣之意"，看作一只喜鹊在飞翔。人们将他比作一只为大家带来喜讯的鸟，足见他在百姓心目中的地位和大家对他的认可和喜爱。扁鹊的生卒年说法不一，据各种史料记载，他先后给蔡桓侯、虢太子、齐桓侯、秦武公看过病，时间跨度近三百年，但是多以他

* 贾佩，山西省五台县人，2012—2016年就读于山西大学历史文化学院，获学士学位；2016年至今为中国人民大学在读硕士。

① 司马迁：《史记卷一百五扁鹊仓公列传第四十五》，中华书局2014年版，第2785页。

给秦武公治病日期为据，而且据考证扁鹊与赵简子、越王勾践为同一时代之人，因此他被视为春秋战国人。[①] 在诊断方面，他是以"切脉、望色、听声、写形"为主。由于临床经验丰富，有时只要听到陈诉，就能指出病情，甚至他还能看出病的部位的转移和发展。扁鹊觐见蔡桓公时，判断出蔡桓公已患病，但他不信，扁鹊多次劝诫，桓公仍无动于衷，终于病入肺腑，等到病势加重，蔡桓公着人去请扁鹊时，扁鹊已经离开，桓公不治身亡。在医疗工具方面，用针、用石；在医疗方法方面，用汤剂、用熨帖、用按摩、用针刺等；在医疗原理方面，他论阴阳、经络、研究五脏、六腑，达到非常艰深的高度。在科目方面，他以内科为主，并精通儿、妇、五官各科，是一个医术全面、深受当时人民欢迎和爱戴的医生。他的医疗思想，是以他在长期医疗实践中总结出来的，例如，他认为预防重于治疗，早治重于晚治。扁鹊游历各国，诊治了很多疑难杂症。

扁鹊在永济当地具有很高的声誉，邻近村庄的村民对他颇为信奉。关于扁鹊的高超医疗技术和高尚的医德也被编成乡间故事代代相传。人们谈起扁鹊充满敬奉和崇拜。扁鹊本是河北人，少时背井离乡，学习医术，四处行医，救助村民。扁鹊医术精湛，对人和善，人们对他的评价很高，以至于在扁鹊遭人所害后，自发为扁鹊哀悼。在调查的过程中，问及扁鹊，被采访人总能说出扁鹊的祖籍和他的一些事迹或者传说，为我们讲述当年扁鹊游历至此，救助当地百姓的种种故事。当地关于扁鹊的传说也比比皆是。由此可见，扁鹊在永济当地人的心中占有很重要的位置，人们通过故事和传说也表达了对于扁鹊的哀思。

二　扁鹊庙的历史记载及现状

虞乡镇清华村有扁鹊庙，清华位于永济县城东四十华里，旧称故市镇。"周扁鹊庙，在县东故市村东。"[②] 这里有扁鹊及十大药王弟子塑像等

---

① 班固：《汉书·艺文志·方技略》，中华书局 2005 年版。
② 周振声等修，李无逸等：《山西省虞乡县新志》，台北成文出版社 1968 年版，第 765—766 页。

20 尊。扁鹊庙原为扁鹊祠，从庙内的石碑上可以看出，在万历年间，这里仍旧被称为"扁鹊祠"①，雍正八年（1730）才将祠改作庙。②传说春秋时期，扁鹊周游行医，来到河东古市，这里瘟疫流行，患者众多，扁鹊即在现在的药王献殿前支起 10 口大釜煮药，人们喝了这药，慢慢痊愈，疫情得以控制和消灭。直到现在，还有明末复制的一口大釜放在献殿门前供人们敬香。扁鹊 91 岁时，被秦武王的太医令李醯加害于扁鹊庙山门东 150 米处的无影桥下。古市（今永济）百姓自发偷回扁鹊的尸身，将其放在扁鹊诊所。9 天后，人们做一金头，葬在诊所西五百米处，又在原诊所屋内塑起了扁鹊金身。《虞乡县志》中对此亦有记载："按扁鹊死于刺客在邯郸入秦时，此处似不得有墓。岂虢太子闻变，感其再造之恩，收其骨骸而藏之，于今故市洗马诸村立祠祀之。"进入扁鹊庙，两边有廊房，东面的是展堂，西面的是药堂，前面大约 50 米为献殿，是每年正月二十扁鹊生日时举办庙会和平常人们祭祀及献食的地方。献殿门前有两尊石像相对而放。正殿里面塑有扁鹊金身坐像，两边塑有十大药王，据介绍是唐咸通二年（861）所塑，是国宝级文物。十大药王西为天师岐伯、太乙雷公、药王孙思邈、神医扁鹊、药王华佗、东有医生张仲景、皇甫士安、天医王叔和、药王韦慈藏、仓公淳于义。正殿外两侧塑有子阳和子豹两弟子。墓冢在 140 余米见方，高 60 厘米的高台中央，墓高约 5 米，长满草木。墓前石碑上记载了扁鹊墓在 1107 年间的相关事宜。在墓冢西南，墓碑北面长古槐一株，据介绍此树有上千年的树龄。民谚有云"千年松柏问古槐"。这棵古槐可以作为扁鹊庙千年变迁的见证。我们参观扁鹊庙时，扁鹊庙正在翻修。扁鹊庙负责人告诉我们这次整修是政府部门专门拨款进行维护，保护扁鹊庙和庙内的塑像，以吸引更多的信徒和游客。

扁鹊庙的规模不大，但是具有重要的历史价值。在正庙前殿的道路两边，6 块石碑整齐地排列在两边。这些石碑分别记述了明万历年间、清朝光绪年间和民国年间的重新修庙事宜。在偏殿中，我们见到了一块唐朝时的碑文，详细记述了扁鹊的生平事迹和修庙的过程，从中可以将永

---

① 明万历庚子（1600）《重修扁鹊祠记》。
② 清雍正八年（1730）《重修扁鹊庙记》。

济扁鹊庙的历史追溯到唐朝。此前，扁鹊庙内最早的记载见于庙内明万历庚子年间的碑文。据介绍，扁鹊庙里的塑像也是全国唯一保存完好的扁鹊像，可见扁鹊庙的历史价值和重要意义。

除了扁鹊之外，这里还有财神和关公的塑像和庙宇。在相关传说中，扁鹊不断被神话，成了神。人们除了在此祈求健康之外，还希望得到权力和财富。可见，扁鹊庙已经超出了它本身的范畴，具有了更全面、更符合人们心理愿望的作用。

三　扁鹊庙的信仰圈

位于扁鹊墓东边不远的扁鹊庙分为东、西两庙，由来已久。建庙时有"三村四社"之说，即洗马村占两份，因为洗马村有两个社，其余两社为临近的雷家庄和石卫各占一份。庙中现存石碑，最早的是明万历庚子年的《重修扁鹊祠记》。清代年间有多次重修，保留有从康熙年间至光绪年间重修该庙的碑刻。民国初年山西省实行义务教育，东乡增设高小一处，县指定扁鹊庙为校址，遂将享殿、乐楼改为教室。2000 年以后，国家收回了扁鹊庙的管理权，由县文化局进行管理。扁鹊庙现在是省级文保单位，所以由政府拨专门的经费进行维修和保护。在抗日战争时期，扁鹊庙是当地的抗日前沿指挥所，而且在抗战期间，扁鹊庙也遭受过巨大的破坏，西庙被炮火损毁。中华人民共和国成立之初，扁鹊庙占地三四亩，在"文化大革命"的"破四旧"运动中，民众认为庙中的墙土富有营养，可以用来肥沃耕地，因此对扁鹊庙造成了损坏。这里也曾经是学校，20 世纪 70 年代改造成了兽医站，不久又成了一个石英沙场。据人民网报道，2009 年，有关人员参观永济的扁鹊庙，发现这里遭到破坏，伤痕累累，呼吁保护、重修扁鹊庙。之后，政府多次专门调拨资金，整修扁鹊庙。扁鹊庙现为省级保护单位。

扁鹊庙庙会在每年的正月二十。各村各镇的人来此赶集参会，甚至还有外省游客来此祭拜。据洗马村郭管管书记估算，扁鹊庙一年的香火钱十万元左右，香火旺盛。每年会有大量的人来此敬拜扁鹊、财神和关公，祈求身体健康、财运亨通、一帆风顺。在庙内，我们也看见悬挂着"名医"招牌的出诊台或是询问台。但是对于这种敬香拜佛的行为，郭书记认为是"有事乱求神，有病乱投医"的表现。虽然现在提倡科学，反对迷信，但是据此可以看出当地人在言谈之间还是很信奉扁鹊的。时过千年，扁鹊已经在人们的心中扎下了根，潜移默化之中影响了一代又一代的人。每年的庙会，将周围村庄联系在一起，大家可以借这个时机相聚，做些生意，这有力地促进了周围经济的发展。现在"扁鹊"已经不再是一个简单名称，而是神化之后的一个符号。在访谈过程中，我们发现，扁鹊庙会已经成为一种地方特色，成为这里专属的一个节日，人们对此颇为重视，不仅是因为在这一天大家可以赶集聚会，而且也认为这是求平安、保健康的一种活动。当然，这种带有"迷信"色彩的观念正在不断有意弱化，但是庙会这种行为本身已经成为一种正常的社会活动和公共活动。扁鹊信仰早已融入了当地居民的日常生活，并且通过一年一度的庙会来强化这种影响。这已经超越了迷信的范畴，而成为一种地方文化。

附：扁鹊庙内碑文

扁鹊庙内石碑上镌刻文字。"大观元年三月□日杨□信□□重□书扁鹊墓"。大观元年即 1107 年，距今已九百多年。左侧为明代镌刻的"大明成化九年六月十五日洗马村"文字，也就是说明代成化九年（1473）重修扁鹊庙进行的补刻。

扁鹊庙现存的六块石碑中最早的是明万历庚子（1600）的《重修扁鹊祠记》。碑记云："临晋王官谷北有故市镇，东百步许即遗祠，墓碣具存次，东土人仍并建凡两祠墓又见于郇之□阴县志，亦未祥。"与《虞乡县志》中的记载相同。在明代故市东面就是扁鹊祠。"故俗春正二十日有祷祠会"，"祠宇时久"。创始年不详。

碑刻中还有雍正年间的《重修扁鹊庙记》，将"祠"改为"庙"，至今仍称庙。清朝多次重修扁鹊庙：康熙四十四年（1705）修献殿三间；康熙五十四年（1715）修正殿三间；康熙五十六年（1717）修三门、两角门；雍正三年（1725）修乐楼、盖僧房；雍正八年（1730）也进行了重修。

民国时期也对这里做了修整。民国十七年《重修药王庙碑记》中记述了将扁鹊庙指定为校址，将享殿、乐楼改作教室，周围廊坊改为斋舍，角门道院改为教员住室及学生饭厅的事情，还记载了复修扁鹊庙的情况。

还对享殿、乐楼进行了壁画的修补，画匠有葛增贵、李有华、胡仰吴等。

东扁鹊庙中碑记记载康熙四十四年（1705）重修扁鹊庙正殿、茶祠、补葺乐楼、三门、廊房，建立后门碑的事情，记述了当时的建筑情况。现存乾隆五十五年（1788）《史记扁鹊列传》碑记一通，与《史记》卷一百五十《扁鹊仓公列传》几乎一致。西垛殿北壁壁画上题五言诗一首："读书羿屏房，高峰正南面，特特留斜阳，□□遮不见。本社李第隆敬墨。"东垛殿北壁壁画有题诗："松下问童子，言师采药去，只在此山中，云深不知处。"

扁鹊庙偏殿内另有一块残碑，据管理员称为唐代石碑，碑上记载："乡贡进士异防述，今则西城县□□□书。古史扁鹊秦姓字越人，神医也。洞三阳五会之（且少）□□□□□永之征发（号甫）大子山出□而七日□□□赵问子腹获田四万顷和缓之敌在□□□老在秦而少随俗变伏，凡病则愈。玄董之□始受赐于来君，终不顾以齐王得道之士仙□百氏引而用之，或曰郑人越人灵人，盖随方假（号甫）□耆旧传门公之墓（雨吴《上雨下吴》），人奉而祠之，东去县二十里□址三十步，古木阴森，南□槐路□文□□□昔容图□备详春秋载里远迩之□□□不应讫二千龄□郡处士□玄应家□蒲□□□钩割鍼铍际无全疾于眼为善□药视半两，至媲美日月之离云，大凡□□秦□□人遇公者，不可殚纪，币公庙不十余里□□瞽者数辈。及公而至，莫不复初，感公之□□□□右□咸通二年秋，过其庙贮然之田，□心徒具一钉，筑堵缭于四偶，迁尺宫于直，□传来者有修容之屏入者，有超之庭新宇□貌靡不庄敬。余尝适斯地，念其芜没，国家以百姓为心，盖辄疾苦得名医署之爵，□获名药悬之天下，重民之本善□仪形遂崇廊庑是敦化原之□之□扁公之术，今古一时□修古人之至□□其功国功也，固难一而已。"

田野日记篇

五月虞乡镇田野日记

李晨阳[*]

2014年5月25日，山西大学中国社会史研究中心师生20余人驱车前往运城永济市，开展为期一周的校外教学实践活动。5月26日上午，在地方政府的安排下，我们对蒲州地区的旅游资源——普救寺、蒲津渡遗址和鹳雀楼进行了考察，了解了古蒲州地区深厚的历史文化底蕴。下午，中心师生共同参加了由山西大学和永济市合作的教育部大学生校外实践基地揭牌仪式，之后分组奔赴各乡镇进行了5天的田野调查，于6月1日返回学校。

我们小组成员共4人，由郭永平老师带队，学生成员有我、陈霞和侯峰峰，负责的区域是永济市虞乡镇。虞乡镇位于永济市东部20公里处，南依中条山，北接卿头镇，西与城东街道相连，东与运城市盐湖区接壤。全镇共有37个行政村，55个自然村，是全国500家小城镇建设试点镇，是全省34个中心镇之一。运蒲旅游路贯穿全镇东西，交通便利，境内有国家级风景名胜区五老峰、王官峪风景区、柳宗元祖莹、扁鹊庙、阎敬铭别墅等，旅游资源丰富，水利条件优越。虞乡镇农业生产以传统农业为主，以发展现代农业为导向，初步形成以粮、棉、果、菜、畜为主的产业结构布局；工业生产现已初步形成以机械加工、芦笋生产化工、建材等企业为主的工业生产体系；商贸流通形成两个集市，450个固定商业门店及1000个临时摊位为主的商贸流通市场；利用区域内丰富的文化

* 李晨阳，山西省长治市人，2009—2013年就读于山西大学历史文化学院，获学士学位；2013—2016年就读于山西大学中国社会史研究中心，获硕士学位；2016年至今，在太原市社会科学院工作。

资源和旅游资源，大力发展旅游业；同时积极开展乡村基层文化建设，道路硬化、村庄绿化、环境美化逐步推进，形成城乡统筹发展局面。

负责带领我们进行田野调查的是虞乡镇文化站站长陈礼军和综治办主任李博。在他们的带领下，我们按照先南后北、先西后东的路线，对虞乡镇进行了5天的考察，在收集到集体化时期村庄档案资料的同时，也对各个村庄进行了走访和简要的口述访谈。在5天的走访中，陈站长和李主任不仅帮助我们合理地规划了路线，耐心地向村民介绍我们此行的目的和意义，也悉心安排我们的吃住与出行。我们在村中遇到了很多热情的老干部和村民，他们详细地为我们介绍了村庄的历史与发展，将资料交给我们进行整理。正是有了这些力量的配合，我们的工作才能顺利进行并如期完成，在此谨向所有帮助过我们的人表示最诚挚的感谢。

5月26日　星期一　晴

来运城永济调研的第一天，上午的行程主要是参观游览永济市的三大标志性旅游地——普救寺、蒲津渡遗址和鹳雀楼。

早上8点，在地方政府的安排下，我们从住宿地永济市电机宾馆出发，向西驱车前往蒲州镇普救寺。普救寺位于永济市蒲州古城东3公里的峨嵋塬头上，这里塬高29—31米，南、北、西三面临壑，唯东北向依塬平展。普救寺依塬而建，主要建筑包括三大部分：钟鼓楼、莺莺塔和大雄宝殿。从后门而入，我们先看到的是因《西厢记》而闻名的梨花深院，分东西厢房和北房，也是《西厢记》中张生和崔莺莺定情之处。紧邻西厢，即是普救寺的大雄宝殿，正殿供奉有佛祖释迦牟尼的三身立像，该佛像于1985年出土，经专家鉴定是北魏时期文物。坐落于大雄宝殿西侧的则为张生进京赶考时在普救寺借住的西轩。莺莺塔则位于大雄宝殿正前方，其独特的塔身构造形成了"击蛙台落实（石）"的回音景观，击石产生的声音传至塔尖，由塔身弧形产生的回音在返回时形成的时差与蛙声的声波相似，故名"击蛙台"。绕过塔院长廊，即可看到钟鼓楼。钟鼓楼高1.7米，一层为钟，二层为鼓，是一座仿唐建筑。钟楼在抗战时期被毁，1994年重修，钟身刻有"世界和平"四字。二楼放有吉祥鼓，鼓楼原来用于战事，后转为吉祥之意，单手为击，双手为擂。走下108个台阶，即至普救寺正门。总体而言，钟鼓楼、莺莺塔和普救寺在一条中轴线上，均为坐北朝南，依山而立。由于《西厢记》的问世，使得这个

"普天下佛寺无过"的普救寺名声大噪，寺内的舍利塔也被更名为"莺莺塔"而闻名遐迩。游完普救寺，那一座座高大宏伟的殿堂，那一串串奇异的蛙鸣声，还有《西厢记》的艺术魅力，都给人留下难忘的印象。

离开普救寺，我们一行人到达蒲津渡遗址，也就是著名的黄河铁牛沉浮处。牛作为中国传统社会勤劳和镇水的象征，成为唐代蒲津桥的重力之托，后沉于黄河之中。当地政府在条件成熟的情况下，用6年时间对铁牛进行了打捞，将打捞后出土的4尊铁牛和铁人安放于古黄河堤坝之东，也就是当年铁牛控制蒲津桥之处。牛头朝向黄河，每尊铁牛旁都立有一尊铁人，分别为维吾尔族、蒙族、藏族和汉族人，尤其汉人的服饰与近代以来的西服或燕尾服相似。除此之外，还排列有七星阵，象征天、地、人三者相合。

继续西行，我们到达名声在外的鹳雀楼。《唐诗三百首》中老少皆知的一首《登鹳雀楼》，使得黄河岸边古蒲州城的这座建筑古今闻名。鹳雀楼原名为云栖楼，因时有鹳雀栖其上而得名，与武昌长江之滨的黄鹤楼、岳阳洞庭湖畔的岳阳楼、南昌赣江之滨的滕王阁齐名，是中国古代四大历史名楼。鹳雀楼始建于北周，大约在公元557—571年，是由北周宇文护建造。从现有文献资料记载分析，鹳雀楼是一座戍楼，是古代边塞战场上的瞭望楼，其历史作用主要是用于军事目的。可惜的是，该楼在金元交战时被毁。鹳雀楼建成之后，经历了北周、隋唐、五代、宋、辽、夏、金七个朝代，共存世七百余年。楼毁之后，黄河泛滥，河床变址，鹳雀楼的故址淹没不存，自元朝之后，再无人重修。现在的鹳雀楼是1997年新建，高73.9米，也是一座仿唐建筑。主楼为南北向，正面朝北，可望见滚滚黄河之水，远从天上而来。背面朝南，可望见碧波万顷，山峦叠嶂。西侧是大河奔流的波澜壮阔之景，东侧则是千年文化名城舜都蒲坂的古城遗址。楼内一层通过立体模型展现了盛唐时期蒲州城的繁华景象，二、三、四层通过模型与壁画等多种方式，将古蒲州的经济、文化、传说、名人等地方特色知识生动地展现给游客。登高望远，我们可以感受到古往今来无数名流与诗人意境中的崇高境界。

午休后，下午3点我们在永济市教育局院内参加了山西大学·永济市校外教学实践基地揭牌仪式。之后便由相应乡镇的文化站站长带领我们进村进行走访调查。担任虞乡镇向导工作的是陈礼军站长，他做基层文化工作已有 30 年之久,可以说对虞乡镇的乡村生活和发展情况十分熟悉。虞乡镇原为永济市的中心处,永济市委党校和永济地方师范学校都建在此地,但由于近年来发展走下坡路,镇内企业发展萧条,经济有一定下滑,所以其地位的重要性有所下降。由于下午时间紧凑,他为我们安排了 3 个分布比较集中的村落,即位于虞乡镇中心的于乡村、东源头村和西源头村。于乡村位于虞乡镇中心,距市区 15 公里,驱车大约 20 分钟车程,是一个典型的城中村。安排我们进行访谈的对象是前村长,但由于事先没有取得联系,没能见到他,所以对于乡村的调查暂时搁置。

之后陈站长为我们联系了东源头村的牛普崎老师,牛老师曾参与《永济县志》、五老峰、柳宗元等地方资料的搜集整理工作,并写有相关著作,只是限于经费,没能正式出版。东源头村主要有罗、牛、刘、李四大姓氏,其中李姓多为外迁人员。牛老师能写善画,家中墙上悬挂有其绘制的山水画。他在讲解中提到了虞乡镇的衙门文化,虞乡建立县制,始于北周武帝保定年间(公元 561—566 年)。刚开始建县衙时,也和全国其他地方一样衙门朝南开。但自唐天祐末年后,虞乡衙门来了个 180 度的大掉头,成了坐南朝北。据说,敢这样设衙门的,当时除了包公的开封府,全国只有虞乡县一家了。虞乡的"倒座衙门"曾有过一个动人的传说。在唐天祐末年,虞乡匪祸难治,原任知县才疏学浅不能胜任,唐皇李柷遂派一姓李的官员到虞乡接任。此官赴任后,发现黎民百姓怨声载道,经查原来是 36 件血案弄得人心慌慌,喊冤不止。李知县下定决心要侦破这些积案,并当众发出誓言:"一年不破,衙门倒座。"谁知一年多过去了,李知县虽然明查暗访,累得焦头烂额,但一件案子也未破。他是个血气方刚、心高气傲之人,自责不已,一气之下将衙门"倒座"了。"倒座衙门"后,李知县侦破血案的决心更大,又经过数月微服私访,36 件血案件件水落石出。但使他更为难的是件件血案都与上头各级官员有关。无奈之下,他只好上奏皇上。李柷为了稳定民心,赐李知县"木铡七口",造型分为龙头、虎头、狗头三种,寓为"三级七品",有"上打君下打臣,孤王头上管三分"之权威。从此虞乡县衙除了有和其他县衙一样的刑具外,还多了七口木铡。李知县因办案有功得到皇封,也深得百姓敬仰,被称为"李青天"。李知县为官一任,造福一方,为了防洪和排涝,他发动百姓在城墙外挖了两条间距不等的护城河,并在四门路口架桥八眼。护城河常年有水，蛙鸣鱼跃，犹如两道光环把虞乡城紧紧围裹。至今虞乡还流传这样一首民谣："四门八桥水围城，"倒座衙门"显威名，七口木铡神鬼惧，惩恶扬善断案清。"由此可见其特殊的衙门文化在我国传统文化中别具一格。之后，在现任刘书记的带领下，我们到村大队所在地参观，由于当地经济比较落后，去年才翻盖了大队旧房，大队内有关本村的档案都没有保留。

从东源头村离开前往西源头村的途中，我们还参观了抗日战争时期遗留下的两口"血泪井"，即抗战时期日本人将杀害的中国人的尸体填入井中。如今这两口井虽然仍有水，但已成为该镇的青少年爱国教育基地，清明节有人悼念。

进入西源头村，接待我们的是杜书记。由于之前东西源头为一村，所以大队办公地点在一处，两村分开后，西源头村在村小学中办公，如今该小学早已撤并。杜书记为我们联系了村中的一位老党员张爷爷，现年81岁，1969年入党。他告诉我们，村内张姓最多，有家谱，我们沿着这条线索进行深入走访，可惜没有见到张姓的家谱。在村中走访过程中，我们见到在原址新修的一座娘娘庙，由村内老人集资捐修，每月初一、十五祭祀，目前保留有清代乾隆年间的一块功德碑。

开展调研的第一天，结果不理想，出现的问题也比较多。首先，沟通联络不顺畅。文化站站长所辖区域较广，对辖区内的村庄不可能各个都了如指掌，又因平时联系较少，因而出现临时找人却找不到的情况，耽误时间与进度。其次，语言障碍。初到陌生的环境，在访谈与记录的过程中，我对于当地方言只能把握大体意思，很多当地人熟悉的谚语、民谣等虽然很有韵律，但难以记录，不便保存。最后，忽视走访细节。进入村庄，尽管有熟人带路，但对于村民来说我们是陌生的群体，衣着言行等都会造成他们对我们主观上的认识偏差，不能过于拘谨，但也不能过于随意。提问要大胆，但也要符合逻辑，原则性错误要尽量避免。

万事开头难，希望第一天的走访可以为之后的工作提供借鉴。

5月27日　星期二　晴

上午7：40，我们与陈站长会合，准时出发前往虞乡镇。碰面之后，陈站长告诉我们，今天行程的第一站先去见许镇长，他希望对我们昨天临时开展的工作了解一些情况与问题。8点我们到达镇政府，与许镇长见面。他询问了我们对于具体开展工作的一些设想和昨天遇到的问题，并对今天的行程有了大致了解，为我们联系了几个村的负责人，给我们的工作提供了很大方便。

离开镇政府，陈站长首先带我们前往离镇政府不远的南梯村。南梯村位于运蒲旅游路南，中条山脚下，距离虞乡镇中心约1公里，是全镇的第二大行政村，人口有3000多人。我们见到了该村的杨书记，询问了村庄档案留存情况，他告诉我们，有关集体化时代的村庄档案基本没有，主要是村庄领导换届频繁以及当时档案要求十年进行一次销毁所致。虽然没有档案资料，但他说村里有一个民国时期的戏台，属于村里的古建筑，建议我们去看看。到达古戏台后，房梁上写有"民国十有四年重修"的字样，戏台名为"怡神楼"，坐南朝北。戏台对面有一座娘娘庙，路过的村民告诉我们，在娘娘庙相邻之处，以前有一批牌坊，都属于古建筑，在"文化大革命"时的"破四旧"运动中被毁掉了。村中的老人对我们很热情，邀请我们到他们家里喝水吃饭，由于行程原因，我们婉拒后离开了南梯村。

之后，陈站长带我们到达了张家窑村，接待我们的是冯书记。得知来意后，冯书记拿出了他保留的一本土地册，他告诉我们这是20世纪50年代他们村与其他村就五老峰问题打官司的材料，由于涉及本村利益，他跟别人央求了很久才要到这份材料。虽然他也保留了复印件，但复印件上有些字已看不清楚了。我们提出要拿走这份材料回学校进行扫描保存后，他很谨慎，不愿给我们，甚至怀疑我们是文物贩子。在陈站长和郭老师的耐心说服下，我们将提前拟好的协议留给冯书记，他才放心交给我们，并要求我们在返校后立即进行整理，于六月底前将原件返回。对于冯书记这样的谨慎态度，我个人认为可以理解，因为这一材料牵涉到村庄的集体利益，他身为村庄领导班子的一员，保护村庄利益是他的本职。另一方面，也可能是由于近年来民间收藏之风气盛行，文物倒卖泛滥，给村民留下了不良影响，造成了村民心理上的疑虑。

离开张家窑村，我们来到了紧邻的黄家窑村，途中偶遇了现任村长，他很年轻，大约30岁。他告诉我们，他想利用中条山资源，进行旅游开发，以带动村庄经济的发展，因为他关注到村后的山上有北宋赵匡胤时期修建的四个寨子，旅游资源集群条件较好，他希望得到我们的帮助。

遗憾的是，我们不是旅游专业出身，只能承诺为他寻找学院相关专业人士。问到村中的古迹时，他带我们到村小卖部门口看了一块清代的碑刻。该碑刻是乾隆十年（1745）的功德碑，名为《佛菩萨移修碑记》，由该村李门冯氏立，碑文中对当时的捐资人员及所捐银两都有详细记录。由于时间原因，我们没有去碑刻中所记的寺庙进行考察。围观的村民告诉我们，该村兰姓与程姓最多，且两姓氏为表兄弟关系，兰家已重修了新家谱，并保留有旧家谱，而程家正在修新家谱。由于行程紧凑，我们没有去寻找这两姓氏的家谱。

上午的最后一站，是东坦朝村，负责接待我们的是王书记。一走进王书记家的院子，入眼的全是各式各样的文物。王书记是一位民间收藏家，近年来收藏了很多古董字画家具器物，并分主题在家中设置了展馆。我们不仅看到了很多以前的器物、字画，还见到了毛泽东时代的很多标志性文物，比如毛泽东画像、照片、徽章、文集等，他所收藏的种类足可以达到让人眼花缭乱的地步。在简短的访谈中，他反复提到希望永济市可以出资建一个博物馆，以便保护他的这些收藏品，最后交给国家。但至今这个设想仍没有实现，这一问题也十分复杂，需要多方协调。

陈站长带我们吃过饭后，我们在镇政府进行了短暂的午休，下午2点继续出发。由于陈站长要去市里开会，他介绍了李博做我们的向导。李博很有活力，对这些村庄的老支书、老干部都亲切称呼，不厌其烦地进行说明，希望帮助我们从村庄中找到资料与线索。

李博先带我们到达石佛寺村。石佛寺村位于中条山脚下，有已开发的柳隐山风景区旅游资源。可能是因为我们到访之时不是周末，又正值午后，所以游人稀少。接待我们的是该村的范村长，70多岁。他告诉我们，石佛寺村原名柏地村，该村属于两不管地带，外地人迁入较多，目的是来此地耕作，后留在此地。本村原有108座石佛像，日寇入侵时毁掉一部分。寺中原有61座碑，碑文详细记载了石佛寺的来历，始建于东周，唐代迁至此处，改名石佛寺。石佛寺在"文化大革命"时期被毁，前几年有台湾人士出资在故宫中找到石佛寺图纸，想要在此地重修该寺，但由于村领导班子变动，这一计划不了了之。石碑现已无处可寻，据说有人考虑到其价值而将石碑藏起来，但具体何人、藏在何处都无人知晓。下山途中，我们路过石佛寺村委会，由于大门紧锁，没能进入。

　　下山之后，我们到达昨天没能找到线索的于乡村。于乡村是该镇中典型的城中村，辖区即为虞乡古县城，现任村长姓曹。他带我们见了该村的老村长，帮助了解村中的档案资料，但遗憾的是我们得到了否定的答案。关于虞乡是"虞"还是"于"，老村长告诉我们，现在的人习惯简写，所以都写成"于乡"，但符合虞乡发展历史的仍是"虞乡"二字，其意义不可简化。

　　离开于乡村，我们前往今天的最后两站——西坦朝村和肖家堡村。西坦朝村位于虞乡镇的西南边界，与东坦朝村、黄家窑村、肖家堡村相邻。接待我们的马书记对村庄情况进行了简要介绍，并带领我们见到了村中的一位老村长。无奈老人已经听力下降，与人交流困难，基本没有得到信息。之后马书记带我们去了村大队，由于大队占用了以前的学校办公，而最近又接到上级通知让恢复村学校，所以马书记对村大队未来的办公场所十分发愁。我们在村大队附近发现了一块古石，马书记解释说这是以前碑刻顶部的装饰部分，上写有"玄□上帝"四字。还有一棵据说是两百年以上的古树，名为"药树"，但具体的药用价值无人知晓。离开西坦朝村后，我们驱车到达肖家堡村。村中有一座古戏台，在1962年重修，戏台对面有庙，但"文化大革命"时被毁，如今是三间堆放废弃物的仓库，中间仓库中供奉有神灵，具体信仰不知，也没有塑像，只有简单的功德匾供人祭祀。在仓库西侧有新修的村大队，其中多为现代设施和读物。

　　今天一天总共走访了8个村庄，在问及村庄相关历史档案时，从村干部处得到的都是"没有"的回答，追问原因时，他们大多归因于班子换届、大队翻修或迁址过程中销毁、火灾等突发情况。走访时间的仓促，导致我们无法从村民那里得到更多的信息，这些档案的流失很有可能在村民中会找到线索。访谈仍然不够深入，而且访谈对象主要是村干部，问题也基本类似，所以对课堂上学到的知识还是难以深层次理解。实际调查中面对的是一个个有思想的人，无论其身份高低、职位如何、有无文化，每个人都有表述的欲望，但这种欲望却也受到个人主观因素的影响，导致很多信息不便说出或不能说出，而这恰恰需要我们在与村民建立信任关系的基础上进行深入访谈，才有可能重构过去的历史。

　　今天仍然是没有收获的一天，回城途中我们对今天总结了一句非常有哲理的话——没有收获也是一种收获。革命尚未成功，明天继续努力吧！

5月28日 星期三 晴

今天一共走访了6个村庄，用一句话总结——众里寻他千百度，蓦然回首，那人却在灯火阑珊处。

上午依然是7：40出发，第一站到东阳朝村。东阳朝村位于虞乡镇西北部，村内保留有清代贞节牌坊残件和唐代的一座石塔。由于上午镇政府召集各村村长和支书开会，我们到达村里时没有见到村领导，李博为我们联系的村里老干部也在永济市办事，下午才能赶回村里，于是我们在年轻的村干部带领下先参观了村里的贞节牌坊和石塔。贞节牌坊建立时间为清嘉庆十三年（1808），前后牌匾上有题字，"闾间师表，钟郝礼法""雅量教成尝胆志，鲁论坚定画人心"。"志凛水霜，熊荻流微""长年欲献麻姑酒，守礼羞吟共姜诗。""虞乡县训导杨得善拜题。"这座贞节牌坊目前有破损和遗失，立于其两侧的石狮子已被人偷走。在村西处，是唐代的石塔，被定为市级文物，为了防止被盗，村里将其移至村西一户人家门口，方便看管。石塔高约2米，上有题字，但因年代久远，字迹很难辨认，从字体仍能看出唐代的恢弘气势。参观完这些古迹后，我们到村里的老会计赵生贤家里走访。在了解我们的来意后，赵爷爷才慢慢消除了对我们的警惕。赵爷爷告诉我们，村里有两支姓赵的，在贞节牌坊后原有赵氏祠堂，"文化大革命"时被毁。在村里修整街道时，牌坊所在处地势变低，容易积水，导致牌坊有所损坏，加之石狮子被偷，所以村里的古迹没有很完整地保留下来。赵爷爷家里保留着从康熙年间和民国五年的家谱，以及他父亲在1950年的房窑证，他做会计很多年，所以对这些东西有意识地进行了保存。谈到村里划成分问题，他说村里没有地主，只有三户富农，富农的收入也主要靠种地，因为他们人缘很好，所以当时村里对他们的批斗不严重。如今村里900多人中，有200多人外出打工，村内人均1.5亩地，主要收入来源于传统农业。

上午因事外出的赵振荣书记，在接到站长的联系电话后，与我们相约在下午见面。我们下午见到他时，他正在为虞乡镇"关心下一代"工程有关血泪井的历史故事进行草稿的整理工作。了解我们的来意后，他先是为我们展示了他家保留的清代、民国时期的地契和家谱，然后重点让我们阅览了他从 1972 年到 1977 年在东阳朝村当干部期间的工作笔记，其中详细记录了村内的各方面事物，其中还有他自己对于当时村内事务的分析对比总结。问他为何做得这般详细时，他告诉我们主要是为了与下一任村干部交接时方便，这些工作笔记还曾为之后政府有关调查作为证据而发挥作用，责任心之重实在令人敬佩。同时，他也十分支持我们的工作，欣然将这些工作笔记交给我们带回整理。在离开时，他得知我们要前往北梯村，还为我们提供线索，让我们十分感动。

第二站我们到达的是与东阳朝村相邻的罗村。这个村庄比较复杂，村干部管理不完善，村民总是有人到镇里告状，导致村庄与镇政府关系紧张，一些问题根深蒂固，难以解决。该村是虞乡镇为数不多的还保留了旧村委会的村庄，我们在废弃的房屋中找到零星的不成体系的 90 年代的一些票据，只好先带回以备所需。

上午的最后一站是西北部的永安村。我们见到了村里原支部书记，郭书记在"文化大革命"开始后当了村里的干部。他告诉我们，当时村里是根据家庭经济情况划成分，1947 年划过一次成分后再没划。村里有一户地主，一户富农。当年的地主如今 90 多岁了，当时他年少，父亲早早去世，他没有能力耕种家里的十亩地，只好租给别人耕种，因此被划为地主，而富农则是因为雇长工。郭书记说，"当时都是胡闹呢"，当时的村干部没文化，就是为了凑指标而对村民划分成分的。在三年自然灾害时期，由于劳动力都被调到山上大炼钢铁，农业无人料理，所以收成不好，粮食被浪费了，因此村里曾饿死过人。改革开放后，土地包产到户，生产积极性提高，所以他感觉如今的生活比以前好很多。

简单吃过午饭并稍事休息后，我们开始了下午的行程。首先到达的是陈站长提前联系好的西阳朝村，陈站长告诉我们，这个村的民风很好，村领导班子很团结，积极开展村内工作。现任黄村长接待了我们，他说村里目前有 700 多人，200 多户，黄、赵二姓人口较多。谈到村庄历史，他坦言自己了解的不多，为我们找来了该村原来的村长和会计帮助我们了解情况。原村长赵自勤，今年 76 岁，1962 年从临汾大宁县调回村里，1966 年入党，经历了村中的"四清""文化大革命"时期，在当了 23 年的干部后，于 1985 年退休。他在任期内，接待了从北京航空航天学校和平陆来村里的"四清"干部和学生，和他们一起在村里开展"四清"运动。他说，当时不敢谎报村里的任何情况，一旦谎报就会被定为犯罪。"四清"干部在村里与村民同吃同住同劳动，不仅对村里的党风廉政建设起到了一定积极作用，同时也积极发展了六七名党员。另外一位是原村会计郭怀英，今年74岁，和赵村长一起配合管理当时的村庄工作，他将自己保留的1971年东阳朝村、西阳朝村和永安村三村合一的年度报表拿出来让我们阅览。两位老干部都去过大寨，赵书记去过一次，郭会计去过两次，他们回来后都感觉当时的大寨很有干劲，对大寨的平整土地和拖拉机翻地印象深刻。他们回来后在本村进行了平田整地工作，使本村的粮食产量有所提高。在报公粮时，当时流传有这样的话"达纲要是300斤，过黄河是500斤，过长江是800斤"，他们当时基本能得到新粮（红薯、玉米）300多斤，还有旧粮280斤，所以村里人基本没挨过饿。当时的男劳力一天10—12工分，女劳力一天8—10工分，他们认为这样的工分分配基本合理。在整个访谈过程中，两位老人的记忆都比较清晰，表达能力也很好，许多事件两人可以互相提醒与印证。碍于时间关系，我们在留下联系方式后离开了村庄。

告别了东阳朝村的两位老人，我们又到达了偏东的北梯村和百户村。北梯村的原会计王爷爷说村里档案基本没有，当时兴盛一时的北梯肉联厂厂长孙国兵曾两次修盖村委会，所以对档案材料可能造成遗失和破坏。百户村的村委会在百户小学处，小学建于1968年，目前租与外人居住，没有翻修。村内资料也不知所踪，目前没有保留。

回顾今天的走访，有几点感触。第一，我们进入村庄需要熟人，这个熟人可以是政府相关工作人员，也可以是更基层的现任村领导，但要想了解村庄的历史发展，以前的老村长、老会计等人或许是更好的访谈人选。之前两天的走访中，陈站长将联络员固定为村庄现任领导班子的定位在某种程度上并不利于我们开展工作。进行了调整后，我们通过对集体化时代的村干部进行简单访谈，已感到开展田野口述工作的紧迫性。这一群体作为当时历史的亲历者与见证者，在告别那个年代后，尤其是进入人生迟暮之年，他们都有倾诉的欲望。而当下快节奏的生活，村中大量年轻劳力的外流，导致村中出现"没有人"或"空巢"的现象，他们缺少了听众。随着年龄的增高，他们的记忆也在逐渐消退。而这些记忆，较之书本上的知识，由于其依附的个体所具有鲜活性和多样性，更显得弥足珍贵。我们简短的访谈只是打开了他们记忆的大门，这样的匆匆离去，不仅我们自己本身感到遗憾，那些老人应该也会意犹未尽。第二，对村庄基层档案资料的保留，村集体可能不够重视，但是对于曾经当过村干部的个人可能会进行有意识或无意识的保留，这也应成为我们找到村庄资料线索的一个途径。第三，访谈提问是一件非常困难的事，问题的连贯性、逻辑性更多的是随着访谈对象的倾诉而发展，要想很好地控制访谈主题与节奏，更要求提问者对所研究问题应十分熟悉，否则会被牵着鼻子走，或者对得到的答案没有认知，无法辨别。第四，访谈对象的人数也有很大的空间。个人访谈思路一般比较清晰，两人以上的群体访谈则有利于得到多方证实或刺激记忆纠正错误的陈述。

学会倾听，懂得倾听，我们需要做的还有很多。

5月29日　星期四　晴

今天的收获不少，集中访谈了村里的老干部、老支书、老会计，了解的不仅是他们经历的那些岁月，还有他们在人生旅途中沉淀下的种种感悟，这些记忆或者说人生哲理是无价的。

上午依然是7：40出发，陈站长与我们会合后直接带我们到达第一个村庄——定远村。定远村人口400多人，村庄较小，接待我们的是左村长。进入左村长家里，屋内挂有"师恩永誌"的匾额，经询问后得知，左村长的父亲原是老师，匾额是学生送的。他告诉我们以前定远、百户和申家营是三村合一的，在20世纪80年代才分为3个行政村。目前村委会建在村里的学校中，学校新建不到3年，旧大队已毁，档案没有保存。我们只能抱憾离开。

经左村长介绍，我们之后到达申家营村，见到了以前的老党员申建英。他于1952年入党，中华人民共和国成立前负责村里的通讯工作，中华人民共和国成立后参与管理村里的各项事务，一直干到1958年，期间曾参加村里的扫盲识字速成班。在解放前，申家营的国民党比较多，外人都称"这里是国民党的窝窝"，共产党组织部之后便派人来村里发展党员。老人在入党前先入了团，任乡里的文艺宣传员，"身上担了七副担子"，在他的宣传动员下，村里之后有六七个人入了党。1958年之后他到铁路部门工作，村里的工作转交给别人。在铁路上工作的时间中，他完成任务比较好，担任了所在连的指导员，一直干到20世纪80年代。在宣传毛泽东思想时期他是带头人，"文化大革命"期间他在北京工作，之后调回永济电机厂，直到退休。他告诉我们，他积极参与村里的各项工作，认真完成领导交代的任务，所以村里人对他评价很高。他反复强调，以前的党员干部很尽心，现在的一些干部和党员责任心不强，做工作不够深入，他很痛心。他告诉我们，从1952年开始到现在，他坚持订报纸，通过报刊学习党的理论与思想，党员干部还是要将群众放在第一位。在将近半个多小时的谈话中，申爷爷的倾诉欲望非常强烈，提到过去的一些事件时也表现的有些激动，尤其是对比自己以前的经历，他对当下的党员干部作风表示了不满，认为如今的党员干部思想觉悟已大不如前。作为一个聆听者，申爷爷对毛泽东时代的无限向往给我留下了深刻印象，他对共产党的忠诚之情和思想觉悟也让我有些吃惊。对于我们这些没有走过那个年代的年轻人来说，如果将申爷爷的慷慨陈词换做学校的思想教育课，或许我们会抱着一种抵触心理，认为这些无非是陈词滥调，于自己本身并没有多大的意义。但当我面对的是一个真真切切从那个特殊的年代走过来的老人时，听完这大段的诉说，内心由衷佩服这样的信仰。在这个信仰缺失的年代，我们没有理由去褒贬别人，可能从某种意义上来说，有信仰的人，都是幸福的。如果我们按照现在人的观念去强制扭转申爷爷这一代人的思想，对他们而言应该是残忍的，这样的信仰对他们来说已经内化成他们的潜意识，是他们迟暮之年的精神支柱。

第三站，我们到达了义和屯村。这个村和新义村都是移民村，民间流传有"九省十八县"的俗语来形容这些移民村的来源。在这里，我们见到了86岁的叶爷爷。老爷爷身体很好，人很精神，现在经常上山收集藤条编东西。他告诉我们，义和屯村这里原来是一片洼地，全是芦苇荡，叫"麻村滩"。外来人口迁入之后，为发展农业生产寻水而居，自然村落比较多，后整合为行政村。他儿时随母亲沿街乞讨，到13岁时开始给人当长工，一年挣20块钱，贴补家用。1947年前他从枣圪塔迁过来，开始参与本村的管理工作，在粮站工作了十来年，经历了"四清"和"文化大革命"。在60年代，他感到最饿，曾经到闻喜买过红薯，而当时为了支持国家大炼钢铁，很多人舍小家为大家，但即使在最困难的年代，村里也没有饿死过人。他说，现在的生活就是天堂，政府每月给他这样的老干部补助50块钱，他特别感谢党没有忘记他们这群老干部。比起以前吃不饱、穿不暖的日子，他感觉自己现在很幸福。老人高寿的秘诀，或许正是他这种积极乐观的心态，使得他在经历了人生的风浪后，依然能在晚年如此淡定。

之后，我们到了另一个移民村——新义村。接待我们的张书记告诉我们，他们这里的居民大多是逃荒过来的灾民，语言也比较丰富，来当地能听到多种语言。村里原先保留了从移民时期就有的村庄档案，但因存放的房子漏雨，档案资料发生霉变，所以没有保存，实在令人惋惜。

中午吃过饭简单午休后，我们跟着李博继续出发走访。离镇政府不远的是吴闫村，位于中条山脚下，分为山区、半山区及平川。全村目前有 2000 多人，分四个居民小组。在村干部的努力下，新建了村委办公大楼，硬化绿化美化了村庄广场，但村庄档案没有保存。

之后我们到了邻村——清华村。清华村原是清华乡，之后改为行政村。村东有远近闻名的扁鹊庙和扁鹊陵，是一个拥有 2000 多人的中型村。我们在村里见到了以前的郭书记，他简单介绍了村里的情况，并告诉我们当时由于乡政府设在该村，所以村里有保留的档案。我们之后联系了现任村长，但遗憾的是没见到档案，只得作罢。

简单参观了扁鹊陵后，我们出发前往屯里村，村里的刘村长接待了我们，还为我们带来了以前在村里担任职务的干部和会计。在他们的帮助下，我们在该村收集了一批六七十年代的档案资料。

最后，我们到达的是风柏峪村。风柏峪村位于中条山半山腰，属于山坡地带。该村的老支书卫宏法爷爷给我们讲述了该村的来历。明朝中期，蒲州有一杜姓地主，见此地有水源，雇人到此开荒耕种，这里开始有人居住。在此之前这里叫桃花涧，之后有一道士到此，改名为龙泉观。随着开荒的人越来越多，地主就将田地变卖给移民，移民就有了个人的土地。由于该地位于两山之间，经常刮风，并且风很大，而当时收割小麦技术很低，速度很慢，大风容易影响小麦收割，村民便在峪口建风伯庙，以保风调雨顺和粮食丰收。由此，村名便沿用至今。近年来，居民大量从山上迁至山脚下，因此也将风伯庙迁至村小学对面。现在的风伯庙，主殿供奉的是玉帝，左边供奉的是龙王，右边供奉的是送子娘娘，并保留有民国五年（1916）重修该庙的功德碑。之后，卫爷爷还向我们展示了他个人保存的有关该村的土改账、土地清账册、人权证和房窑证等资料，这些资料主要是源于当时该村就松林寺与风峪坡的归属问题曾与县里发生争执，最后在卫爷爷的努力下，要回了两地的归属权。尽管在此过程中，他也曾面临很多方面的压力，但最终他还是维护了村庄的集体利益，这也是他保留这些资料以防后患的目的。拍照留念后，我们离开了风伯峪村，结束了今天的行程。

　　总结起来，今天接触了很多的老党员，他们身上共同显现的，是那个时代留给他们的记忆与精神财富。也许他们的很多观点在我们现在的人看来很落后、很保守，但作为历史的亲历者，我们不能站在今天的角度去主观评判当年的人与事，不能简单地断定，他们的思想是好还是坏。历史是被人建构的，作为主体参与者，他们有自己进行解释的权利。那些思想或者观念恰恰是他们那一代人为之奋斗的信仰，也是支撑他们在如今的风烛残年中可以继续生活下去的精神动力，这也正是他们生存的意义所在。因为有信仰，所以能知足，他们其实也是幸福的人。

5月30日　星期五　晴

　　今天的行程主要是集中在古建筑和古碑刻。

　　上午的第一站，我们到达了王官峪村。在王官峪村，我们见到了两块明代的碑刻，都是重修庙宇的功德碑。因为王官峪村正在进行旅游开发，村长告诉我们，待景区开发后，会将"文化大革命"时期拆毁的庙宇重建，并将相关碑刻保护起来，形成完整的旅游资源链条。问及以前的村大队和村庄档案，村长告诉我们，村大队旧址还在，但档案已被当作废品变卖了。我们到旧址看过之后，只能惋惜地离去。

　　接着我们到达了与王官峪村相隔不远的楼上村。楼上村是由楼上和半道两个自然村组合而成的一个行政村落，临近中条山区，土壤贫瘠多沙石，耕作不便，现有1600多人。村内有阎敬铭别墅，是中条山麓一座清代建置的城堡式民居建筑。城堡依山傍水，城墙雄伟壮观，城楼高耸，是乡村中独具特色的清代建筑群。鉴于时间关系，我们没有进入，只参观了外观。在郭老师的耐心说明下，李村长在我们离开之际带我们到村委会的库房中寻找资料，发现了一批20世纪六七十年代的村庄资料，经李村长同意后我们整理带回。

　　转战第三站，我们到达古市营村。接待我们的罗村长告诉我们，古市营村原与清华乡同为一个大队，1976 年分开，旧大队拆除后村委会迁至村内学校办公，2004 年新修了村委会，相关村庄档案资料已遗失。

之后我们去了洗马村和附近的扁鹊庙。洗马村的来历要追溯到春秋晋文公时期，相传洗马村当时有泉水自留，晋文公途经此地，见到地表流有泉水，便在此洗马，村名因此而来。洗马村与现在的清华村相隔不远，清华村原为镇一级行政单位，旧称故市镇。《虞乡县志》载："周扁鹊墓，在县东故市村东。按扁鹊死于刺客在邯郸入秦时，此处似不得有墓。岂虢太子闻变，感其再造之恩，收其骨骸而葬之，与今故市洗马诸村立祠祀之。"永济清华周属虢国。相传在春秋战国时期，此地发生瘟疫，作为游医的扁鹊路经此地，同他的两个徒弟为民煎药治病，有恩于当地百姓。当地人民为了感谢他的恩德，自愿出钱出物为他筹建了一所诊室。又以文房四宝，让他采药配方续写药书。当他稍有立足之地，又应邀两次去咸阳给秦武王看病。扁鹊拜见秦武王，手到病除，使秦武王三日下炕，五日行至宫门下。谁知在他返回渭南途中，竟被秦太医李醯派人杀害。噩耗传来，当地百姓念其恩德，派人到咸阳将其尸体带回，立扁鹊墓留给后人纪念。现存的墓冢高约 1.67 米，墓围周长近 50 米。石碑一通，穹顶，通高 1.32 米，宽 98 厘米，厚 28 厘米。碑座高 35 厘米，厚 39 厘米。镌刻文字可辨识的有"大观元年三月　日杨□信□□重□书扁鹊墓"。大观元年即 1107 年，距今已 907 年，为目前发现扁鹊墓最早者。左侧刻有明代"大明成化九年六月十五日洗马村"，为明代成化九年（1473）重修扁鹊庙补刻。墓碑之北有一株古槐，树中空，据称树龄有上千年。民间有谚语"千年松柏问古槐"。古槐寿长年高，可作为扁鹊墓古来之见证。当地民众流传扁鹊行医于此，扁鹊墓埋有扁鹊遗骨；也有人说此为扁鹊的衣冠冢，埋有扁鹊为民看病爬山涉水所穿的靴子。由于近年来盗墓情况严重，当地政府和文物局已将扁鹊墓妥善保护，没有进行发掘。

位于扁鹊墓东边不远的扁鹊庙分为东西两庙，由来已久。庙中现存石碑，最早的是明万历庚子年的《重修扁鹊祠记》。清代又多次重修，保留有从康熙年间至光绪年间重修该庙的碑刻。民国初年山西省实行义务教育，东乡增设高小一处，县指定扁鹊庙为校址，遂将享殿、乐楼改为教室，周围廊房改作斋舍，角门道院改为教员住室及学生饭厅，其余拆毁。现存民国十七年《重修药王庙碑记》记述了此事和复建扁鹊庙的情况。相传西庙年代较早，规模更大，在日寇侵华战争中遭到战火破坏，文革时期被毁。东庙规模虽小，但保存完好，现为清华中学校址，因其当时作为学生上课场所，从而免于被拆的命运。如今的扁鹊庙即是当时的东庙，主殿供奉有扁鹊神像，近代均有重修，对古迹保留较完整。庙内立有多块碑刻，除了一块明代万历年间，其他多为清代和民国，有些字迹在风吹雨淋中已难以辨认，但依然可以辨识出这些碑刻都是记录重修该庙的功德碑。当地民众在每年农历正月二十日举行庙会，并在前一天晚上就要到庙里祈愿上香，表达对神医扁鹊的敬意怀念之情和安居乐业的愿望。

除了古迹之外，洗马村还有特产——西瓜。洗马村是虞乡镇的新农村建设先进村，郭书记自己就是村内的种瓜能手。见到郭书记后，他先让我们品尝了他种的特色西瓜，这些新品种西瓜比市场上销售的传统西瓜个头要小很多，皮也薄很多，瓤甜多汁，十分可口。郭书记说，他从1984年担任村支书以来，结合本村实际，在村中进行了大的农业产业结构调整。他不仅使洗马村成为永济市的明星村，自己也悉心钻研瓜、杏、菜的栽培技术，在西瓜大棚的设施建设中大胆创新，潜心研究市场，成为永济市少有的"乡土专家"。他经常请专家来村里进行讲座，先后聘请国全国著名的蔬菜专家凌云昕、日本专家野沟伊之助来村里进行技术讲座，带领村民去山东、陕西等地参观学习，高薪聘请地区农业局技术员连续两年在该村坐镇指导。通过培训学习，使村民掌握了种植的关键技术，改变了群众观念，提高了村民收入。

离开洗马村后，陈站长和李主任带我们吃过午饭，开始下午的走访。下午的行程安排较紧，我们先到达了位于虞乡镇最东边的土乐村。但村大队现改为学校，我们在走访后没有找到村庄档案，只好离开。随后，我们走访了石卫村、雷家庄村、庞家营村、三窑村、陶窑村，这些村落由于旧大队拆迁或换届选举等原因，导致村庄档案资料或被偷，或被卖，或被烧，实在令人惋惜。

总结今天的走访，村庄的历史较之前几天更显深厚，文化底蕴也源远流长，特色比较突出。这些历史文物可以留存至今，不仅得益于当地政府和文物管理部门对当地历史文化资源的珍惜与保护工作，同时也体现了当地民众对村落历史的文化认同。正是在这样的文化认同和文化心理的作用下，民众的历史感和对村庄的热爱可以借助实体，如庙宇、碑刻、民居等得以延续，从而形成良性循环，这也算是村庄的一笔精神财富吧。

八月虞乡镇田野日记

张　熙[*]

2014 年 8 月 10 日到 14 日，在社会史中心胡英泽和郭永平两位老师的带领下，山西大学中国社会史研究中心的博士研究生梁锐、硕士研究生李晨阳、张爱明，以及历史文化学院的 6 位本科生张熙、陈慧琴、任耀星、贾佩、彭玥、武学茹奔赴永济虞乡镇进行暑期田野实践活动。

8 月 11 日　星期二　阴天

今天是永济虞乡田野调查小队开始田野调查的第一天。各位同学都饱含激情，我则只心想着如何才能有充当小学生的勇气。出行前则暗自打算，这次田野调查纯粹甘当小学生，虚心求教，仅此而已。早饭毕，我们在虞乡镇政府工作人员的陪同下，先来到了三晋柿子第一村的西坦朝村。大概八点半，我们来到了西坦朝村的柿树协会，拜访了里面的几位村干部，而我们的访谈也是从一位姓张姓支部书记开始。

据我观察，房子结构貌似不是坐北朝南，可能与气候有关。经过一番嘘寒问暖与客套之后，胡老师给我们示范如何进行访谈。胡老师从村庄由来、村庄结构、重大事件、村庄的权力斗争以及村民生计方式等角度进行提问，既提纲挈领式，亦有针对性的提问，经我整理如下：

1. 关于村庄由来：据张书记介绍，西坦朝村原来不叫西坦朝村，而是叫西方山区。后来不知何故改为西坦朝村。在村名变动期间，西坦朝村经历了很大变化，比如大树砍伐、水井干涸、风沙加剧等。但张书记也只是略微提到了。

*　张熙，湖南省怀化市人，2012—2016 年就读于山西大学历史文化学院，获学士学位；2016 年至今为中共中央党校在读硕士。

2. 关于村子的结构：据张书记口述，西坦朝村是一个杂姓村，张、王为两大姓。此外较大的姓氏还有马氏、郭氏、谢氏等。其中张姓势力最大，人口最多。而论经济实力，则是马姓和王姓最强。主要依据是这两个姓氏在土改时期成分高，均被划为富农。其中马家代表是马步山和马富集。据书记所说他们当时只是被划为富农而不是地主。

> 问：当时怎么划分成分的？
> 答：雇长工的是地主，雇短工的是富农，上中农和中中农可以自力更生，下中农和贫农、雇农生活比较贫困。
> 问：那您家当时是划分成什么？
> 答：下中农。
> 问：那当时村中有地主吗？
> 答：没有。只有富农。

通过张书记的讲述，我们可以基本了解当时村中的姓氏结构以及成分划分。但是口述与资料记载略有不同。根据文献记载，西坦朝村当时是有两家地主的，其中马步山家因为土地多被划为了地主。从此也可看出被访谈者可能因为记忆原因对历史有认知偏差。

3. 关于该村的农业发展。我们进村时就看见村口的牌匾写着西坦朝村是三晋柿子第一村，料想本村的柿子一定很出名。故对该村的柿子树种植方面进行了一番询问。

> 问：西坦朝村的柿子树是不是有自己的特色？
> 答：有。因为色泽和味道都好，所以给它取名叫胎里红。
> 问：那村里的柿子树种得多吗？
> 答：解放前种得少，现在柿树也发展缓慢。

张书记向我们介绍了西坦朝村柿树的种植历史及收入情况。种一棵柿子树需要经过三四年才能结果，但西坦朝村也正是凭借这一特色农业种植才发展了村里的经济，增加了村民的收入。村民过去一个月收入平均300多元，现在有800多元，与柿树的种植是密不可分的。但是近年来由于水位下降，生态环境恶化，很多柿子树难以存活。

> 问：毛泽东时代有无卖柿子树的？
> 答：有。
> 问：土改的时候柿子树是怎么分配的？
> 答：把富农的柿树平分。

从张书记的回答中我们进一步了解到土改时期村中的情况。当时柿树的多少是衡量成分的标准之一。富农被分的柿树后来据说是不了了之，没有归还。由此也可见柿树在土改时候的重要性。而现在，柿子树的用途也很广泛，有部分村民拿柿子酿酒、酿醋。

4. 关于村子的重大事件。胡老师由柿树引申到了土改时期的重大历史事件，让我们了解到当时因为成分问题，富农被分了坏田，而贫农、雇农则被分了好田。好田和坏田的差距很大，好田一亩可产400斤，而坏田一亩则只有50斤。另外还涉及了"文化大革命"时期的运动事件。据张书记口述，那时有工分虚高的现象，很多人因为出工就能记工分，所以干活懒。检查的人来的时候挥舞锄头干两下，检查的人走了就又偷懒了。因为出工一天就有10分，所以工分都挺高。但因为偷懒导致效率低，所以高的工分无法得到应有的报酬，从而产生了工分虚高的现象。可以见得，工分制度对当时村民的生产积极性有着很大的关系。

最后张书记还跟我们讲了一些村子的自然环境问题及其个人家庭发展历史，强调改革开放后的一些变化。至于分田问题，则在改革开放之后不再存在，村子也由穷变富了。其家庭以前虽然并不富裕，但是在这之后也变好了。

9：15分，由于张书记还要开会，故而只能暂时停止访谈。本想进一步了解张书记当年当赤脚医生的事迹，也只能作罢。随后我们便访谈了在场的马书记。

这位马书记也是村里的精英，他进一步为我们讲述了西坦朝村过去发生的一些事情与他的个人经历。因为所谈甚杂，故而我未经整理，记录如下：

问：村里有没有移民？

答：本村没有，但是周边很多村庄有移民，因为受灾受荒所以来了逃难。

问：村中土地分配什么时候确定的？

答：1994年之后分地确定，由责任田变为长期田。

从问答中我们可以知道村中的基本结构问题，本村人居多，外来移民很少，而且1994年之后土地分配完毕，不再流转。每家都承包了一定土地，并长期经营，自负盈亏。这无疑有利于民众生产积极性的提高。

问：村里有部队来招过兵吗？

答：来过，我1973—1979年当过兵。

问：您当时是在哪当兵？

答：在二十七营，当高炮兵。

问：那您什么时候当的干部？

答：1983年。

问：1973年您的部队有多少人？

答：400多人。

从马书记的回答可以看出他的个人经历还是比较辉煌的，因为毕竟当兵在那时是很多人认为光荣的职业。据其口述可知，当时村子阶层流动性低，想要流动只有三条途径：当兵、上大学和招工。所以当征兵的指标下来时，村子里的男性都愿意去当兵，且招女兵。而马书记也向我们讲述了他当兵的故事，我们问及他最苦的时候，他很骄傲地告诉我们是在唐山抢险的时候，也是他最艰辛的时候。此外，马书记还说他是1975年在部队入的党，且当时的政审相当严格，成分是重要的影响因素。至于当兵的条件，马书记回忆说只需要过了体检就可以了。1983年，马书记开始了他的干部生涯，一直干到了2005年。

此外马书记还给我们讲述了一些村里信仰方面的问题。我们得知村里的信仰很多很杂，有药王庙、土地庙、玉皇庙，清华村还有扁鹊庙。因其叙述简略，故而不做赘述。

值得一提的是本村的柿树——胎里红的发展情况。马书记告诉我们这个品种是从外地引进的。

> 问：胎里红是本村就有的吗？
> 答：是从外头引进的。
> 问：那是从哪引进的？
> 答：过去一个浙江人带来的。

据说后来很多外地人都来西坦朝村买柿子，一箱45元，卖到上海则一箱75元。一天最多的时候发18趟车，发给外面9个省。村中种柿子树的土地有300多亩。马书记也能坦陈地告诉我们，10年前这个村子也开始衰落了，其原因在于各地种柿子树的太多，竞争优势也不存在了。

> 问：正常时候胎里红是多久成熟？
> 答：八月二十日（农历，以下皆为农历）之后就成熟了。
> 问：那现在早熟了多久？
> 答：八月十号之前就熟了。
> 问：那来运柿子的人是什么时候来？
> 答：八月一号之后就来了。
> 问：这些人从哪里来？
> 答：浙江、四川、山东、河南等地的都有。

从马书记的回答中可见，西坦朝村优势渐渐失去。农历八月二十日之前的柿子还是青的，没到成熟期。此外，柿树由于私人种植，没有规划，种得最多的人家有20亩柿子树。

此外，马书记又进一步谈了西坦朝村的成分问题。土改的时候村里最高成分只是富农，周边村落也很少有地主。村里的好地则集中在村北；差的则在山上。关于自然环境方面，马书记讲述了村里水井变化历史。村里原有80口水井，可惜现在都成沙地，没有水了。究其原因，主要与生态环境破坏有关，是砍倒大树，水土流失，水位下降导致的。

问：您认为的"文化大革命"是在什么时候开始的？

答：1966 年开始。

问：那您认为什么时候结束的"文化大革命"？

答：1974、1975 年的样子。

问：您认为结束的标志是什么？

答：反右的帽子被摘掉后。

问：村里成分高低对粮食分配有无影响？

答：没有影响，是一样的。但是政治派分就不一样了。对四类分子则很严苛。

问：村里当时有几个当兵的？

答：四五个，有一个是女的。

问：那怎么招待那些当兵的？

答：固定睡觉，轮流吃饭。

问：您认为"四清"运动怎么样？

答：不太清楚。

问："文革"时是否经常开会？

答：是的，经常开批斗会，因为政策原因。

问：当时开会是不是有很多类型？有学习有批斗的？

答：是的。

通过最后单刀直入的问话，我们又进一步了解到毛泽东时代重大政治事件的历史情况，此外马书记还透露了男女工分不一样的情况，女的比男的少，男的锄草女的施肥。而那个时候的农具需要到专门的地方买。家里也没有多余存粮，所以很艰难地过日子。最后，马书记还热情地让我们品尝了由胎里红酿的醋，其味道确实带有一丝甜味。我们的谈话也在欢声笑语中结束了。

随后，我们一行人乘车来到东坦朝村，参观当地民间收藏家王理先生的私人收藏，真可谓大开眼界，种类之多，藏品之精，令人震惊。在此也不做多余赘述。

午饭毕，在饭店稍作休息，下午 3 时各位同学被分配到了不同的村子。我与同伴选择了洗马村，原意是想了解扁鹊庙的情况，后来却是另一番情况，我于后文介绍。我等一行人来到了洗马村村支书的家中，村支书姓郭，名管管。当时郭书记刚好午休完毕，正于室内看电视。其院内种有大树，十分凉爽，令人心旷神怡。郭书记热情地邀请我们进屋，请我们就坐，并与我们开始了交谈。

这次访谈内容比较明确，想了解村里的医疗卫生情况，顺便了解扁鹊庙的情形。但是我们还是先从洗马村的历史询问起，想了解洗马村的由来。郭书记谦虚了一番，便为我们讲述了洗马村名字的由来。郭书记告诉我们，洗马村村名由来有两种说法，第一种说法是春秋时晋文公路过这个村子时洗过马，故名洗马村。第二种说法是以前这个村子里有一个当洗马官的官员，所以这个村子就以他的官名命名。据郭书记透露，村子里的人大多数比较相信第一种说法。我暗自揣摩，从历史悠久角度来说，自然会相信第一种说法，因为第二种说法的洗马官是秦汉之后才有，这对历史时间的长短影响是很大的。此外关于村子里的姓氏结构，郭书记告诉我们村中李姓最多，占了半数；其次比较多的有张姓、王姓，郭姓则比较少。郭书记告诉我们全村有 2080 人，泉水十几眼，在虞乡镇中算是个大的村子了。

接着则进入了这次访谈的主题，我们先从扁鹊庙入手。

问：扁鹊庙是怎样一回事？
答：过去有一个医生，河北任丘人，为了纪念他就修了庙。
问：那个医生是死在这儿吗？
答：不知道。

从郭书记的回答中我们了解到扁鹊庙在洗马村的历史，但是郭书记却坦诚相告扁鹊庙和洗马村并无关系。当时的洗马村是由三村四社合资建造的。三村是指洗马村、庞家营、石卫村。而庙会则在农历正月二十，洗马村每隔三年主持一次。扁鹊庙一年香火钱在 10 万元以上。"破四旧"的时候遭到过破坏，于 2000 年被文物局收回管理。

问：有没有人去祭拜？

答：经常有人。

问：灵验不灵验？

答：这个就是多抽几签，上面的签文往往是模棱两可的话，怎么解释都能解释通。

郭书记告诉我们，庙会之前都是从初一拜到二十，去祭拜的人都是有事乱求神，有病乱求医的。并劝告我们这是迷信，不要太相信了。此外，关于村中年龄情况，郭书记告诉我们 90 多岁也并不算高寿，现在村里有 3 个 90 岁以上的，都是女的。80 岁以上的则有十几个，女多男少。

问：村中平均寿命是多少？

答：不清楚。

问：和毛泽东时代相比是不是提高了？

答：不见得。

郭书记说，村里的卫生所建立于 20 世纪 60 年代，1961 年有了合作医疗，清洁卫生。但是自从改革开放，责任下放后，医生考虑工资问题，而不再负责清洁卫生。由于郭书记本人曾经学过兽医，也学过一点点针灸，他告诉我们赤脚医生一天 10 个工分，而且那时候收费低，大部分是村里集体给他（她）补贴。那时候村里有 5 个赤脚医生，男女都有，现在还有 4 个在世，死了一个男的，其中 3 个在村里。关于医疗条件不如从前的原因，郭书记告诉我们是观念变了。以前毛泽东时代都是本着为人民服务的观念，现在呢？则是为了钱。郭书记如实相告：经济变了，人的境界也变了。加上现在的人体都有了抗药性，对抗生素之类的药有了抵抗性，药物治疗效果也自然不如从前。至于如何改变这一现象，郭书记再三强调，一是普及农村卫生知识；二是加强农村医生培训。而在郭书记眼中，医疗方面还是国家管理比私人承包要好。

关于洗马村的环境，郭书记告诉我们现在的人家里条件好了，所以也不种树了。至于原因，一方面是懒，不愿意打扫落叶；另一方面则是树带来的好处，空调也能替代，所以家中宁愿装空调也不愿种树。但是郭书记却再三表示，院中一定要种树，这事关水土保持以及环境保护。

郭书记还教我们怎么辨认老房、新房，凡是家中没树的都是新房，家中有树的都是老房。这一言论令我们震惊。郭书记最后提出了"建路必有树"的观点，认为修路一定要种树，不然环境搞不上去。

最后我们在对现实政治的评述中结束了这次访谈，郭书记还带我们参观了他圈养的山羊。我们也就此告别了郭书记，启程返回。途中经过了扁鹊庙，参观了里面的几座大殿。有观音庙、药王庙、扁鹊庙。庙里有几块碑，外面的几块由于是沙石材料，风化严重，虽为清朝所立，但已经模糊不清。里面靠近厕所之地另有一块碑，材质好，虽然是明代弘治年间所立之碑，碑文依旧清晰可认。其内容大体是关于大明山阴王的家谱与生平经历。老师嘱咐我抄录碑文。

晚饭毕，我们于 7：30 进行总结会谈。小会上，每位同学都诉说了今日在访谈中出现的问题，我也提出了三点问题，其中最严重的还是听不懂方言的问题。这也是无法解决的客观现实，只能多听多想。会上，老师对明日的工作做了安排，我则依旧坚持去洗马村，主要想进一步了解赤脚医生之状况。

总结与反思：今日之行，令我颇多感慨。不得不承认，语言问题是交流沟通的第一大难题。我是南方人，对北方方言着实不通，故在访谈中，有大量不懂的语音，难以记录。此外，我也发现，每位同学对被访谈者的话语理解各不相同，例如今早张书记讲关于沙石方面的问题时，4位同学有 4 种不同的解释，可见语言问题对访谈的影响之大。总之，今日之访谈是个人之教训，务必谨记语言之难题与自己心中的问题意识，以后多加注意。

8 月 12 日　星期三　阴天

早饭毕，8：20 左右乘车至虞乡镇洗马村卫生所，同行 4 人。在县政府工作人员的带领下，欲寻找本村在毛泽东时代担任过赤脚医生的李医生。恰巧我们到时，李医生正用早餐，我四处闲逛等候之余，发现卫生所除李医生外，还有一名年轻医生，此外有 4 张病床。不久，李医生早饭完毕，我们告知来意，李医生很从容地请我们就坐于屋内，与我们闲谈起他的个人经历以及村中情况。

李医生十分和气，见我们是学生，非常友善地与我们交谈。我们亦客套地问候其家庭情况和身体健康，闲话毕，则开始正式交谈。我借故四处观察，见李医生家中墙上贴得一幅字画，显示友人赠与李存法先生，也就是这位李医生。又见其后院宽敞，有自己菜地，家中摆放干净简洁。由于这次的主题是关于洗马村医疗卫生的情况，故话题较为轻松，其重要信息经整理如下：

1. 李医生个人经历。李医生父辈并无医生经历。他在王村上过高中，于1974年回到村里，属于毛泽东时代在村中的文化人。后来，在永济培训过一年，1975年就开始当赤脚医生。同时期有6个赤脚医生，年纪最大的有80多岁，李医生是他们当中最年轻的一位。值得注意的是，6个赤脚医生中，有一位女医生，其个人经历值得关注。其中李医生也提到在当时想当赤脚医生的人并不多，至于原因则未有涉及。李医生可以说从1975年后做了40年的医生，一直没转过行，坚持留在了保健站，女儿可以说继承了他的事业，在镇医院当了医生。与众不同的是，由于李医生学历高，他在当赤脚医生期间同时兼职老师，他说这是为了人民健康以及教育发展。李医生也是当时6位赤脚医生中唯一坚持到现在的。另外还有一位在世的医生，据说是因为嫌医生赚不了钱而不再干医生这行了。关于收入的话题，李医生并没有向我们回避，而是为我们讲述了他在"文化大革命"期间的收入情况。

> 问："文革"时候您当医生国家有补贴给您吗？
> 答：没有补贴，只有工分。一天10分。
> 问：那您的待遇和其他人一样吗？
> 答：和普通农民是一样的。

据李医生口述，他那时一天可以赚3毛钱，一年下来也可以赚100多元，此外还有看病的费用，其收入在那时比一般农民其实是要多一些的。而自从改革开放之后，保健站干不下去了，垮了，原因是挣不了钱，但是李医生依旧留在了卫生所里。此外他还有一亩多地，种植小麦和玉米。一亩地年收入1000多块，国家补贴140多块钱，加上参加了合作医疗，补230元左右，收费60元。每年毛收入有七八万，除去开支，每年净赚1万多，但这其实并不算高。

2. 洗马村的医疗状况。据李医生口述，他不太好判断邓小平时代和毛泽东时代医疗水平的变化究竟如何，即无法以好坏为标准简单评判，可以说有进步也有退步。但涉及具体情况，李医生则从以下几方面为我们较为详细地介绍了其变化情况。

首先，从村民求医的变化来看。毛泽东时代看病的人显然没有现在看病的人多。那个时代主要是结核病患者比较多，其原因跟饮食方面有很大的关系。大概是因为伙食较差，并不卫生，致使食物感染病菌，进入人体内部，导致患病。而那时的结核病必须要依赖于青霉素，可惜那时青霉素不多，一年只有5盒，故其患病者比较难治愈。除了结核病之外还有呼吸病和感冒比较常见，但并不算非常棘手。然而现在，据李医生所讲，现在的人则是什么病都要去医院看病，最常见的是高血压。与之前的结核病相反，现在的人是吃得太好了，里面的油脂含量过高，从而容易得高血压。至于为什么现在的人得了病就往医院跑，而且是大医院，一方面是因为交通条件变好了；另一方面可能跟人的心理因素有关。现在的人比以前的人更怕得病，且体质有所下降，动不动就要寻医治病。此外，为了详细讲解毛泽东时代的医疗水平情况，李医生为我们讲述了一个18岁患者患呼吸病因没有得到正确救治而死亡的病例，意在告诉我们当时不仅医疗条件不到位，且人们的医疗意识也淡薄。

问：现在得病的人是吃西药多还是中药多？

答：现在是吃西药的多。

问：那还有吃中药的吗？

答：也有，但是越来越少。

从李医生的回答来看，我们可以判断，以前采草药的医师较多，和中药用量多有关。后来西医引进后，村民越来越倾向西医，并非村民喜新厌旧，可能与中药导致的误诊与药效不够有一定关系，故而市场越来越狭小。据李医生所讲，现在几乎没有人再采中草药了，因为赚不了钱。

其次，从洗马村妇女接生的方法来看。以前为妇女接生的自然是接生婆，用的是旧法接生。中华人民共和国成立之后，逐渐推行新法接生，正规的医生逐渐取代了接生婆。但这并不是一蹴而就的，是经历了一个长期的变化。其成功转型的标志一是接生婆参与正规接生方法的培训，转职为正规医生；二是越来越多的村民接受了新法接生，而越来越少的人选择接生婆。这看上去很简单的现象李医生却给我们进行了很详细的解释：

> 问：为什么新法接生的医生可以取代接生婆？
> 答：因为一个是接生婆给人接生时工具未消毒，容易感染破伤风。另一个是村民认识水平提高，思想觉悟提高，相信医生。
> 问：那原来的接生婆有没有去参加医生培训的？
> 答：有。而且后来也就没有接生婆了。

从李医生的回答来看，我们可以总结出接生婆的淘汰很大程度是因为接生方式的落后，留有大量隐患。尤其是对破伤风的防护不够，致使村民对其信任度逐渐降低。与之相反的则是新法接生的医疗水平不断提升。此外宣传也起了很大作用。在促使村民观念转变过程中，医疗宣传是相当有效果的。

再次，从洗马村卫生运动方面来看，中华人民共和国成立后，除了讲卫生宣传方面，还开展了一项项运动：

> 问：您还记得当时除的是哪"四害"吗？
> 答：有老鼠、苍蝇、蚊子，一开始有麻雀，后来就没有了。
> 问：也就是说"四害"实际上只有"三害"是吗？
> 答：在我们那时就是这"三害"。
> 问：那也没有人根据咱们村的情况把"四害"改为"三害"吗？
> 答：没有没有，还是叫"四害"。

从李医生的回答不难看出，当时很热闹的运动之一就是"除四害"运动了，但在洗马村并不是上面传达下来的四害，而只是除麻雀之外的老鼠、苍蝇、蚊子三害。这虽与中央精神不符，却符合本地的情况。除了"除四害"运动之外，洗马村也积极进行了改造厕所工程。

> 问：当时您们村在改造厕所工程当中有没有评上先进？

答：评了先进，我们村当时是做得最好的。

问：那改造厕所工程有没有什么意义？

答：以前人拉屎都拉在外面，后来都习惯拉在厕所。

可以看出，洗马村的讲卫生运动中取得了明显效果。另外，本村医疗卫生进步的一个重要表现是洗澡方面的变化。李医生告诉我们，以前的人从不洗澡，最多也只是拿水擦一擦。后来开始洗澡了，但并不是到澡堂洗，因为洗马村目前依旧尚未有澡堂，而是很多人家都装上了热水器。

除此之外，还有一点值得注意的是求神拜佛现象增多。据李医生讲，这几年来拜庙的人数增多了，究其原因，则可以归结于看不好病所致。也可以推测出一个事实就是现在看病的人多了，但是看不好病的人也多了。有越来越多的人因为看不好病，转而求神拜佛，企求药王的保佑。在洗马村，最突出的是对扁鹊庙的祭拜。扁鹊庙的历史已经记述，故今日未多问，只问了关于扁鹊庙是否灵验的问题。李医生说，拜神者无非心存侥幸心理，故而扁鹊庙香火旺盛，参拜人多。我对此理解为拜神灵则更信，不灵则视为理所应当，无妨信仰，依旧拜之。

最后，关于合作医疗方面。合作医疗是改革开放之后的新型医疗制度。由于李医生坦诚自己是村里负责合作医疗的人，对我们讲述了一些洗马村合作医疗的具体情况：

问：合作医疗每个人交多少？

答：60元。

问：国家补贴多少？

答：230元、240元左右。

问：加入合作医疗的人每年可以取多少钱的药？

答：40元。

问：合作医疗都是自愿加入的吗？

答：都是自愿的。

问：那合作医疗覆盖了全村吗？

答：覆盖了。

此外，镇里面一年会派人下来两次给村里老人检查身体，市里和镇里还经常会下来人检查合作医疗的情况，包括医疗器械、药品等情况，进行考核。但值得注意的是李医生并非村里干部，并坦言这事相当复杂。

以上情况看上去都是有利于医疗水平发展的变化，但是当我们问及李医生对这几十年来公共卫生搞得是否更好时，李医生只是告诉我们，一个时代有一个时代的特点而已。究其原因，依旧可以从人心变化角度和环境破坏方面理解。据我们观察，村子里很多地方堆积了垃圾，而李医生告诉我们村里的垃圾隔几天才有人清理一次，将垃圾收集直接扔到山上，也未做处理。这或许算得上社会发展带来的环境破坏的副作用吧。现在的人因为都想赚钱，故医德难存，医生由于难赚钱也都弃之不顾。李医生坦言，从平均寿命角度来看，村民的平均寿命确实比以前长。但据他所说，村中现在并无健在的90岁以上的老人，唯一的90岁以上老人前年就已去世。

3. 洗马村环境的变化。除了之前谈论的垃圾处理问题外，李医生还谈论了洗马村井水变化的问题。改革开放前，洗马村有几十口井，还有喷泉。但是改革开放后，一口井都没有了，至于原因，李医生则解释为水位下降。

> 问：为什么井水都没了？
> 答：水位下降。
> 问：跟环境破坏有没有关系？
> 答：不是环境破坏，主要是整个水位都下降了。
> 问：周边的树是不是都砍没了？
> 答：是的。

从地理角度分析，虽然李医生不认为井水干枯与环境破坏有关，但据我们分析，水位下降的主要原因之一是砍树太多，导致水土流失，引起水位下降。另外据我们推测，生产用水的增多也是原因之一，但并不构成主要原因。

除此之外李医生还向我们讲述了洗马村"文化大革命"时期的历史，我记录于反思当中，这里不进行叙述。最后，李医生询问了我们的情况，他对我们的来历也有了大概的了解，我们也表达了对其健康的祝福以及对其爱岗敬业精神的由衷敬佩。对话也在最后的闲谈之中结束。拜别了李医生后，也就宣告了上午行程的结束。

午饭毕，休息了半小时，我们乘车南下前往永济雪花山风景区的石碑区，同行共9人，约3：30左右到达目的地。到达目的地时，天降中雨，故游人极少，除我们几人外，并无其他游客。今天下午的目的是看碑、抄碑，收集文献资料，为今后的田野调查工作奠定基础，同时也培养我们本科生读碑的能力。

来到石碑区之后，由于雨势较大，立于外面的石碑大多都打湿了，故而拍照效果较差。且大多数碑由于是沙石材质，风化较为严重，多数字迹难以识别，增加了读碑难度。大部分的碑乃是清朝时勒石，比较早的也不过是明朝洪武年间所立。碑上所刻内容大多为纪念某人功德，也有部分是为妇女所立，所以大部分的碑都乃功德碑。理论上功德碑的意义并不太大，但是雪花山区由于碑石众多，碑上题名之人众多，故可从中窥探一番当地的亲属关系以及姓氏情况。然而由于我们对读碑的方法掌握很少，只能老老实实抄碑，尽量尊重原文。此外，这里蚊子较多，着实咬得令人浑身发痒，故待不得多久，便转而寻访立于檐下之碑。经过同伴们的一番清点，共清点出15块碑，我们9人，遂被分为三组，每3人负责5块碑，我与学姐、任同学一组，共同负责最左边的5块碑。我所抄第一块碑石为"特授乡饮耆宾赵公德寿碑"，碑高164厘米，宽66厘米，厚12厘米，为清嘉庆十七年（1812）所立，碑上表彰赵怙的功绩，他是进士出身，碑为亲族好友共同为其所立。此碑年代较近，且保存较好，故而字迹容易辨认。我所抄第二块碑是"待赠孺人李张氏德寿碑"，其碑高168厘米，宽65厘米，厚13厘米，为乾隆五十八年（1793）所立，亦为妇女歌功颂德之碑。此外还有其他功德碑，在此不再赘述。抄碑毕，又简单询问了一下这些碑的来历。据景区的保安透露，这里的碑来自各个不同地方，原为私人老板从外地买进，最贵的一块是汉白玉碑，价值400万元，可谓价值不菲。此外这里的古玩之物亦都是私人老板所购赠。当初花费3亿多，现价值20多亿元左右。5：40左右，景区要下班，我们不得不离开。

晚饭毕，我们于8：30左右再次开会，总结今日之行程。各位同学依旧提出在访谈时遇到的一些问题，如对访谈技巧的掌握不够以及对访谈对象之人口述不成系统的困惑。老师替我们答疑解难，告诉我们遇到的问题都是正常现象，并嘱予我们在日记中记录下来。面对同学们对田野日志与调查报告的困惑，告诫我们要从最简单的整理访谈内容做起。从同学们的问题反映当中，我也有自己的一些体会与感悟，就与同学进行了分享。接着谈论了明天的工作任务，所有同学都坚持去原来的村庄。我亦选择坚持去洗马村访谈另一位赤脚医生。

总结与反思：从今日之行程可以发现许多问题，收获较之昨天虽然更大，但是问题也越多。从收获方面来看，自然是对洗马村的医疗卫生方面有了进一步的了解，并对该村的信仰也有了进一步的认识，为我之后撰写调查报告奠定了基础。我也感受到了村中老人的友善与健谈，比昨日更能有效地理解老人所说之内容，相比昨天有了一个巨大的进步。然而共性的问题方面也凸显出来，首先就是基本情况不了解。例如在访问李存法医生时，李医生告诉我们"文化大革命"中很多人被"扣帽子"现象，而同伴则问帽子之颜色，主要是对当时的历史脉络不了解而引发的笑话。自己也对洗马村生产状况不够了解，不清楚水位下降方面的问题。此外则是访谈技巧的问题，提问的时候用到一些学术术语，反而令被访谈对象不理解。再有则依旧是语言障碍的问题，导致所记录之事甚至与被访谈者原意可能有出入，故而也不知记录能否如实反映被访谈者的意思。我只能通过学习，去不断加深自己对访谈者口述的理解。总而言之，今日之访谈确实给我留下了很深的印象，收获大于教训，虽有诸多问题，也需迎难而上。

除了访谈之外，对于抄碑也有一番总结。老师告诉我们，内行看碑能分析总结出姓氏分布情况，用通婚圈、市场圈的理论进行系统的分析。而我们没有专业老师的指点，对于碑文都难以通读。

8 月 13 日　星期四　阴天

早饭毕，于上午 8：30 乘车来到虞乡镇洗马村，40 分钟左右，同行五人，在县政府工作人员的带领下，欲寻找本村担任过女赤脚医生的老奶奶，不曾想老奶奶去了清华村，一时无法寻着人影，故转而寻着一位虽无医生执照却能为村民看病的陈医生。

由于陈大爷当时正好赋闲无事，且又有行医经历，我们便与陈大爷进行交谈，向其询问一些关于解放之后的个人经历、村中医疗情况，以及"四清""文化大革命"时期村中生产状况等问题。

我四下观察，可以看出陈大爷家并不富裕，院子里没有围墙，有一口水井，家中蓄养鸡，有孙子、孙女两小孩在家，老伴在一旁洗锅做家务。

陈大爷见到我们非常高兴，并邀请我们坐在院子里详谈，我们也关切地问候大爷身体情况，再切入我们这次想访谈的主题。陈大爷看到我们如此积极好问，便说出了我们询问的重要信息。现经我整理如下：

1. 陈大爷学医经历。我们一开始先询问陈大爷的医疗知识从何学来，是家传还是师承？

问：您家中曾经有过学医的吗？
答：从来没有。从我开始。
问：那您的医疗知识是向谁学的？
答：是跟一位给国民党军医学过治病。
问：那您跟他学的时间长吗？
答：没多久，不是很长。

从访谈中我们可以看出陈大爷本人并未受过规范系统的医疗知识的学习，而是从年老的医生那学习一些基本的医疗原理。但这些医疗原理足以让陈大爷在村中给得一般病痛的村民看病治病，且据他所说还颇有效果。令我们吃惊的是，陈大爷对医疗原理有非常专业的认识，对很多病症都有极其详细的解释。但可将其原理归为两类，一类是正规医疗原理知识，如对脑血管、心肌梗塞等病痛原理的解释；另一类则属于民间偏方，如对按摩、推拿的解释与运用。其中值得一提的是陈大爷对偏方的运用。据他叙述，那时候（改革开放前）很多病痛在医院检查不出来，找不出原因，让他按摩穴位一番或者用他的偏方就能立马治好，例如拉肚子等病痛：

问：您治过的病有哪些？
答：比如拉肚子，在医院找不见原因，我看他（她）拉的是红痢还是白痢，如果是红痢就用白糖，是白痢就用红糖，很快就好了。

问：那按摩有没有用呢？

答：有用。有些人风湿痛，神经疼，我给他（她）的穴位进行按摩还有腰腿按摩，很见效。

由上可见，陈大爷的偏方在一定程度上能起到作用，而且见效快，比医院看病服药效果更好。而且据他讲，那时候有村民相信他，虽然他没有医师资格证，但也有不少村民来找他看病，他对看病的村民分文不收。但也会有人给他孩子送点礼品之类，这并不影响他对病人态度。陈大爷不收钱的原因则如下：

问：您看病收钱吗？

答：免费的，不收钱。

问：那有人给您送礼品吗？

答：也有，但是这是随意，无论送不送我都会给他（她）好好看病。

问：那您为什么不收钱？

答：因为我不是医生，收钱就是违法的。

可见陈大爷在村中非常受村民信任，尽管陈大爷的初衷可能是因为收钱违法而不敢收费，但至少给村民免费看病的客观现实是令村民感激与信任的，这点可以从陈大爷治好的病人以及"文化大革命"之后的经历看出。

问：您有没有计算过治好过多少人？

答：大概20多人。

问：这些人中是什么人比较多？

答：小孩少，妇女比较多，而且多是抵抗力比较差的人。

一般而言，出于性别考虑妇女不大会找男医生看病，然而从大部分是妇女找陈大爷看病可以看出，村民对陈大爷的信任。需要注意的是陈大爷从来不是村中唯一的医生，也不是第一个医生。据说村中第一位医生是韩医生，而陈大爷只是非专业的医生之一。陈大爷的医疗水平除了跟那位给国民党军军医学习之外，很大程度上是自学而成，这从他直接配置的诸多秘方可以看出。

问：您有什么偏方吗？
答：有，我自己 20 多年的腰腿疼，一直没治好，我自己配了一种药酒，用 3 条蜈蚣和一些蝎子泡一斤药酒，喝了 6 天就好了。
问：您这偏方是祖传的吗？
答：不是的，是那位给国民党军士兵看病的老医生给我的。

这中间与众不同的是，一般来说都是医不自医，但是陈大爷不仅给自己用药酒治病，还用偏方治好了他老母亲 30 多年的老病。从这可以发现，从信任度来说，正规医院的信任度或许高于民间非正规医生，但民间偏方往往能治愈医疗仪器所不能检查出来的毛病，这或许就是陈大爷多年来一直能得到村民信任的重要原因之一。

2. 洗马村医疗卫生发展情况：一般来说随着时代的发展，科技会随之进步，社会各方面也会得到相应的进步，但是医疗条件却有诸多例外之处。根据陈大爷所叙述，洗马村的医疗条件经历改革开放之后，不能说是全面进步，只能说是一种不同于毛泽东时代的医疗情况。具体来说可以从医疗人员、治疗效果、病种、观念等诸多方面来解读这一时期医疗情况的变化。

从医疗人员的变化来看，在毛泽东时代，村中的医生有赤脚医生，也有保健站里经过正式培训有资格证的医生。而经历改革开放之后，医疗下放到个人，有部分赤脚医生转变为正式医生，但也有一部分村民承包了保健站，成为新时代的医生。然而无论是由赤脚医生转变而来的医生还是新的医生，大多得不到村民的认同。

问：毛泽东时代的赤脚医生赚钱吗？
答：他们都只记工分，一天 10 分，另外每次收费 5 分。
问：那改革开放之后那些人还干不干医生呢？

> 答：大多数不干了，因为赚不到钱，村民都到镇上、市里看病，没钱赚。

由此可以发现，改革开放之后的一批医生，其思想观念也发生了很大变化，由以前的行善转变为赚取经济效益，故而实际医疗效果并未有改善。

从治疗效果来看，改革开放之后，更多的村民愿意去镇上的医院看病，可以反映出洗马村本村的保健站医疗水平确实不高。需要注意的是，并不是大病才去镇上看，小到头痛感冒发烧都愿意去镇上的医院看，这体现了医疗观念的转变。

> 问：毛泽东时代和邓小平时代的主要病症有什么不同吗？
> 答：毛泽东时代多为头痛、感冒、发烧病，现在大多是脑血管、心肌梗塞之类的病。
> 问：这些病治得好吗？
> 答：有些能治得好，有些也治不了，突然间就死了的也有。

陈大爷还向我们讲述了一个具体案例，就是前年一个村民因为心肌梗塞突然死亡的事情，以此展示了现在的病症多为以前所没有，而村民也没有相应的医疗知识，不知道怎么应对这一新型的病症。

从观念上来说，陈大爷告诉我们村民以前十分信任赤脚医生，而如今对保健站的医生不如以前那样信任，究其原因，只能从村民观念变化中去思考。

3. 陈大爷家庭在几十年间的变化。从陈大爷的"从医"经历又进一步折射出陈大爷家庭遭遇。土改之后，陈大爷告诉我们他们家被划分为中农。陈大爷父亲是木匠，小学学历，而陈大爷自己也从 19 岁开始做工人，家中有 5 亩地，种植小麦、玉米，亩产三四百斤，还是收成好的时候。而现在一亩能产 1000 多斤，玉米亩产 1100—1200 斤。他家被划为中农后，没有被批斗。"文化大革命"时期，村里都在批斗，但他从来不参与，生产队长找他去他都不去。

问："文革"时期很多人都被派去黄河滩栽树，您有没有去呢？

答：我也有。

问：那您那时一天多少工分？

答：一天15个工分。

问：那被派去栽树是不是比较好的待遇？

答：不是的，被派去栽树的一般两种人，一是成分不好的人；一是捣蛋的人，我是那种捣蛋类。

陈大爷把自己定义为捣蛋类型，且没有丝毫隐晦，想必是与其在"文化大革命"时期不参与批斗有关，这也使得他与生产队长关系并不太好。陈大爷告诉我们在黄河滩栽树的艰辛，住在黄河滩旁，不能回家，吃大锅饭，并且自己带半斤粮食，国家补贴半斤，条件不是很好。但奇怪的是没有多少人生病，陈大爷说估计是跟那时的人体质好有关系。那段时间虽然艰苦，陈大爷却并无多少怨言。关于他们家那时的生活水平，陈大爷也有较为详细的叙述：

问：您那时收入情况如何？

答：收入包括基本口粮收入和你的工分收入。那时除了基本口粮，还有返还粮，村民们又叫它亏心粮。另外每年只有两斤油。

问：那最困难时期收入如何？

答：最困难的时候给生产队干活一年只有一块钱。

可见在那个时代，人们收入低是普遍现象，而陈大爷除了自己的收入外，他的妻子也有工分，不过比较少，靠织布赚得些许工分，也可补贴家用。然而当问及陈大爷那时的工作时间时，陈大爷脸露难色。

问：您那时一天工作多久？

答：早晨5:30工作，12:00下工。中午休息，八月十五（农历）后没有午休，下午继续工作。

一般来说下午干活比较多，且劳动时间长，平均一天大概工作有 10 多个小时，休息时间不足。改革开放后，陈大爷一家的收入也相应变高了，但是花销明显也增多了，尤其是为儿女的嫁妆，以及为自己老伴看病，开销较大，收支相抵，一年净收入也不过万余元。陈大爷虽有一子，但是怒其不争，抱怨其子 30 多岁却仍尚未成家，还得花费家中钱财。他的女儿远嫁在外，也不能常回家看看，女儿走时带了大概 5 万元的嫁妆，故而陈大爷一家依旧比较拮据。

4. 洗马村几十年来的变化。而关于洗马村的变化，陈大爷可以说对其深有感触。陈大爷最大的感触就是现在的人说假话，问其原因则答是现在真话不能说，人们不能坚持真理。而关于村民的品行，陈大爷认为以前的人不偷，现在的人开始偷了。对于这些当小偷的人，陈大爷认为是改革开放后游手好闲、无赖之徒，自己赚不到钱，从而当小偷偷他人财物。经济虽然发展了，可陈大爷并未觉得现在的日子比那时有优越感。从经济水平来看，1960 年是洗马村最困难的时候，那时全村都饿肚子，粮食少，亩产 200 斤左右，上面收的粮食又多，剩下的更少。

问：1960 年是大旱吗？

答：是的，很多人挨饿。

问：有饿死人吗？

答：没有饿死人，饿死人最多的时候是光绪三年（1877）。

问：为什么 1960 年粮食不够？

答：因为要还苏联的外债，加上纳粮多。

故而 1960 年可以说是全村最困难的年代，但终究没有饿死人，全村人勒紧腰带挺了过来。紧接的"四清"和"文化大革命"又给全村带来了新的苦难。

问："四清"时候成分是怎么重新划分的？

答：根据家产、土地还有你的知识水平划分。

问：谁来划定成分的？

答：由生产队长划，他说你是什么成分你就是什么成分。

问：那这样有没有主观因素？

答：有！很多都是公报私仇，掀起一场运动。

从对话中可以看出，当时的"文化大革命"运动给普通百姓带来了很大的冲击。因为生产队长的主观性使得很多贫苦农民无辜受到牵连，导致一些冤假错案的发生，群众中有明显的从众现象。例如：

问：那个时候的群众是怎么参与批斗的？

答：都是一些想掌权的去打倒当权的。

问：那普通群众也参与吗？

答：都参与。比如口号喊着打倒刘少奇，但是没有人见过刘少奇。

至于那一时期的农业生产水平，陈大爷告诉我们，虽然晚上开批斗会，但是并不影响白天的农业生产活动。关于工分的分配，则是由生产队长通过按劳分配的方式计分，普通人一天10分，种地的有12分，种树的则有15分。现如今的生活水平虽然比以前好了很多，但是陈大爷始终强调人心的变化。最后，当我们询问陈大爷对时代公平性的看法时，陈大爷简短地向我们讲述每个时代都有不公平的现象，结束了我们这次访谈。时间虽短，但意蕴深远。

下午3点，继续乘车到虞乡镇上。同行一人，在镇政府文化站站长的陪同下，寻访至张绪禄。碰巧张大爷外出给柿子树打农药，他的老伴告诉了我们张大爷去处，我们便又寻访至张大爷打药的地方。找见张大爷时，大爷正在为柿子树打药，见我们来到，十分高兴，带我们随便找到一户人家，借得他人一亩三分之地，为我们讲述了他的个人历史。

通过简短的客套，张大爷知道了我们的来历，便从"四清"时期向我们讲起。他多次强调"四清"是阶级斗争扩大化，并向我们透露其父亲在"四清"时被整的历史事实。而我们这次也以张大爷的个人生命史为立足点，以其家庭为依托，展示了那个独特的时代。

1. "四清"时期。在张大爷的印象中，虞乡镇的"四清"是从1964年开始，以清政治、清经济、清文化、清组织为目的。而开始则是以从平陆来的工作队入驻虞乡为标志。

> 问：工作队来了多长时间？
> 答：来了两年多。
> 问：那"四清"是什么时候结束的？
> 答：1965 年后半年，基本上 1966 年结束的。

张大爷再次强调这是一次阶级斗争扩大化运动，社会现象则是一直在斗争、运动，斗争对象是那些干部们，包括农村和公社的干部，一些企图掌权的人不停地鼓动去批斗，并且强迫那些干部承认错误，很多事都是无中生有，基本手段则是用唯成分论和"扣帽子"。那些发起斗争的人大多是生产大队的人，但是张大爷也承认，"四清"相比"文化大革命"时期稍微要好一点，至少不打人。张大爷的父亲那时是担任管理区财务部长，也因此被批斗、被"扣帽子"。他们家在土改时期原本成分被定为中农，"四清"时期又被定为了富农，这对张大爷后来的上学以及结婚产生了很大影响。

2. "文化大革命"时期。1966 年则由"文化大革命"取代了"四清"运动，随之而来的是一次更为扩大的阶级运动。批斗可谓是愈发厉害，不仅批，还有斗，背洋纱、不让睡觉、打人等在虞乡都是很常见的。对象依旧是那些当权者。

> 问：您在"文革"时候是被分配干什么活？
> 答：生产队要我去修水库，修了七八年。
> 问：那是从什么时候干到什么时候？
> 答：从 1972 年干到了 1979 年。
> 问：那之前的一段时间您还上学是吗？
> 答：是的。我上到了初中，因为成分不好不让我读书了。

可以说"文化大革命"深刻地影响了张大爷的一生。他初中时成绩优异，一直是班里第一、第二名，但因为唯成分论，不让他继续读高中了。可是这却丝毫没有影响张大爷读书的欲望，他依旧十分爱读书，经常用自己为数不多的工资去买书。虽然那时候禁书、烧书，但这阻挡不了张大爷的求知欲。据他所说，他曾经买过一套60元的《资治通鉴》，而60元正好是他一个月的工资。他16岁开始便终止了求学生涯，转而去工地干活，期间扛石头、抬沙子等艰难的活都归他干。伙食则是经常吃红色的高粱面馍。一年到头只有15天的假，其余时间都在工地。

> 问：您那时生活费是怎么算的？
> 答：伙食方面一天国家补助半斤，自己拿一斤。
> 问：那收入呢？
> 答：工分一年到底分红，10个工分相当于三四毛钱、二两粮、油二、三斤、布一丈八、粮食二百来斤。纯收入一年也就100多元。

那时张大爷家7口人，除了他的收入外，姐姐和哥哥也有工分，但都不多。因为人口多，所以生活还凑合。

3. 改革开放后。张大爷继续讲述了1982年包产到户之后的虞乡变化，其直观感受就是虽然收入多了，但人口外流了。张大爷说，虞乡村有地2000多亩，以前有2400多人，但现在反而只有2200多人，人多地少，包产到户之后，每个人7分地，张大爷家分了6亩3分地，后来减为5亩3分，据说一亩地是作为嫁妆分出去了。和以前相比，现在的土地亩产明显提高，加之可以种两茬，第一茬玉米1亩可产1000多斤；第二茬秋粮或小麦也有1000来斤。

> 问：您认为为什么现在的亩产提高了呢？
> 答：主要是因为生产工具进步了，那时候科学不发达。
> 问：和政策有没有关系？
> 答：有的，政策影响到人的积极性。

改革开放后亩产由原来的二三百斤上升到1000多斤的确是划时代的进步，其中的原因自不必多说。而张大爷也在这时凭借自身的努力当上了村中的书记。大女儿也远嫁贵州黄果树地区；二女儿留在永济市医院。他自己平时也种地干些零工，业余时间还写写文章，在蒲州刊物发表过关于柳宗元的文章。说起柳宗元，张大爷喜不自禁，表达出对柳宗元其人的敬佩与喜欢。张大爷还带我们去柳宗元广场看了他发现的柳门空石以及他为其写的记，无不表现出自豪之情。

张大爷也跟我们闲谈了一些情况。据他说，虞乡村以程、张两姓人口为最多。程、张两姓清初就是居于此，因此在此定居时间很长了。此外镇上也有移民，多为河南移民，起因是1938年的花园口决堤，移民至此。说起虞乡镇的历史，张大爷更是滔滔不绝，为我们讲述了其沿革与历史，以及行政机构的变迁。

最后张大爷还讲述了他的家庭史。张大爷的好学得益于其爷爷是文化人，抗日战争时期曾在西安画虎谋生。据说那时他爷爷1张画可换得40担洋面，可见其绘画水平之高。其父辈虽不善学，却支持鼓励张大爷自己读书学习，从而使得张大爷在村中相当受人尊敬。

5点未到，因不忍心耽搁张大爷给柿子树打药，我们起身离开。张大爷很热情地带我们去镇医院找一位叫谢三存的被访谈对象。可惜谢爷爷不在附近，一时半会也难找到，张大爷便又带我们游览了刚修建不久的文庙，并介绍了虞乡镇36个大庙的基本情况。

最后辞别张大爷，我与同伴在大街上看到两位闲坐的老大娘，询问才知其中一位是曾任职40年的妇女主任，遂对其进行了访谈。

总结与反思。今日之行，可谓收获良多，但是问题也不少。收获方面于前已有详细之叙述，不再赘述。至于问题方面，一则自己不善于思考，只着重于记录而忽视分析，致使对大量口述访谈材料内容出现相互矛盾的状况，自己也不知怎样解决。二则是功课依旧准备得不够充足，致使大量历史自己并不了解，访谈中也有基本史实错误。以后当以此为戒，多做功课，少犯此类常识性错误。

张营镇、城西街道田野日记

冯 玲[*]

　　"走向田野与社会"是山西大学中国社会史研究中心的一个研究理念及教育特色。早在 20 世纪 20 年代，马林诺斯基就开创了"参与观察"式田野工作的新局面，所谓"马林诺斯基革命"是指人类学田野调查方法的创新，这是人类学田野工作发展过程中的一次变革和飞跃，奠定了现代田野工作的基石。现代田野工作是经过专门的人类学者亲自进入某一社区，通过参与观察、深度访谈、居住体验等方式与被研究者经过一段长时间的了解，获得第一手资料的过程。人类学田野调查的方法强调"参与观察"和"深度访谈"，研究者要长期居住在当地，和研究对象共同生活，共同经历事件的过程。最好能用当地语言和研究对象交流，在情感上取得对方的认可，才能真正获得真实的信息资料，在此基础上去建构相关理论。可见，田野调查在文化人类学研究领域的重要性，"田野调查"又被称为人类学者的"成年礼"。现在历史学开展的田野调查，是借鉴人类学的研究方法，是为了更好地解读文献，回答历史学本位的问题。社会史作为历史学的一个重要分支，将田野调查作为开展研究的方法之一，具有现实的指导意义。

　　5 月 25 日　星期日　晴

　　山西大学社会史研究中心的行龙教授曾指出，田野调查方法是一种值得研究者高度重视的新方法，必将在区域社会史研究中发挥其应有的

---

　　* 冯玲，山西省平定县人，2010—2014 年就读于山西大学历史文化学院，获学士学位；2014—2017 年就读于山西大学中国社会史研究中心，获硕士学位。

作用。因此，山西大学社会史研究中心，将"走向田野与社会"作为开展研究的重要指导方法与培养学生的理论实践。我作为社会史研究中心的一个学生对此充满了向往，也有幸在这次永济实践中有机会亲身体验。在前期，中心副主任胡英泽教授，作为先行人员赴永济与当地的相关领导就针对此次的永济之行进行过沟通。随后，回到学校召集中心全体师生针对此次田野考察召开了会议，表明永济之行的任务、计划、注意事项等内容，会议决定将由五位老师带队，将学生分为五组，并制订了各组的路线行程计划。我被分在第一组，组长为胡英泽老师，组员为郭佩祥、马红玉。我们组分别前往永济市张营镇和城西街道开展田野考察。

张营镇，相传汉代一位张姓将军在此安营，因此而得名。它是黄河进入永济市的第一站，位于永济市西北 17 公里，西临黄河与陕西省合阳县隔河相望，北接临猗县，东、南与栲栳镇接壤。民国时期与解放后为区治所；1953 年建乡；1958 年归属栲栳公社；1961 年建公社；1984 年改为乡；2001 年撤乡为镇。辖 27 个行政村：舜帝村、辛营村、张营村、冯营村、小姚村、常里村、长处村、尊村、吕庄村、康蜀村、坛底、小敬村、丰乐庄村、敬祥村、西敬村、东吕村、西吕村、窑头村、南社村、小樊村、下吴村、南阳村、北阳村、北陶村、南陶村、永宁村、黄龙村。这是一个以种植、养殖、劳务输出三产并举的农业大镇。张营镇物资丰富，特产众多，"张营小米醋"远近闻名，有着 300 多年的酿造历史。大西高铁客运专线永济站设在了张营镇，这里将成为整个运城市重要的交通要道之一。

城西街道位于永济市西南的城乡接合部，1996 年撤销永济市城关镇，设立城西街道办事处。1997 年城西街道办事处划分为 7 个居委会，8 个村委会。2001 年撤乡并镇把任阳乡并入城西街道办事处。2010 年，城西街道下辖小张、北王、李店、庄子、上庄、太谷屯、太峪口、水峪口、介峪口、任阳、桃李、吕坂、太宁、东姚温、西姚温、张志、张华 17 个行政村和樱花、康乐、西厢 3 个社区。

我们组在胡英泽教授的带领下，此次调查目的主要有三个：一是获得来自田野与社会的切身感受，力求站在研究客体的立场来观察和理解社会，增强历史感和写作的灵感。二是广泛搜集农村基层各类文献资料。三是对村中老党员、老干部、老会计等人进行口述访谈。通过搜集乡村历史文献档案，我们锻炼了实践动手操作能力，培养了档案意识；通过口述访谈，锻炼了访谈技巧，我们培养了问题意识；通过协调各方，我们锻炼了组织协调能力、人际交往能力、调研组织能力和团队配合能力。

25 号下午一点我们从学校出发，前往永济。之前听说要走六个小时的车程，说实话这对我来说是个不小的挑战，一路上坐在后排的我们兴奋不已，对未知的实践充满了期待，但也有忧虑，因为我从未做过田野，而对此的了解仍停留在大二的《区域社会史导论》这门课上，知识还未形成系统。虽在走之前也对此进行了一番恶补，但心里还是七上八下的。

六个小时车程的颠簸，随着夜幕的降临，我们的车渐渐驶入了永济市市区，来到了这个陌生但又充满憧憬的城市。直到电机宾馆，车停稳，我们就被一个热情的工作人员安排晚餐，在电机宾馆的黄河食府。晚饭后，分配了房间，我们回到宾馆休息。电机宾馆是隶属于永济电机厂，是国家旅游局批准的三星级宾馆，曾接待过原国务院总理温家宝及原中宣传部部长刘云山等国家领导人。

晚上在宾馆中，我们对接下来这几天被分配去的乡镇资料再次阅读，对于这几天的田野实践充满了期待。

5 月 26 日　星期一　晴

26 日上午，作为客人的我们，在永济市副市长的带领下，首先来到普救寺，普救寺位于永济市蒲州镇，始建于唐武则天时期，原名为永清院，是一座佛教十方院。元代王实甫在《崔莺莺待月西厢记》中讲到"红娘月下牵红线，张生巧会崔莺莺"的爱情故事就发生在普救寺内，两人的爱情故事被后人广为传唱，因而普救寺也作为一个爱情圣地受到情侣的追捧。传说五代时，河东节度使作乱，后汉刘知远派郭威去讨伐，围蒲州年余，百姓甚苦。郭威召僧问策，僧曰："将军发善心，城即克矣！"郭威当即折箭为誓，翌日破城，满城百姓得救，从此更名为普救寺。其中，令我印象最深刻的是寺内的方形砖塔，原名舍利塔，俗称莺莺塔，若站在塔前的天阶上用石块使劲敲击，会发出像青蛙一样的叫声，这种奇怪的声音的发出，是利用了声音的折射，在塔上有方向不一的塔尖，通过声音的折射而发出。据导游介绍这座塔同北京天坛的回音壁、河南宝轮寺塔、四川潼南县大佛寺内的"石琴"，并称为我国现存的四大回音建筑。

从普济寺出来，沿着黄河古道来到黄河大铁牛景区，黄河古道是唐代时永济的南北主要干道，永济又称蒲州，蒲津渡是古代黄河上的著名渡口，位于蒲州城西门外黄河东岸，由于黄河的多次改道，使其淡出历史。直到 20 世纪八九十年代，才被打捞出来。景区共有四尊铁牛，分两组，两牛一组，前后摆列，在铁牛旁各有一铁人，分别为汉、蒙、维吾尔等少数民族，形态各异。黄河铁牛的浮沉，展示了"三十年河东、三十年河西"的历史变迁，也展现出我国古代桥梁、黄河治理、冶铸技术等各方面的科技成就以及人民适应自然、挑战自然的智慧与毅力。站在黄河大铁牛旁，我仿佛能听到曾经黄河的惊涛骇浪，感受到蒲津渡口的人来人往。

继续沿着黄河古道，我被一座高大宏伟的建筑所吸引，得知这是唐代诗人王之涣曾留下千古绝唱的"欲穷千里目，更上一层楼"的鹳雀楼。它与武昌黄鹤楼、洞庭湖畔岳阳楼、南昌滕王阁齐名，被誉为我国古代四大名楼。由于历史的变迁，唐代的建筑早已不复存在，感受更多的是现代工艺的精湛，稍有些失落。

下午，山西大学历史学校外实践教育基地挂牌仪式在永济市教育局举行。会上，永济市的领导分别进行讲话，在一片掌声中，我们开启了永济田野调查之行。我的内心没有一丝的快慰，而是被紧张的心情所占据，因为深知自己作为一个学生，早已习惯以学校、课堂为核心，而实践经验少之甚少。仪式结束后，在张营镇文化站站长张朝阳的带领下，我们开始了田野实践的步伐，先后来到张营镇的小姚村、冯营村。由于时间仓促，我们小组只是蜻蜓点水，未深入展开调查。但无论怎样，下午我们有了一些收获，内心反而愈加紧张，对明天的正式行动也更加期待。

5 月 27 日　星期二　晴

经过前两天的铺垫，我们今天正式开启了永济田野调查之行，一早乘坐张营镇镇政府派遣的车辆，在小组带队老师胡英泽的带领下，首先来到张营镇的西北方，第一个村子是胡老师的家乡北阳村，令我惊奇的是这个村子里竟然没有村委会的办公室，只有一间简陋的租住村民的屋子来做村委会。众所周知村委会是国家权力在基层的体现，若村委会没有固定的办公场所，是不是可以理解为其职能也会有所削减呢？村民又如何来更好的行使其权利，享受其义务？此后得知，国家曾经下拨一笔经费支持旧村委会的改造，但由于当时北阳村委会工作的疏忽而使得工作迟迟得不到落实，村委会修建就这样搁置下来。

随后，我们走访了附近的几个村子，分别为南阳村、下吴村、永宁村、常里村、南社村、敬祥村、坛地村。这几个村中有个共同的特点就是，村委会均是近些年来新修的，虽规模谈不上多么宏大，但里面均按照国家政策的要求配置了图书室、会议室、妇女工作室、计划生育室等，形成了较为完整的村委会组织机构。这也成为新农村建设的一个标志性的成果。

当问及集体化时期村中档案资料的管理现状时，我们常听到的回答是无非几种，早已被烧掉、卖掉、丢弃等。显然村委会人员对档案资料保存的意识淡薄，加之缺乏制度的规范，使得档案保存最终难以落到实处。这不利于基层历史的研究。此外，在我们走访的许多村子中，明显地可以发现其村委会门可罗雀的景象，村中布置零乱，许多负责人无事便很少过问，加之三年一换的村委会领导班子，使得这种现象更为普遍。

晚上回到宾馆，带队的胡老师专门就今天所遇到的问题、感受与我们进行探讨。小组成员也依次讲述了自己在这一天中遇到的问题。集中起来主要有以下几点，一是语言问题。也是我的最大困扰。虽然自己是山西人，但是当自己真正走进一个陌生的环境中，首先需要克服的是语言的障碍。村民绝大部分都不会讲普通话，均用方言进行交流，如果贸然进入村庄，会因为语言而影响访谈。二是学术的修养欠缺。由于平时读书较少，使得缺乏历史敏锐的观察力，虽然老师也一直教导我们可以将自己亲身经历与书中的描述进行分析对比，但在访谈的时候往往头脑里一片空白，导致哑口无言。今天调查发现许多村子是 20 世纪 80 年代从大村中分离出来的，对于这个现象，我感到很好奇。为此，胡老师从学术角度对此进行分析。60 年代的人民公社运动讲求规模大，于是将周边的村庄整合在一起，但是随着改革开放，出于现实行政能力的考虑，将其分割出来。虽然村子单独成为一个行政体，但是对于普通民众来说，并没有多大的改观，这就是潜在村庄内部的运行传统因素的作用力，不会因为权力的更迭而发生改变。这对于我们理解传统乡村社会的运行机制，以及解决现在的新农村建设面临的问题均具有重要价值。

5月28日　星期三　晴

今天是在张营镇的第二天调查，我们主要走访了西敬村、东吕村、西吕村等。在昨天的基础上，今天一方面对农村中集体化时期的档案资料保存情况进行了了解；另一个方面是对村庄中的老人（如老村长、老书记、老会计、退休教师等）进行了访谈。询问他们关于集体化时期的一些重要事件如档案资料的保存情况、工分记录、分配情况、劳动情况等。

众所周知，田野调查是人类学家的"成年礼"，而访谈则是田野调查最基本的方法。因此，在进入田野前，应该掌握一些基本的方法。然而，我对访谈的理论了解甚少，这在很大程度上限制了访谈的效果。下午我们来到西吕村的一位老书记家中，老书记今年已65岁，在1969年，也就是他20岁的时候曾应征去当兵，在部队待了8年，后回村里继续工作，1986年担任支部书记。问及村中在六七十年代是怎样计算工分的，老书记说："当时的工分和现在的分红意义差不多，工分包括钱也包括粮食。每年村里会根据村中的劳动人口情况计算工分的分值。理论上说，年满16周岁的人民，才能得到全额的工分。因为缺少劳动力，村中每年都有很多户连基本的温饱也不能解决。"老书记以他家为例进行了描述。在他当兵的那几年，家中有老人和两个孩子，没有劳动力，因而成为缺粮户。还问及关于集体化时期村中的档案保存，老书记说在他印象中，那些资料因为村中人缺乏保护意识，早已被销毁。由于时间的关系，对老书记的访谈只能是蜻蜓点水，很多问题还待我们进一步的展开。除了搜集资料外，胡老师还希望我们能将课堂上学习的访谈理论进一步的运用，为以后的口述史访问积累实践经验。

随后，我们来到窑头村，在询问中得知，村中现在仍保留一块清朝道光年间的碑刻。这块碑被丢弃在一间屋子前，上面堆满了石头，覆盖了厚厚的土灰。看到此，内心既兴奋但又惋惜。由于人们对古文物缺乏保护意识，而使得大批的碑刻资料被遗弃、毁坏甚至转手卖于他人。在胡老师的带领下，我们先将碑刻上面的土清理掉，然后进行解读。这块碑是清朝道光三十年（1850）的，里面讲诉了高氏家族在明朝洪武二年（1369）迁于此地，在道光年间重修族谱的历史事情。

晚上，回到宾馆。我阅读了一些有关访谈方法的书籍。同时通过今天亲身的访谈，也有了一些感想。首先，我觉得在访谈中关键是如何能够获取被访谈人的信任。因为我们大多的访谈都是在异地，语言问题尤其重要。我们要摆正自己的位置，尽量不要以一个学者的身份来开始访谈，而是通过一些轻松的话题，如询问被访谈人的年龄，或者是访谈人的生平为切入点。在访谈中，我们要学会统掌控全局，尽量在有限的时间内获得尽可能多的信息。这就需要对被访谈人进行引导，而不是漫无边际的聊天。比如，在访谈中，要采用通俗的话语，不要出现类似于"集体化时期"等这个学术名词。要尽可能使得被访谈人快速地明白其来意，同时消除访谈人内心的芥蒂。最后，要学会选择合适的访谈对象。我们访谈的对象多为年龄在 60 岁以上的老人，记忆力下降是正常的事情。加之记忆具有选择性，因此对于访谈史料，要懂得甄别，这就需要通过文献印证或者多人访谈来对访谈内容进行验证。

附：窑头村一块碑刻。
《高氏始祖陵五公之茔》
始祖讳奚夌五其字也。明洪武二年自河津迁居于此，其附葬凡几世不可。考坟名百亩亦，不知向所取。太清雍正年间曾立碑记其文未祥，兹因重修按族谱略序其概茔地一亩六分三厘长，二拾八步括拾四步四角立石以为界畔前设石案为神灵锁凭依马前屋水势从右倒左落于异地，憶为癸山丁向用庚子庚午分金，谨志于石碑，后人庶可共喻云。
大清道光三十年季夏穀旦合族人敬立。

5 月 29 日　星期四　晴

昨天结束了张营镇的实践，今天我们组前往城西街道。城西街道临近永济市，许多村子已城市化或者半城市化。我们今天走访了庄子村、上庄村、太峪口村、太谷屯村、介峪口村、东姚温村、西姚温村。在太峪口村的香花寺我们发现了分别为明代和清代的两块碑刻，记录了香花寺的重修以及捐献情况。在此，不得不提及我们的带队老师胡英泽教授。每每发现碑刻，胡老师是最开心的，同时也是最严谨的。为了抄碑刻，在炎炎烈日下，胡老师趴在地上目不转睛地看着模糊不清的字，大汗淋漓也不放弃。下午，我们来到东姚温村的一位老人家中，这位老人是曾经参加过扫盲运动的教师。在他家中有展氏的家谱，以及其亲手写的一些资料。

晚上回到宾馆，整理今天的碑刻，我愈发对碑刻的历史感到好奇。一块貌似普通的石块，却是历史的见证。通过查阅一些资料，得知在我国，碑刻很早已有记载。《礼记·檀弓》曰："公室视丰碑，三家视桓楹。"不同碑刻又有不同称谓，《后汉书·窦宪传》注曰："方者谓之碑，圆者谓之碣。"据说仅泰山有存碑刻石两千五百余处，而且多是名家精品。

刻石记功是中国的一个古老传统，司马迁在《史记·秦始皇本纪》里不止一次提到秦始皇刻石记功，那时只称"刻石"，不叫"碑刻"（《礼记·檀弓》注）。汉字发展史上重要的秦小篆正是通过秦代刻石得以保存流传的。真正的碑刻也可以说始创于秦代，就如甲骨文起源于夏朝，金文则盛于商周。

立碑记功之风在汉朝十分盛行。汉代的碑刻著名的有《祝其卿坟坛刻石》《群臣上寿刻石》《霍去病墓刻石》等，既有篆书又有隶书，也有的是从篆书到隶书的过渡阶段，是研究我国汉字字体演变的重要资料。

到了东汉，刻碑立传之风盛行，其艺术成就之高、存碑之多也属空前。欧阳修说："至后汉以后，始有碑文，欲求前汉时碑碣，卒不可得。"这时大多数碑刻不再用篆书，而汉隶的发展也已炉火纯青。

据说东汉隶书碑刻中，可见于文献记录者有三百余种，保存至今者有一百七十余种，为后世保留了重要的书法资源。作为中国书法史上最负盛名者，王羲之的很多书法作品如《圣教序》《临钟繇书还示帖》《金刚经碑》等，也是通过碑刻得以保留的。唐朝是书法的全盛时期，著名书法家颜真卿的《多宝塔碑》《颜勤礼碑》《颜家庙碑》，柳公权的《玄秘塔碑》《神策军碑》《金刚经刻石》等，被后世视为书法珍宝。特别是柳公权，几乎所有著名作品都是碑刻。但自宋代起，碑刻在书法艺术方面的造诣渐渐落后了，此后出现的众多碑刻，其书法研究价值比起之前也有了很大的减弱。

在史学中，能作为史料的文献除了纸质书籍，还有碑刻。

限于印刷技术和发行条件，中国古代很多罕有而珍贵的典籍文献往往只能通过手头传抄或默诵的方式来保存，不少保留至今的文献都是孤本，经过长期传抄翻印又往往出现错漏。而散佚文献经后人辑录又往往残缺不全、真假难辨。这时，作为第一手材料的碑刻铭文就显得相当重要了。如西安的碑林保存着唐文宗开成二年（837）刻写的共六十余万字的十二部经书，是现今保存最完整的一部石刻经书，是当时读书人的必读书目；《大秦景教流行中国碑》是研究古罗马基督教在中国传播情况的重要史料；《汉曹全碑》则详细记录了东汉末年黄巾军起义的历史，而这些内容和史书中并不多见。

除了著名的碑刻作品外，很多名不见经传的石刻也有重要的史料价值。如某些地方古代的地方志就刻写在石碑上，其碑文对研究此地历史情况和全国州县划分有着重要意义。又如墓志，保留了历史人物生前时代背景与个人的重要资料。作为一种独特的史料，碑刻的优点就在于其展现了史书遗漏的大量史实细节，并长期地保存下来。

由于其在历史学、文字学与书法研究方面的重要价值，碑刻自古就引起了学者们的研究。欧阳修的《集古录》，赵明诚、李清照夫妇的《金石录》，顾炎武的《金石文字记》，王昶的《金石萃编》，陆增祥的《八琼室金石补正》等，都是重要的碑刻研究著作。

回顾碑刻的历史，从帝王将相的刻碑记功，到名门望族的庙碑家训；从文人骚客的石刻翰墨，再到市井草民的贞节牌坊，中国人对碑刻文化几千年来都有着浓厚的热情。中国碑刻文化的繁荣恰恰表现出这个民族对自身发展中一系列人文主题的强烈眷恋。当这种眷恋心态需要具体的文化符号来作为载体时，便催生了一种独特的文化形式——碑刻。

香花寺

正面：乾隆四年正月

尝思人赖神以佑，神赖人以兴，凡有功于神者，莫不须众善以相助，为此恳乞四方善男信女共享盛事，功成告后，谨此将布施银两开列于后，以至千万不朽云。乡副约毓□法魁永泰于海陈登高陈登义李文蔚王福礼首人毋朋、王智、王毓义、王丰、陈登兴、黄正源、王福林、陈玉财。

背面：咸丰元年仲冬之月立

重修香花寺记太峪口村之有香花寺由来古久，但历来久远，栋梁颓旧伤以至，神像暴露，见者莫不恻然，本村王振京等自出赀财，募化四方共成圣事，今将施捨姓名开列于后。

大清官生闫□□施□□

晋县□教汧生员□□生员□□尧村□□赵□□，寺后村北三村伍姓□荃村，太谷屯村安杜祥贡生孟□施银五钱杜社杨相公施银二两

石庄木匠施银八分

寺内管账银气两六钱八分

寺内秋树八钱本村孟俊募化银十两

又将利银一两八钱

共化银四十三两三钱

共费银九十六两四钱

昝福贵、昝福昌、□百亮、陈□亮，泥匠郭聪施银四钱五分

首人王智施、陈进财、王三凤、王振经、王之喜、王三云

时乾隆四年五月古旦中兴

创修香花寺记

《重修香花寺碑记》

尝闻，福修寺建塔，德莫大于正公诚神，才莫大于有猷有为三者难兼。妮僧段全真兼有之矣。夫段全真系出名门，生而赧异，七岁茹素，礼佛吹讽、朝夕不啜。古之黄代钟鼓先后也，甫十岁拨剃石佛寺照林，从师参悟经典，过目不忘，且解大义，可登觉□，师尝喜而言曰：传口依铎在汝矣，因而藉甚。时值兵乱迁居太峪香花寺。创身先达，其来久矣。岁久倾圮，不蔽风雨，大非□□神之所，失心修茸，有志未逮。未及，西姚温心翁李君子创建大士家庙，语为焚修。段全真夙愿□□复往来香花寺，瞻拜如来，日伤心痛。正所以涂丹曋，正所以涂□茨，焦心竭虑，辗转靡宁，索绵□□，于是募诸檀越得金□□拾金，可以兴作，无奈土木之费，所用不资。工未成而财已告匮，将上耶。私心未□也。将终身□，资斧箕不给也。又募化四方，约费百金，始克厥终。噫！心力竭尽矣。

自顺治辛卯起工，顺治壬辰□□告完工，金碧神像，绘采栋宇，新鲜垣墉，视昔风雨不蔽者，焕然改观，因□□我佛尊神也。如日月经天，容□□光必照。善者福之，恶者祸之，如影响然。先正有曰：譬如凿井得泉，而回水未在世是，光理也哉？愈段全真，拯旧为新。吾有以信其

福，冰清玉洁；吾有以信其德，经纬八方；吾有以信其才，三□备而段全真，元□三室，功俦七层浮屠矣。筑立于石，以志不朽云。

顺治九年菊月榖旦

5 月 30 日 星期五 晴

今天，我们先后走访了城西街道的仁阳村、太宁村、吕坂村、桃李村、张志村、小张村。再结合前几天我们走访的村子，我发现这些村庄的共同的特点就是村民的生活基本步入了小康水平，新农村建设也如火如荼地进行。但对于档案资料的保存，近几年的大部分还保留着，而 20 世纪六七十年代及其之前的大部分都已遗失，即便是保留下来的也多残缺。虽然有些村也建立了档案室，但农村基层档案保存情况却不容乐观。调查发现，现今农村档案的三个类别中，改革开放之后的档案保存情况较好，大多数村委会均购置档案柜、文件柜等较系统地保存。但改革开放前档案管理保护的状况堪忧，即便是永济市新农村建设和新型城镇化建设的先进村、典型村，情况也不容乐观。我们在走访在任和退休的村两委干部，问及村里档案情况的时候，他们大多以"没有了""不知道""卖给收破烂的了"来回答。在我们得到村干部允许后，"翻箱倒柜"苦苦寻找档案之时，眼前现状更是触目惊心：存放于档案柜的历史档案由于没有得到科学的管理，很多重要文献经鼠咬虫啃后，仅部分留存，甚至早已变成一堆碎片。存放于地下室、仓库的历史档案，则由于任意丢弃、无人管理，在受潮、阴暗等环境下早已发霉变质，这些珍贵的农村历史文献已经难以修复和利用，让人心生叹惋。出现此种状况的原因主要有：

1. 档案工作的管理不到位。许多村里没有明确分管档案工作的专员。没有专职人员管理，没有可靠的管护设备设施，不能对村级档案进行规范化管护。

2. 硬件设施不齐，管理不规范。目前，农村尽管加大了档案工作重要性的宣传，有些村建立了档案室，部分基层干部和农民的档案意识有了一定提高，开始收集、保管一些重要资料。然而，由于多种原因，档案工作还是相当滞后，无论硬件设施还是软件条件都缺乏标准化、规范化。具体表现在，一是档案管理不集中，文件材料往往是谁办理谁留存；

二是档案收集不齐全,整理欠规范;三是档案保管条件差,保管保护基础设施不齐全;四是人员变动不交接,造成责任不明,档案处于一种"断层"的状态。

3. 档案,留存少,利用率低。当前,部分村干部一是把工作"化简",会议上作"口头报告",书面材料和记录不齐全或是没有,影像资料更是少至又少;二是形成的文字材料不归档或是归档不及时,使得村里各类档案存留相对较少,而且缺乏规范;三是虽然保存有部分档案资料,但是能够有效利用的不多,档案利用率偏低。

此次调查,我们先后前往 44 个村庄,走访在任和退休的村两委干部、乡村文化精英、村集体经济组织负责人和村民共计约 100 人。在这五天的调查中,除在档案管理上引起我的思考外,对于田野调查以及乡村社会我也有一些思考。首先,进一步丰富了我对历史学开展田野调查的认识。现在历史学开展的田野调查,是借鉴人类学的研究方法。从历史学方面来说,历史学对人类学的兴趣,约克大学历史学副教授尼克拉斯·罗杰斯(Nicholas Rogers)在《社会史中的人类学科转向》一文中很清晰的论述,他认为,"历史家的占用人类学,是饶有特色的折衷和实际的。历史学者在面对使用官方资料和瞬间与片段的痕迹去复原附属阶级经验的问题时,依赖人类学的指引,以求描绘他们各种不同的模型,并将他们和社会体系的其他部分衔接"。历史学对人类学的兴趣主要体现在,对人类学研究方法的借鉴上。行龙老师提出的"走向田野与社会"的理念正是历史学与人类学对话的具体表现。历史学的田野调查具体表现在:一是进入田野中,获得"历史现场感",正是这种"现场感",可以帮助我们重新解读历史文献。二是对各种资料的收集与整理工作。陈春声指出,田野调查的另一个基础性目的是"搜集到极为丰富的民间文献……可以听到大量的有关族源,开村,村际关系,社区内部关系等内容的传说和故事",亦即收集到在图书馆、档案馆中难以读到听到的文献。三是进行口述访谈。在调查中,我们也注重口述访谈,发现了许多值得继续深入采访的乡村精英,如东姚温村的展天星、水峪口村的史淑芳等,由于时间紧促,只能对他们进行了简单的访谈。第一次真正走入历史现场,亲身感触,通过与当地居民交流、访问,倾听到书本外的不同声音,亲身通过自下而上的方式来重新认识了历史。

历史学的田野与人类学田野有一些区别。首先是对史料的关注程度上，历史学者要多于人类学者，史学研究者以史料为研究基础，倡导"有几分史料说几分话"，历史研究的根本目的旨在"求真"与"求实"。而人类学研究的根本目的是深刻认识并理解不同文化，因此，本体论上的文化差异性以及透过文化的独特挑战既有普遍性概念的文化偏见，是人类学研究的基本前提。我们此次永济田野调查中，对农村地区的各种档案资料的搜集与整理作为田野工作的重点。其次，田野调查时间长度及口述访谈的最终归属上也存在差异。人类学提倡研究者要长期居住在当地，和研究对象共同生活，并最好用当地语言与被研究者交流，以便消除被研究者情感上的芥蒂，从而获得真实的信息资料，在此基础上去建构相关理论。而历史学者，开展田野调查的时间长度却不及人类学者，历史学者往往是通过一个月或者几个月的时间在研究区域内有针对性地进行口述访谈，与传统的档案文献资料形成互证，以此来充实丰富自己的研究成果，而不是构建相关理论。

永济田野调查的五天中，在胡老师的带领下我们对农村中的老党员、老干部、老会计等人进行了简单的口述访谈，这样的路径，改变了传统历史研究中过分注重对上层宏观历史的把握，而忽略下层微观的历史研究取向。

所谓"田野"，对于历史学者而言，是为了更好地解读文献，回答历史学本位的问题。社会史作为历史学重要的一个分支，将田野调查作为开展研究的重要方法，具有现实的指导意义。

其次，我们应该如何看待乡村社会的现代化历程。20世纪的革命旨在建立一个现代性社会，但是在我们的走访中，却看到传统与现代相互相交错的景象，传统的意识仍在今天的乡村社会中有所保留，如宗族、族谱。在费孝通的《乡土中国》一书中，也曾提道："中国社会是乡土性的"，一方面显示出中国传统乡村社会的农业本性；另一方面也指出在乡村中固有的文化特色。农民的生活还是带着传统乡土社会的痕迹——地方性和口语化。但现代性的影响也不容忽视，如新式的耕作机械、各种新式的电器等。中国共产党在20世纪通过一系列的革命运动，旨在打破传统封建的束缚，构筑一个现代化的国家与社会。于是中华人民共和国成立后开始大规模全面的革命与建设运动，如大力发展基础教育，扫盲运动，普及义务教育；进行现代性的卫生改革运动，旧厕所的改造，卫生医疗知识的普及，乡村卫生院的建立；技术的推广，宣传新式农具、防治病虫害的新方法措施、培育优良品种等，使人民有了知识，有了科技意识，成为社会主义的新人。在永济调查的这些天，亲身走进乡村中，步入村民家中，认真倾听老人讲述过去，这对于我们理解传统乡村社会的现代性，以及中国的革命现代性具有重要作用。在访谈中，我们主要是访问了身处底层社会的群众。而关于底层社会，郭于华的著作——《受苦人的讲述：骥村历史与一种文明的逻辑》给我们在方法论上提供了很多可借鉴的研究思路。并且，应星在为这本著作撰写的书评中，提到"我们如何为底层留声"以及"底层的声音与共产主义文明的逻辑"对于我们重新认识乡村社会，提供了更多的思考与线索。

作为一名学生，我有幸参加到田野工作中，收集文献资料，倾听民间的历史表达。通过这样的方式，我们可以打通精英历史与民众历史、获取对被研究者文化的深层体验与"疏离"认识、获取"历史现场感"，以真正读懂文献，同时还可以通过历史记忆发掘隐藏在文献与口述访谈背后的历史事实。这对今后的学习来说将是一笔巨大的财富，而田野调查的经历则为下一次的田野调查积累了更多的经验。